U0068402

北大教授

——政學兩界的人和事

張耀杰 著

北大教授的路徑歧異

——邵建

就我本人而言，接觸胡適很晚，在我讀中學的1970年代，是沒有胡適的書可讀的，如果偶然碰上，那肯定是在批判的材料中。多年後，等到我自己開始通讀胡適文集時，胡適在中國的命運已經走過一個大大的「之」字。放在今天，我以為胡適身上最突出的一點可以成為我們這個時代的精神樞要，那就是「寬容」。

胡適在美國接受的是自由主義教育，自由主義和容忍有著內在的邏輯關聯。在一個不寬容和反寬容的社會中，每個人的自由選擇事實上是談不上的。執於此，在新文化運動發端之初，年輕的胡適在推進它時始終能以寬容的態度面對文化論敵。長期以來，我們幾乎是一面倒地歌頌新文化運動的偉大功績，與此同時，我們可能忽略了它的一個致命的隱患：不寬容。這種不寬容體現在胡適的同道身上，有時候也會體現在被任教於北京大學的《新青年》同人所「悍化」的胡適身上。或者說，胡適的相對「寬容」和其他《新青年》同人的相對「不寬容」構成了新文化運動的一個內在裂痕，它最終導致了北大教授及《新青年》團隊的分裂。如果說這場運動已經形成20世紀中國社會的一種文化傳統，那麼，今天

倒需要反問一下，這樣的傳統有沒有自己的歷史局限性？

不妨以粗線條勾勒一下這個運動的輪廓。1917年1月，〈胡適的文學改良芻議〉發表後，陳獨秀嫌改良不夠，又做了一篇態度更激烈也更極端的〈文學革命論〉。人在紐約的胡適看了之後心中不安，便致信陳獨秀：「此事之是非，非一朝一夕所能定，亦非一二人所能定。甚願國中人士能平心靜氣與吾輩同力研究此問題。討論既熟，是非自明。吾輩已張革命之旗，雖不容退縮，然亦決不敢以吾輩所主張為必是而不容他人之匡正也。」

邵建。

顯然，胡適的態度是寬容的，也是懇切的。可是，陳獨秀閱信後大不以為然，他給胡適回了封公開信，卻如同一份宣言書：「鄙意容納異議，自由討論，固為學術發達之原則，獨于改良中國文學當以白話為正宗之說，其是非甚明，必不容反對者有討論之餘地；必以吾輩所主張者為絕對之是，而不容他人之匡正也。」

陳、胡之間的一通書信，構成了北大教授及《新青年》同人中的一種文化對比和路徑歧異。在陳獨秀〈文學革命論〉的當期，錢玄同在「通信」中寫到：「頃見五號《新青年》胡適之先生〈文學芻議〉，極為佩服。其斥駢文不通之句，及主張白話體文學說最精闢……具此識力，而言改良文藝，其結果必佳良無疑。惟選學妖孽、桐城謬種，見此又不知若何咒罵。」

緊接著，錢玄同接過陳獨秀的「必不容反對者有討論之餘地」的話頭表示說：「此等論調雖若過悍，然對於迂繆不化之選學妖孽與桐城謬種，實不能不以如此嚴厲面目加之。」

以為自己「對」，就不容別人「反對」，甚至還罵人有理。我們今天回看「五四」，有些東西實在可以看得很清楚了。由《新青年》雜誌開啟的新文化運動，其實是《新青年》同人罵人在先、以罵人之聲鳴鑼開道的。面對讀者對於《新青年》單方面罵人而不容許對方反駁的批評意見，胡適在《新青年》中表態說：「本報將來的政策，主張儘管趨於極端，議論定須平心靜氣。一切有理由的反對，本報一定歡迎，決不致『不容人以討論』。」

然而，胡適只能代表他個人，無以代表《新青年》團隊。這樣一個格局，表明新文化運動以陳獨秀、錢玄同、劉半農、沉尹默、高一涵、魯迅，周作人等人為主導，胡適註定要被邊緣化，北京大學中與胡適比較接近的蔡元培、陶孟和等人相對寬容的兼容並包，也沒有成為《新青年》及新文化運動的主流力量。因此，由《新青年》雜誌開啟的新文化運動的路線圖由胡適而陳獨秀而錢玄同、劉半農、周作人，就是從「平等討論」到「不容匡正」到「罵人有理」。

今天，寬容的求取，是為了社會共同體的和諧，而和諧本身又必然要求寬容。不止一次有人指出：和諧的「和」就是口中有糧，和諧的「諧」則是人人都能說話。在舉國上下致力於建設以人為本的和諧社會的今天，我們為「和諧」而努力，就是為「寬容」而努力。張耀杰的《北大教授——政學兩界的人和事》的現實意義，正在於此。

序

新文化運動的路徑反思

——陳子明

張耀杰的新書《北大教授——政學兩界的人和事》將要在臺灣出版，這是一件值得祝賀的事情。我認為，那個時代的北大教授，其實就是整個中國政學兩界的一個縮影。

張耀杰多年來關於政學兩界的歷史研究，有一個大的方向，就是要釐清二十世紀的中國人，特別是政學兩界的知識精英的路徑選擇，進而發揚光大中國自由主義的精神傳統。

這件事主要包括兩個方面。一方面是清理的意思。就是說不是真正自由主義的思想、作派、腔調，自由派應當與之劃清界限。有些長期以來被視為自由主義者的思想界前輩，其實他們由於受歷史傳統和當時社會環境的影響，身上還帶著專制的傾向，張耀杰查閱梳理了大量第一手的文獻資料，從而較為清晰地呈現出了提倡「民主」、「科學」的那一代知識精英，幾乎是難以自我克服的專制思維和專制習性。

清理門戶是往外面清除糟粕，實際上還有一個任務是往裏面積聚精粹，集腋成裘。如果我們把自由主義看成純而又純的東西，只剩下胡適一個自由主義者，就削弱了

自由主義在中國的傳統。我們應當注意挖掘自由主義和民主主義的本土資源，使之成為一個壯觀的力量，才能增強我們搞民主化的信心。有些人從整體上並不是自由主義者，但在他的思想中有一些時段或一些側面包含了自由民主憲政的東西，就應當把它總結出來，加入我們的本土資源中。比如說胡耀邦的思想中確實有一些其他領導人所沒有的人權和人道主義思想，有一定程度上的民主作風，就應當加以肯定。有的人做過不少壞事，臨死前做了一件好事，就不應當埋沒，譬如說創建中國共產黨的陳獨秀和最終放棄了專制獨裁的蔣經國。一方面把假自由主義的唬人的東西摘出來，一方面把真自由主義的點滴經驗和閃光點加進去，這兩方面都很重要。

我十多年前寫過一篇關於五四的文章，當時我還是比較同意胡適的觀點，他一直主張五四運動是五四運動，新文化運動是新文化運動。他認為五四運動是對於新文化運動的一種政治上的干擾，五四運動代表的民族主義傾向把過

中國大陸著名民主人士陳子明。

去二三十年中國比較濃厚的追隨世界文明主流的步伐攪亂了，使得中國偏離了現代化的正確道路。他在30年代和60年代這麼說的時候，很多人是聽不進去的，現在看來，胡適確實是一位先知先覺，從五四運動到四五運動，中國在這六十年裏走了一條彎路。

我現在認為，不僅要分清五四運動與新文化運動的區別，不僅要質疑五四運動，還要進一步拷問新文化運動本身的路線對錯。對於胡適所維護的新文化運動應該怎麼看？新文化運動中有一塊東西是沒有太大疑問的，就是白話文運動。白話文運動給中國文化所帶來的變化現在看來是不可逆轉的，儘管有人對於白話文運動也持批判態度，但已經沒有什麼辦法再返回白話文運動之前，再重新復興文言了。胡適、陳獨秀他們在這方面做出的貢獻以及給中國文化打下的烙印，基本上可以蓋棺定論了。鼓吹婦女解放、社會平等、合理的個人主義，在這些方面也是沒有疑問的。

關於新文化運動，歷史學界有兩個說法，一個說法是從梁啟超說起，一個說法是從陳獨秀、胡適說起。我認為新文化運動、新思潮運動從梁啟超算起或者更早一些是比較合適的。到一部分北大教授及其《新青年》鼓吹「新文化運動」時，就已經開始走偏，也就是跟著當時國際思想界最時髦的過分強調文化和文化主義的潮流跑。施賓格勒的《西方的沒落》就是這種思潮的代表。中國在這方面也是跟日本學的，不是直接跟歐洲學的。福澤諭吉在明治時期把「文明」一詞引入日語，而到了大正年間，「文化」一詞開始在日本走俏。桑本嚴翼發表過一篇名為《文化主義》的演講，他說，所謂「文化主義」就是要「使文化成為生活的中心的思想」。

把文化放在文明之上，放在制度之上，這是日本人從德國人那裏學來的，又被中國人拿了過來。陳獨秀晚年對於自己的路徑選擇曾經有過批判性反思。胡適在60年代也是有過反思的。要實現中國的憲政民主，需要有經濟層面、社會層面、政治層面、思想層面的共同努力。胡適當年講自由主義，僅僅局限於文化思想層面。社會層面的各種公民團體，包括商會、工會、農會等等組織，他幾乎沒有談到過。他在政治層面上提倡的「好政府主義」後來分為兩支。一支是丁文江、蔣廷黻等人鼓吹的「新式獨裁」，一支是胡適等人完全不具備操作性的「無黨政治」。在「民主與獨裁」的論戰結束之後，胡適發表了一篇〈從一黨到無黨的政治〉，其中寫道：「二十多年的世界政治趨勢，使人們對於政黨政治的迷信減低了不少；在這個本來厭惡政黨政治的國家，對政黨的信用更減低了。……如果將來的憲政能夠逐漸實行『五權憲法』的精神，中國的憲政大可以不必重演政黨紛爭和分贓的老路。從一黨的政治走上無黨的政治，使政治制度在中國建立一個足為世界取法的特殊風範，這似乎是孫中山先生的本意，也不是完全不可能的吧？」

　　胡適從來不把梁啟超視為自己在政治上的同路人，但是，梁啟超在五四運動後的政治觀點與他卻有很多契合點。梁啟超去歐洲轉了一圈之後，在1920年的《改造》發刊詞裏明確表示代議政治過時了，要尋求新式政治。他的弟子張君勱、張東蓀也認為，新式政治就是「修正的民主政治」。正是因為有過中國思想史上的這種曲折反復，所以李慎之才說顧准是五十年來中國最偉大的思想家。把顧准說得這麼高，很多人不理解。自然，如果與世界上的大思想家比，顧准確實沒

有太多的原創性思想。但是，作為中國大陸的政治思想家，他是最明確地肯定了代議政治的，他斬釘截鐵地說：「現代民主只能是議會民主。」前總書記趙紫陽在與宗鳳鳴的談話中，也肯定了顧准的這一貢獻。

1933年胡適寫過一篇文章，他說在梁啟超時代，「主張『維新』的人，即是當日主張現代化的人，對於所謂『新』，決沒有我們今日這樣的遲疑與矛盾。」「那時代的中國知識界的理想的西洋文明，只是所謂維多利亞時代的西歐文明；精神是愛自由的個人主義，生產方法是私人資本主義，政治組織是英國遺風的代議政治。當時的知識領袖對於西洋文明的認識本來還沒有多大異議，所以當時能有梁先生那樣熱烈的、專一的信仰崇拜。」然而，到胡適寫這篇文章的時候，「專一的信仰崇拜」不存在了，用「中國本位文化派」的話來說就是「中國已成了各種不同主張的血戰之場」。

應該說，五四以後中國知識界的主流是反憲政民主和市場經濟的，胡適所說的「精神是愛自由的個人主義，生產方法是私人資本主義，政治組織是英國遺風的代議政治」，直到今天也沒有成為中國政學兩界的基本共識。在今天的官方意識形態中只肯定了兩個半條：「愛自由的個人主義」只肯定了低俗的那一半即追求享樂的那一半，高尚的那一半即追求真理的那一半則受到壓抑，因為還在反對「自由化」。「私人資本主義」也只肯定了一半，因為還要「以公有制為基礎」。「代議政治」則繼續受到否定。

儘管回歸文明主流的步伐十分緩慢，畢竟大方向已經開始扭轉了，這一點是需要充分肯定的。主張憲政改革的人，對於片面的經濟

改革當然是不滿意的，但我們和那些否鄧捧毛的「老左」在大方向上是截然相反的。我們嫌車子走得慢，他們卻要開倒車。開倒車註定是沒有出路的。

（陳子明，筆名王思睿，中國大陸傑出的民主人士，1991年被以「反革命煽動、陰謀顛覆政府罪」，判處有期徒刑13年。現為自由撰稿人。）

目錄

蔡元培與陳獨秀的以德治校

兼容並包的蔡元培，在北大校長任內做出的第一件重大決定，就是邀請陳獨秀出任文科學長。與此相對應，聯合陳獨秀等人以德治校的蔡元培，在北大校長任內最大的敗筆，就是在「五四運動」前夕暗潮洶湧的緊要關頭，變相免去了陳獨秀的學長職務，從而導致陳獨秀離開北大。

一、蔡元培誠聘陳獨秀

1916年12月26日，黎元洪頒佈大總統令，任命蔡元培（子民）為北京大學校長。就在同一天，蔡元培到前門外中西旅館拜訪陳獨秀，邀請他出任文科學長。與陳獨秀一同到北京籌款的上海亞東圖書館老闆汪孟鄒，在日記中寫道：「早九時，蔡子民先生來訪仲甫，道貌溫言，令人起敬，吾國唯一之人物也。」註1

1917年1月4日，蔡元培正式到北大履行職責。兩天後，錢玄同在日記中寫道：「十

時至大學，孑民先生問對於文字學教授之意見，……陳獨秀已任文科學長，足慶得人。……陳君不久將往上海專辦《新青年》雜誌及經營群益書社事業，至多不過擔任三月，頗聞陳君之後蔡君擬自兼文科學長，此亦可慰之事。」[註2]

1月11日，蔡元培致函教育部，請求批准陳獨秀任北京大學文科學長：「敬啟者，頃奉函開，據前署北京大學校長胡仁源呈稱，頃據本校文科學長夏錫祺函稱，錫祺擬於日內歸省加有他事相累，一時不克來校，懇請代為轉呈准予辭去文科學長職務等語，理合據情呈請鈞部鑒核施行等因到部。查文科學長夏錫祺既係因事不克來校，應即准予辭職，所遺文科學長一職，即希貴校遴選相當人員，開具履歷送部，以憑核派等因到校，本校亟應遴選相當人員，呈請派充以重職務，查有前安徽高等學校校長陳獨秀品學兼優，堪勝斯任，茲特開具該員履歷函送鈞部。懇祈鑒核施行為荷。此致教育部。」[註3]

在這份公文之後，還附有一份簡歷：「陳獨秀，安徽懷寧縣人，日本東京日本大學畢業，曾任蕪湖安徽公學教務長、安徽高等學校校長。」

據復旦大學的博士生莊森考證，陳獨秀並沒有在「日本東京日本大學畢業」，也沒有擔任「蕪湖安徽公學教務長、安徽高等學校校長」的履歷，他出任北大文科學長是蔡元培偽造假學歷、假任職的結果：「《教育部直轄專門以上學校職員任用暫行規程》第七條規定：『大學校分科學長及預科學長。由校長就各科專任教員中推舉三人，詳請教育總長選任。』按照這一暫行規程，蔡元培選任文科學長，必須在『專任教員中推舉三人』，最後由『教育總長選任』。但蔡元培

只推舉了陳獨秀一個人。正因為有這樣的『暫行規程』約束，蔡元培為確保陳獨秀獲得教育總長的任命，只好偽造假學歷、假履歷，欺騙教育總長。」[註4]

依據汪東林在《梁漱溟問答錄》中記錄的「（陳獨秀）是一員闖將，是影響最大，也是最能打開局面的人」，莊森進一步判斷說：「蔡元培之所以替陳獨秀編造假履歷騙取教育部的任命，全因為蔡元培需要陳獨秀『幫助他整頓學校』。」

黎元洪簽發的北大校長任命狀。

事實上，蔡元培偽造陳獨秀的假學歷和假履歷儘管違背現代文明社會程式正義優先的基本原則，卻並不存在「欺騙教育總長」和「欺騙教育部」的嫌疑。1917年1月18日，也就是陳獨秀被任命為文科學長的第四天，蔡元培在致吳稚暉信中寫道：「弟到京後，與靜生、步洲等討論數次，覺北京大學雖聲名狼藉，然改良之策，亦未嘗不可一試，故允為擔任，業於一月四日到校，九日開學。雖一切維持現狀，然改革之計劃，亦擬次第著手。大約大學之

所以不滿人意者，一在學課之凌雜，二在風紀之敗壞。救第一弊，在延聘純粹之學問家，一面教授，一面與學生共同研究，以改造大學為純粹研究學問之機關。救第二弊，在延聘學生之模範人物，以整飭學風。適前任學監主任張君堅欲辭職，意欲請先生，惠然肯來，屈就此職。」^{註5}

「靜生」即教育總長范源濂，他是以梁啟超為首的立憲黨和研究系的重要成員。1912年蔡元培出任中華民國第一任教育總長時，曾經力排眾議邀請非同盟會成員范源濂出任次長，兩個人因此結下肝膽相照的公私情誼。教育部專門教育司司長沈步洲與代理北京大學校長的胡仁源，都是蔡元培在上海南洋公學任教時的優等生。聘請陳獨秀出任文科學長，自然是蔡元培「與靜生、步洲等討論數次」的重要內容。以蔡元培的為人，是不可能「欺騙」范源濂和沈步洲的。他執意聘請陳獨秀的著眼點顯然不是「救第一弊」的「純粹之學問家」，而是「救第二弊」的「整飭學風」之「模範人物」。十多年後，他所強調的依然是這一點：

> 我到京後，先訪醫專校長湯爾和君，問北大情形。他說：「文科預科的情形，可問沈尹默君；理工科的情形，可問夏浮筠君。」湯君又說：「文科學長如未定，可請陳仲甫君。陳君現改名獨秀，主編《新青年》雜誌，確可為青年的指導者。」因取《新青年》十餘本示我。我對於陳君，本來有一種不忘的印象，就是我與劉申叔君同在《警鐘日報》服務時，劉君語我：『有一種在蕪湖發行之白話報，發起的若

干人，都因困苦及危險而散去了，陳仲甫一個人又支持了好幾個月。』現在聽湯君的話，又翻閱了《新青年》，決意聘他。從湯君處探知陳君寓在前門外一旅館，我即往訪，與之訂定；於是陳君來北大任文科學長，而夏君原任理科學長，沈君亦原任教授，一仍舊貫；乃相與商定整頓北大的辦法，次第執行。[註6]

「劉申叔」就是劉師培，1903年前後，他與蔡元培、陳獨秀、章士釗等人都信仰過無政府社會主義的思想，而且都是上海暗殺團的骨幹成員。關於蔡元培當年的精神面貌，黃世暉在〈蔡元培口述傳略〉中寫道：「是時西洋社會主義家，廢財產，廢婚姻之說，已流入中國。子民亦深信之。曾於《警鐘》中揭〈新年夢〉小說以見意。惟其意，以為此等主義，非世界大多數人承認後，絕難實行，故傳播此等主義者，萬不可自失信用。爾時中國人持此主義者，己既不名一錢，亦不肯作工，而惟攫他人之財產以供其揮霍。曰『此本公物也』。或常作狹邪遊，且誘惑良家女子，而有時且與人妒爭，自相矛盾。以是益為人所姍笑。子民嘗慨然曰：『必有一介不苟取之義，而後可以言共產。必有坐懷不亂之操，而後可以言廢婚姻。』對於此輩而發也。」[註7]

1917年的北大校長蔡元培，認定陳獨秀「確可為青年的指導者」的主要依據，既包括劉師培、湯爾和的上述評語，更包括《新青年》1卷1號所宣告的「蓋欲與青年諸君商榷將來所以修身治國之道」的辦刊方針。一貫倔傲不馴的陳獨秀並不是無條件接受邀請的，與《錢玄

同日記》相印證，岳相如之子岳丹秋也回憶說，陳獨秀當時曾經告訴毗鄰而居的安徽同鄉岳相如說：「蔡先生約我到北大，幫助他整頓學校。我對蔡先生約定，我從來沒有在大學教過書，又沒有甚麼學位頭銜，能否勝任，不得而知。我試幹三個月，如勝任即繼續幹下去，如不勝任即回滬。」[註8]

二、以德治校的進德會

蔡元培是抱著整頓北大的決心出任校長的，並且很快與陳獨秀等人達成了共識。晚年蔡元培在〈自寫年譜〉中回憶說：「學生於講堂上領受講義，及當學期、學年考試時要求題目範圍特別預備外，對於學術，並沒有何等興會。講堂以外，又沒有高尚的娛樂與自動的組織，遂不得不於學校之外，競為不正當的消遣。這就是著名腐敗的總因。……於是廣延積學與熱心的教員，認真教授，以提起學生研究學問的興會。並提倡進德會（此會為民國元年吳稚暉、李石曾、張溥泉、汪精衛諸君發起，有不賭、不嫖、不娶妾的三條基本戒，又有不做官吏、不做議員、不飲酒、不食肉、不吸煙的五條認戒），以挽奔競及遊蕩的舊習；助成體育會、音樂會、畫法研究會、書法研究會，以供正當的消遣；助成消費公社、學生銀行、校役夜班、平民學校、平民講演團與《新潮》等雜誌，以發揚學生自動的精神，養成服務社會的能力。」[註9]

所謂「不正當的消遣」，主要是到前門一帶的八大胡同吃花酒、逛妓院。針對這種情況，蔡元培於1918年1月19日在北京大學發起進德會，他所擬定的准入條件是：「甲種會員：不嫖，不賭，不娶妾。乙種會員：於前三戒外，加不作官吏、不作議員二戒。丙種會員：於

前五戒外，加不吸煙、不飲酒、不食
肉三戒。」此舉受到全校上下的普遍
回應，截止5月18日已有468人報名入
會，其中職員92人，教員76人，學生
301人，整個北京大學的人數當時還不
到2000人。

　　6月1日，進德會選舉評議員和糾
察員。陳獨秀與蔡元培、夏浮筠、王建
祖、溫宗禹、章士釗、王寵惠、沈尹
默、劉師培、傅斯年、羅家倫、陳寶鍔
等職員、教員、學生任評議員，鄭陽
和、李大釗、李辛白、章味三、胡適、
錢玄同、馬寅初、陳大齊、李石曾、
康白情、陳寶書等職員、教員、學生
任糾察員。6月29日，進德會召開評議
員、糾察員會議，通過三項決議：1、
李大釗提議糾察員改為評議員；2、推
江智、傅斯年為書記，掌本會通訊記錄
之事；3、廢除原定甲、乙、丙等級，
以不嫖、不賭、不納妾三條為入會之必
要條件，其餘五條戒律，由會員自由認
守。會員中有破壞其願書上所認之戒律
者，由書記通信勸告，如仍犯，經會員

北大校長蔡元培

十人簽名報告，經評議員調查屬實，開評議會宣告除名。

　　進德會並不是蔡元培的發明創造，而是由吳稚暉、李石曾（煜瀛）、汪精衛（兆銘）等人於1912年初在上海率先發起的。1912年5月，著名無政府社會主義者劉思復（本名劉紹彬）也在廣州發起成立「晦鳴學舍」。同年7月，劉思復改名字為「師復」，與鄭彼岸、莫紀彭聯名發表共計12項條款的「心社」社約：一、不食肉，二、不飲酒，三、不吸煙，四、不用僕役，五、不坐轎及人力車，六、不婚姻，七、不稱族姓，八、不做官吏，九、不作議員，十、不入政黨，十一、不作陸海軍人，十二，不奉宗教。師復按照這12條戒約以身作則的結果，是他自己於1915年3月27日因積勞成疾而死於肺病。

　　與蔡元培、師復一樣信仰過無政府社會主義的陳獨秀，也曾經有過諸如此類的道德衝動。1903年5月25日，陳獨秀、潘贊化等人在安慶發起組織安徽愛國社，其中規定有5條戒約：「一、戒不顧國體。一、戒浮不當幕囂實事。一、戒洋煙、嫖、賭一切嗜好。一、戒主張各人自由，放棄國家公益。一、戒盲昧仇洋。」

　　1916年2月，陳獨秀在《青年雜誌》1卷6號的頭條位置，隆重推出〈吾人最後之覺悟〉，更是把所謂的「倫理的覺悟」凌駕於「政治的覺悟」之上：「所謂立憲政體，所謂國民政治，果能實現與否，純然以多數國民能否對於政治，自覺其居於主人的主動的地位為唯一根本之條件。……自西洋文明輸入吾國，最初促吾人之覺悟者為學術，相形見絀，舉國所知矣；其次為政治，年來政象所證明，已有不克守缺抱殘之勢。繼今以往，國人所懷疑莫決者，當為倫理問題。此而不能覺悟，則前之所謂覺悟者，非徹底之覺悟，蓋猶在惝恍迷離之境。

吾敢斷言曰：倫理的覺悟，為吾人最後覺悟之最後覺悟。」

　　僅從字面上看，陳獨秀的「最後覺悟之最後覺悟」稱得上是理直氣壯甚至於登峰造極；然而，一句「共和立憲而不出於多數國民之自覺與自動，⋯⋯與歐、美各國之共和立憲絕非一物」，恰恰證明了他似是而非的不懂裝懂。西方社會成文憲法的歷史並不長久，從1789年3月4日正式生效的美國《合眾國憲法》算起，至今不過200多年的歷史；而迄今為止的「歐、美各國之共和立憲」，實際上都是精英參政的間接政治即代議制的結果。換言之，在高度分工協作的現代文明社會裏，公民個人的職責所在，就是在從事自己的本職工作的同時依法納稅並定期選舉，而不是陳獨秀所說的「自居於主人的主動的地位，則應自進而建設政府，自立法度而自服從之，自定權利而自尊重之」的全民參政和「直接行動」。

三、蔡元培的兼容並包

　　北大校長蔡元培與文科學長及《新青年》主編陳獨秀的密切合作，除了表現在通過成立進德會以德治校之外，還表現在他對於《新青年》雜誌的積極供稿和極力維護。在《新青年》2卷5號中，陳獨秀以「記者」名義同時轉載了兩篇演說詞〈蔡子民先生在信教自由會之演說〉和〈蔡子民先生之歐戰觀〉。針對前者，陳獨秀在〈再論孔教問題〉一文中提出了自己的不同意見：「假令從社會之習慣，承認孔教或儒教為一名詞，亦不可牽入政治，垂之憲章；蓋政教分途，已成公例，憲法乃系法律性質，全國從同，萬不能涉及宗教道德，使人得有出入依違之餘地。此蔡子民先生所以謂『孔子是孔子，宗教是宗

二十年代的陳獨秀。

教，國家是國家：義理各別，勿能強作一談』也。蔡先生不反對孔子，更不絕對反對宗教，此余之所不同也。其論孔子、宗教、國家三者性質絕異，界限分明，不能強合，此余之所同也。」

在《新青年》3卷1號通信欄中，刊登有蔡元培的〈致《新青年》記者函〉，其中列舉了兩篇演說中的10處錯誤。陳獨秀為此加寫了編者按：「本志前卷五號，轉錄日報所載先生演說，未能親叩疑義，至多訛誤，死罪死罪！今幸先生賜函辨正，讀之且愧且喜。記者前論，以不貴苟同之故，對於先生左袒宗教之言，頗懷異議；今誦賜書，遂爾冰釋，甚願今後宗教家，以虛心研求真理為歸，慎勿假託名宿之言，欺弄昏稚。特此敬復子民先生，並告天下。」

在《新青年》3卷6號中，刊登有蔡元培的〈以美育代宗教説〉，同時還有陳獨秀以「記者」名義發表的〈北京大學改制之事實與理由〉，詳細介紹了蔡元培在1917年1月27日國立高等學校校務討論會上提交的大學改制議案

於3月14日被教育部明令批准的經過。1918年5月，蔡元培在《新青年》4卷5號發表〈讀周春岳君「大學改制之商榷」〉，繼續就大學改制進行討論。同年7月，蔡元培在5卷1號發表〈新教育與舊教育之歧點〉。同年11月，蔡元培在又5卷5號同時推出三篇著名文章，其一是關於歐戰的演說〈勞工神聖〉，其二是〈歐戰與哲學〉，其三是〈德國分科中學之說明〉。

蔡元培對於《新青年》雜誌及新文化運動更加重要的貢獻，是在關鍵時刻為北京大學及《新青年》同人提供了最為權威也最具影響力的辯護文章〈致《公言報》函並附答林琴南函〉。

1918年3月的《新青年》4卷3號是由劉半農負責編輯的，其中以〈文學革命之反響〉為標題刊載了王敬軒與劉半農的來往書信。

王敬軒是錢玄同的化名，他在〈文學革命之反響——王敬軒致《新青年》諸子書〉中，用嬉笑怒罵的調侃筆調公開提到了林紓等老輩人的名字：「林先生所譯小說。無慮百種。不特譯筆雅健。即所定書名。亦往往斟酌盡善盡美。如云吟邊燕語。云香鈎情眼。此可謂有句皆香。無字不艷。」

劉半農在〈復王敬軒書〉的開場白中，公開說明了利用「雙簧信」引蛇出洞的鬥爭策略：「記者等自從提倡新文學以來，頗以不能聽見反抗的言論為憾，現在居然有你老先生『出馬』，這也是極應歡迎，極應感謝的。」對於林紓等人的歷史功績，劉半農採取的更是罵人有理、全盤否定的極端態度。

到了1919年2月4日，上海《新申報》為林紓（琴南）開設專門發表短篇小說的專欄「蠡叟叢談」。一年多來一直遭受來自《新青年》

同人的人身攻擊的林紓，在17、18兩日連載短篇小說〈荊生〉，通過名叫「荊生」的「偉丈夫」，把既要「去孔子滅倫常」又要「廢文字以白話行之」的異端人物「皖人田其美」、「浙人金心異」和「不知其何許人」的「狄莫」痛打一頓。明眼人一看便知，這篇小說所影射的是陳獨秀、錢玄同、胡適，荊生就是練過武功並寫過一本《技擊餘聞》的林紓本人的化身。

同年3月19日，林紓又在《新申報》發表另一篇影射小說〈妖夢〉，其中的「校長元緒，教務長田恒，副教務長秦二世」，分別影射蔡元培、陳獨秀、胡適。「謙謙一書生」的「元緒」，就是朱熹在《論語》注解中所說的「蔡大龜」。

在〈妖夢〉公開發表的前一天即3月18日，隸屬於段祺瑞安福系的《公言報》，還以〈請看北京大學思潮變遷之近狀〉為標題刊載了林紓寫給蔡元培的公開信：「我公崇尚新學，乃亦垂念逋播之臣，足見名教之孤懸，不絕於縷，實望我公為之保全而護惜之，至慰，至慰。……近來外間謠諑紛集，我公必有所聞，即弟亦不無疑信。……大凡為士林表率，須圓通廣大，據中而立，方能率由無弊。若憑位分勢利而施趨怪走奇之教育，則惟穆罕默德左執刀而右傳教，始可如其願望。今全國父老以子弟託公，願公留意，以守常為是。」

蔡元培見信後，於3月21日在《北京大學日刊》發表〈致《公言報》函並附答林琴南函〉，其中寫道：

原公之責備者，不外兩點：一曰，「覆孔孟，鏟倫常」。二曰，「盡廢古書，行用土語為文字」。請分別論之。

對於第一點，當先為兩種考察：（甲）北京大學教員，曾有以「覆孔孟鏟倫常」教授學生者手？（乙）北京大學教授，曾有於學校之外，發表其「覆孔孟鏟倫常」之言論者手？

請先察「覆孔孟」之說：大學講義，涉及孔孟者，惟哲學門中之《中國哲學史》。已出版者，為胡適之君之《中國上古哲學史大綱》，請詳閱一過，果有「覆孔孟」之說乎？特別講演之出版者，有崔懷瑾君之《論語足徵記》，《春秋復始》。哲學研究會中，有梁漱溟君提出「孔子與孟子異同」問題，與胡默青君提出「孔子倫理學之研究」問題。尊孔者多矣，寧曰覆孔？

若大學教員於學校外自由發表意見，與學校無涉，本可置之不論。今姑進一步而考察之，則惟《新青年》雜誌中，偶有對於孔子學說之批評，然亦對於孔教會等託孔子學說以攻擊新學說而發，初非直接與孔子為敵也。

接下來，蔡元培表白了自己以德治校並且兼容並包的教育觀念：

其一、「對於學說，仿世界各大學通例，循『思想自由』原則，取兼容並包主義，與公所提出之『圓通廣大』四字，頗不相背。無論何種學派，苟其言之成理，持這有故，尚不達自然淘汰之運命者，雖彼此相反，而悉聽其自由發展，此義已於《月刊》之發刊詞言之，抄奉一覽。」

其二、「對於教員，以學詣為主。在校講授，以無背於第一種主張為界限。其在校外之言動，悉聽自由，本校從不過問，亦不能代

負責任。例如復辟主義，民國排斥也，本校教員中，有拖長辮而持復辟論者，以其所授為英國文學，與政治無涉，則聽之。籌安會之發起人，清議所指為罪人者也，本校教員中有其人，以其所授為古代文學，與政治無涉，則聽之。嫖、賭、娶妾等事，本校進德會所戒也，教員中間有喜作側豔之詩詞，以納妾狎妓為韻事，以賭為消遣者，苟其功課不荒，並不誘學生而與之墮落，則姑聽之。夫人才至為難得，若求全責備，則學校殆難成立。且公私之間，自有天然界限。譬如公曾譯有《茶花女》、《迦茵小傳》、《紅礁畫槳錄》等小說，而亦曾在各學校講授古文及倫理學，使有人詆公為此等小說體裁講文學，以狎妓奸通爭有婦之夫講倫理者，寧值一笑與？然則革新一派，即偶有過激之論，苟於校課無涉，亦何必強以其責任歸之於學校耶？」

　　蔡元培的上述辯護，儘管整體上看起來有理有據、理直氣壯，仔細推敲卻不難發現其不能夠自圓其說的瑕疵之處。僅就反孔來說，陳獨秀此前已經在〈再論孔教問題〉一文中明確表示：「今之反對國教者，無不持約法中信教自由之條文以為戈矛。都中近且有人發起『信教自由會』，以鼓吹輿論。余固以為合理，而於事實則猶有未盡者。何以言之？中國文廟遍於郡縣，春秋二祀，官廳學校，奉行日久，蓋儼然國教也。……由斯以談，非獨不能以孔教為國教，定入未來之憲法，且應毀全國已有之孔廟而罷其祀！」[註10]

　　1917年9月22日，錢玄同在日記中寫道：「午後二時頃訪適之，五時頃訪尹默並晤蓬仙。在尹默處晚餐，戲與兼士仿漢柏梁台詩體將大學中相識之人各如其學問志趣做一句七言詩，頗有興味，詩如左：……」

　　由於影印版《錢玄同日記》沒有把「詩如左」影印在案，筆者無法瞭解錢玄同與沈兼士「仿漢柏梁台詩體」的七言遊戲詩的全部內容。好在晚年周作人在《知堂回想錄》中另有回憶：「當時在北大的章門的同學做柏梁台體的詩分詠校內的名人，關於他們的兩句恰巧都還記得，陳仲甫的一句是『毀孔子廟罷其祀』，說的很得要領，黃季剛的一句則是『八部書外皆狗屁』，也是很能傳達他的精神的。」註11

　　由此可知，蔡元培筆下的「北京大學教授，曾有於學校之外，發表其『覆孔孟鏟倫常』之言論者乎？」分明是強詞奪理的明知故問。更加嚴重的是，當時的文科學長、進德會評議員陳獨秀，確實存在「以納妾狎妓為韻事」的事實。在這種情況下，蔡元培的權威辯護不僅不能平息北京大學的內外紛爭，反而促進了進德會的破產。

四、對於陳獨秀的變相免職

　　早在林紓的影射小說〈荊生〉、〈妖夢〉發表之前，北京城裏已經出現最高當局要驅逐陳獨秀等人的各種傳聞。1919年1月5日，錢玄同在日記中寫道：「六時頃士遠與我同到中興茶樓吃晚飯，同席坐者有尹默及徐森玉。森玉說現有……等人為大學革新求徐世昌來干涉。……有改換學長整頓文科之說。」

　　1月7日，錢玄同又在日記中寫道：「午後到大學，半農、尹默都在那裏，聽說蔡先生已經回京了。關於所說『整頓文科』的事，蔡先生之意以為，他們如其好好的來說，自然有個商量，或者竟實行去冬新定的大學改革計劃，廢除學長讓獨秀做教授。如其他們竟以無道行之，則等他下上諭革我。到那時候，當將兩年來辦學之情形和革我的

理由撰成英法德文通告世界文明國。這個辦法我想很不錯。」[註12]

　　北大學生張厚載，曾經是林紓在北京五城學堂任教時的得意門生，當時在上海《神州日報》主持不定期的「半谷通信」。針對張厚載通過「半谷通信」把北大內部的相關資訊傳播到上海，蔡元培於1919年3月19日發表致《神州日報》的闢謠信：「（一）陳學長並無辭職之事，如有以此事見詢者，鄙人必絕對否認之。所謂並無否認之表示者，誤也。（二）文理合併，不設學長，而設一教務長以統轄教務，曾由學長及教授會主任會議定（陳學長亦在座），經評議會通過，定於暑假後實行。今報告中有下學期之說，一誤也。……（三）貴報上月兩次登『半谷通信』，皆謂陳學長及胡適、陶履恭、劉復四人，以思想激烈，受政府干涉。並謂陳學長已在天津，態度頗消極，而陶、胡等三人，則由校長以去就力爭，始得不去職云云，全是謠言。」

　　然而，半個多月後，被蔡元培指為「全是謠言」的「半谷通信」幾乎全部變成了事實。4月10日，《北京大學日刊》刊登〈大學本科教務處成立紀事〉：「理科學長秦汾君因已被任為教育部司長，故辭去代理學長之職。適文科學長陳獨秀君亦因事請假南歸。校長特於本月八日召集文理兩科各教授會主任及政治經濟門主任會議。是日到會者為秦汾、俞同奎，沈尹默、陳啟修、陳大齊、賀之才、何育傑、胡適八人。當由與會諸君議決將三月四日所發表之文理科教務組織法提前實行，……由各主任投票公推教務長一人，投票之結果，馬寅初君得四票，俞同奎君得三票。馬君當選為教務長。惟馬君現奔喪南歸，未到校以前由俞君代行職務。」

　　所謂陳獨秀因事請假南歸，其實是蔡元培等人的善意謊言，他們所要掩蓋的恰恰是「奔喪南歸」的馬寅初被選舉為教務長、並沒有「請假南歸」的陳獨秀被就地免職的暗箱操作。1919年4月11日，湯爾和在日記中留下了陳獨秀並沒有離開北京的確鑿證據：「五時後回寓，⋯⋯途中遇仲甫，面色灰敗，自北而南，以怒目視，亦可哂已。」[註13]

　　在此之前的3月26日晚上，蔡元培就是在湯爾和家裏，與浙江籍的馬敘倫、沈尹默等人秘密商定要免除陳獨秀的學長職務的，其罪名恰好是蔡元培在〈致《公言報》函並附答林琴南函〉中談到的「以納妾狎妓為韻事」。到了1935年12月28日，湯爾和在致胡適信中回憶說：「八年三月廿六之會發何議論，全不省記。唯當時所以反對某君之理由，以其與北大諸生同昵一妓，因而吃醋，某君將妓之下體挖傷洩憤，一時爭傳其事，以為此種行為如何可作師表，至如何說法，則完全忘卻矣。」[註14]

　　蔡元培通過相關程式免除陳獨秀的文科學長職務，原本是無可厚非的一件事情。只是他在此過程中並不正大光明的暗箱操作和善意說謊，既傷害了陳獨秀的個人情感，又敗壞了自己以德治校的公信力和感召力。他所選擇的時機偏偏又是「五四運動」前夕暗潮洶湧的緊要關頭，無形中損害了北京大學特別是《新青年》同人的正面形象，同時也助長了政學兩界極力反對新文化運動的守舊派的氣焰。關於這些情況，胡適在1935年12月28日致湯爾和信中回憶說：「三月廿六夜之會上，蔡先生頗不願於那時去獨秀，先生力言其私德太壞，彼時蔡先生還是進德會的提倡者，故頗為尊議所動。我當時所詫怪者，當時小

報所記，道路所傳，都是無稽之談，而學界領袖乃視為事實，視為鐵證，豈不可怪？嫖妓是獨秀與浮筠都幹的事，而『挖傷某妓之下體』是誰見來？及今思之，豈值一噱？當時外人借私行為攻擊獨秀，明明是攻擊北大的新思潮的幾個領袖的一種手段，而先生們亦不能把私行為與公行為分開，適墮奸人術中了。」[註15]

五、北大評議會的制度缺失

1924年12月4日，蔡元培在寫給傅斯年、羅家倫的回信中寫道：「至關於北大之問題，弟自忖精力實不能勝此煩劇，若以夢麟、石曾諸君任之，實較為妥當。校中同人往往誤以『天之功』一部分歸諸弟，而視弟之進退為有重要之關係。在弟個人觀察實並不如此，就既往歷史而言，六七年前，國內除教會大學而外，財力較為雄厚者惟北大一校，且校由國立而住在首都，自然優秀之教員、優秀之學生較他校為多，重以時勢所迫，激刺較多，遂有向各方面發展之勢力。然弟始終注重在『研究學術』方面之提倡，於其他對外發展諸端，純然由若干教員與若干學生隨其個性所趨而自由申張，弟不過不加以阻力，非有所助力也。」[註16]

蔡元培所說的「天之功」，其實就是「形勢比人強」的大勢所趨。蔡元培的偉大之處並不在於他以德治校的德高望重，而在於他較為清醒地認識到了自己的局限性，從而表現出對於歷史潮流「不加以阻力」而且常常「有所助力」的兼容並包、與時俱進。蔡元培任北大校長期間，中國社會正處於向現代文明初步轉型的過渡時期，比起既不具備操作性也不具備強制性的北大進德會，他所從事的以評議會和

教授會為核心的制度建設，更具有現代化的生命活力。

蔡元培關於評議會的構想，主要來自德國大學的成熟經驗。從美國留學歸來的胡適，又帶來了更加先進的美國經驗。1917年9月21日，胡適在北大的開學典禮上，以〈大學與中國高等學問之關係〉為題發表演講，明確提出要用西方現代化的大學理念和管理模式改造經營中國的大學。同年12月，在蔡元培、胡適、陳獨秀等人的密切配合下，北京大學評議會宣告成立。第一屆評議員包括校長蔡元培、

1918年6月北京大學文科哲學門畢業照，前排左四為馬敘倫、左五為蔡元培、左六為陳獨秀、左七為梁漱溟。

文科學長陳獨秀，理科學長夏浮筠，法科學長王建祖，工科學長溫宗禹，文本科胡適、章士釗，文預科沈尹默、周思敬，理本科秦汾、俞同奎，理預科張大椿、胡浚濟，法本科陶孟和、黃振聲，法預科朱錫齡、韓述祖，工本科孫瑞林、陳世璋共19人。評議員任期一年，期滿即行下屆選舉，可以連任。接下來，評議會又通過各學科教授會組織法，先後成立了12個學門的教授會。顧孟餘、賀之才、何育傑、馬寅初、胡適等人，分別被選為各自學科的教授會主任，任期二年。

「五四運動」爆發後，蔡元培離校南下，評議會和教授會在維持教育秩序、捍衛教育獨立方面發揮了中流砥柱的作用。經過「五四運動」的洗禮，重新回到北大的蔡元培以更加務實的作風與蔣夢麟、胡適等人共同致力於教授治校的制度建設。1920年10月20日，蔡元培在離校赴歐洲考察教育之前與學生話別時表示說：「『五四』而後，大家很熱心群眾運動，示威運動。那一次大運動，大家雖承認他的效果，但這種驟用興奮劑的時代已過去了。大家應當做腳踏實地的工夫。……我這次出去，若是於本校不免發生困難，我一定不去。但是現在校中組織很周密，職員辦事很能和衷，職員與學生間，也都是開誠佈公，我沒有什麼不放心的事了。」[註17]

然而，在充分肯定北京大學所建立的各項教育制度的先進性的同時，也不能不承認這套制度所存在的嚴重缺陷，特別是習慣於以德治校的蔡元培在制度意識方面的嚴重缺失。

1922年10月18日，北大部分學生因為校方按照評議會的決議收取講義費而挑起事端，致使蔡元培憤而辭職。講義風波平息後，北大教授吳虞在10月31日的日記中寫道：「蔡子民來函，附來分組教授名

單,請選取評議員。……8時至9時,在北大上課,晤楊適夷談,主張評議會議事,以後當由全體教授通過,然後再由評議會執行,不能由評議會少數人壟斷,事情失敗,又推蔡子民出,身當其衝也。」註18

吳虞所說的「少數人壟斷」,主要是與蔡元培同為浙江籍的「某籍某系」即沈尹默、沈兼士、沈士遠、馬幼漁、馬敘倫、朱希祖、陳百年、周作人等人的「壟斷」。沈尹默晚年在〈我和北大〉中曾經回憶說:「蔡先生的書生氣很重,一生受人包圍,……到北大初期受我們包圍(我們,包括馬幼漁、叔平兄弟,周樹人、作人兄弟,沈尹默、兼士兄弟,錢玄同,劉半農等,亦即魯迅先生作品中引所謂正人君子口中的某籍某系);……」註19

1923年1月7日,蔡元培因為不能容忍時任教育總長的同盟會元老彭允彝干涉司法的惡劣表現,以「保持人格」的道德藉口辭職離校,把一個爛攤子留給了代理校長蔣夢麟及北大評議會。在蔡元培離校的情況下,北大校內號稱「法日派」的李石曾、顧孟餘、沈尹默、沈兼士、馬幼漁、馬敘倫、陳惺農等人,紛紛充當國民黨推進黨化教育的急先鋒。在這些人的壟斷把持之下,原本為了保障教育獨立、教授治校的北大評議會及教授會,反而蛻變為國民黨強力推行黨化教育的政治工具。制度意識本來就相對薄弱的蔡元培,在北京大學所從事的制度建設也因此歸於破產。北京大學的現代化教育制度的再度恢復,是蔣夢麟在蔡元培、胡適、傅斯年、丁文江等人的支持下,於1930年12月4日被任命為北大校長之後的事情。

【注釋】

註1：汪原放著《回憶亞東圖書館》，上海：學林出版社，1983年，第35、
    36頁。

註2：《錢玄同日記》第3卷，1917年1月6日。福州：福建教育出版社，2002
    年，第1492頁。

註3：王學珍、郭建榮主編《北京大學史料》第2卷，北京大學出版社，2000
    年，第326、327頁。

註4：莊森：〈蔡元培做假聘陳獨秀長北大文科〉，香港中文大學《二十一世
    紀》網路版第47期，2006年2月28日。

註5：蔡元培1917年1月18日致吳稚暉信，高叔平編著《蔡元培年譜》2卷，
    北京：人民教育出版社，1998年，第5頁。

註6：蔡元培：〈我在北京大學的經歷〉，《東方雜誌》第31卷第1號，1934
    年1月。

註7：都昌、黃世暉記《蔡孑民傳略》，引自蔡元培著《蔡孑民先生言行
    錄》，廣西師範大學出版社，2005年，第7頁。

註8：唐寶林、林茂生著《陳獨秀年譜》，上海人民出版社，1988年，第76
    頁。岳相如早年是陳獨秀任會長的岳王會成員。1908年參加熊成基起
    義，任班長。辛亥革命時，參與策劃皖北重鎮壽縣起義。反袁鬥爭失敗
    後流亡上海，住法租界嵩山路南口吉誼里20號，與家住21號的陳獨秀毗
    鄰。

註9：蔡元培1940年2月手稿，引自《民國奇才奇文蔡元培卷‧黑暗與光明的
    消長》，北京：東方出版社，1998年，第411頁。

註10：陳獨秀：〈再論孔教問題〉，《新青年》2卷5號，1917年1月1日。

註11：周作人：《知堂回想錄》下冊。石家莊：河北教育出版社，2002年，
    第547頁。

註12：《錢玄同日記》第4卷，第1711、1716頁。浙江籍的徐森玉當時是教
    育部秘書。

註13：《胡適往來書信選》中冊，北京：中華書局，1979年，第283頁。與

此相印證，遠在上海的汪孟鄒，也在1919年4月致胡適信中寫道：「仲甫去職，已得他來訊。舊黨當然以為得勢，務望兄等繼續進行，奮身苦戰，不勝盼念之至。」此信無落款時期，引自耿雲志主編《胡適遺稿及秘藏書信》第27冊，合肥：黃山書社，1994年，第285頁。

註14：《胡適往來書信選》中冊，第289頁。

註15：《胡適往來書信選》中冊，第290頁。

註16：《蔡元培書信集》上冊，杭州：浙江教育出版社，2000年，第707頁。

註17：蔡元培：〈在北大話別會演說詞〉，高平叔編《蔡元培全集》第3卷，北京：中華書局，1984年，第450頁。

註18：《吳虞日記》下冊，成都：四川人民出版社，1984年，第62頁。

註19：沈尹默：〈我和北大〉，《文史資料選輯》第61輯，北京：中華書局，1979年。

《新青年》同人的經濟帳

《新青年》 雜誌最初是依託上海群益書社出版發行的，群益書社為此承擔了很大的商業風險。等到形成品牌之後，《新青年》同人開始尋求經濟獨立，同人內部也一再出現分歧和裂痕，致使一度輝煌的《新青年》雜誌在內憂外患中劃上了句號。

一、《青年雜誌》的創刊

據汪原放回憶，陳獨秀依託民間出版機構自主創辦雜誌的想法，可以追溯到1913年「二次革命」失敗之後：「據我大叔回憶，民國二年（1913年），仲甫亡命到上海來，他沒有事，常要到我們店裏來。他想出一本雜誌，說只要十年、八年的功夫，一定會發生很大的影響，叫我認真想法。我實在沒有力量做，後來才介紹他給群益書社陳子沛、子壽兄弟。他們竟同意接受，議定每月的編輯費和稿費二百元，月出一本，就是《新青年》（先叫《青年》雜誌，後來才改做《新青

年》。）」註1

　　與此相印證，陳獨秀曾在致章士釗信中表白説：「僕本擬閉戶讀書，以編輯為生。近日書業，銷路不及去年十分之一，故已擱筆，靜待餓死而已。雜誌銷行，亦復不佳。人無讀書興趣，且復多所顧忌，故某雜誌已有停刊之象。《甲寅雜誌》之運命，不知將來何如也。」註2

　　「實在沒有力量做」的汪孟鄒是陳獨秀的同鄉好友，他於1913年春天到上海創辦亞東圖書館，原本是陳獨秀的創意和推動。亞東圖書館在初創階段沒有接受陳獨秀想要創辦的雜誌，卻於1915年5月接受了章士釗（字行嚴，筆名秋桐）主編的《甲寅雜誌》。章士釗為此專門在上海各報發佈〈秋桐白事〉：「僕以孱弱之軀，旅居海外。去歲夏間，同志數輩，創作《甲寅》雜誌，屬僕主任其事，社務叢脞，益以屢病，出版愆期，至用慚歉。今為分工之計，以印刷、發行兩事析與上海亞東圖書館代為理治，僕只任編輯一部，心一

留學日本時的陳獨秀

意專，庶可期諸久遠。自後凡屬印刷、發行事項，請向上海接洽；其有關於文字者，則直函日本東京小石川區林町七十番地甲寅雜誌社編輯部交僕可也。」

與此同時，亞東圖書館刊登「《甲寅》第五期預告」：「自後凡蒙愛讀諸君惠購，請直向敝館接洽。其一切收款、發報等事，皆由敝館完全負責。」[註3]

由於刊登反對袁世凱的〈帝政駁議〉而遭到禁郵，加上章士釗奔走於反對袁世凱稱帝的護國戰爭，《甲寅雜誌》在出版1卷10號後陷入停頓。袁世凱於1916年6月6日去世之後，亞東圖書館在報紙上同時刊登兩則廣告。

其一是〈愛讀《甲寅》者鑒〉：「本雜誌自去年九月被禁，國內不能郵寄，讀者無從購買，共和恢復以後，購者紛紛，銷數驟盛。現在自第一號至第十號，所存皆已不多，愛讀諸君，尚希從速購取。每本實價大洋四角。外埠另加郵費五分。」

其二是〈甲寅雜誌社啟事〉：「癸丑（1913）戰役既畢，袁氏盡其力所能及，鉗制國人，使之噤伏。秋桐先生旅居日本，憤民意之不伸，創作《甲寅雜誌》，援證事理，力辟奸邪，一時中外風行，袁氏震駭，帝制議起，通令禁止銷售。先生亦適於此時歸國，從事義舉，海陸賓士，無暇執筆，今茲政局粗定，國事之有待於言論者甚多，先生擬將經手事件清厘終結，即便賡續為文。出版有期，再行布告。」[註4]

〈甲寅雜誌社啟事〉其實是亞東圖書館的一廂情願。時任兩廣都司令部秘書長的章士釗，已經成為直接參與權力分配的政治明星，他先在上海家中與方方面面的名流政客反覆磋商，隨後於1916年7月21

日前往北京魏家胡同的大宅門裏，代表已經通電辭職的兩廣都司令、西南軍政府總裁岑春煊，與繼任總統黎元洪、內閣總理段祺瑞等人商談善後事宜，同時與各派政治勢力保持聯絡。到了1925年，已經分道揚鑣的國民黨元老吳稚暉以見證人的身份回憶說：「今日章先生視《甲寅》為彼唯一產物。然別人把人物與甲寅聯想，章行嚴而外，必忘不了高一涵，亦忘不了陳獨秀。見獨秀兩個名詞，尚以為是個絕世美男子。後我在《新青年》發起時晤到，正如韓退之所狀蒼蒼者動搖者的形貌，令我叫奇。唯時黎元洪由副總統升任大總統時代的內閣，即定於上海霞飛路章先生的宅內。陳先生就像演赤壁之戰，章先生充做諸葛亮，他充作魯肅。客到之先，客散之後，只有他徘徊屏際。」註5

陳獨秀自1914年遠赴日本協助章士釗編輯《甲寅雜誌》期間，高君曼及兩個孩子留在上海，汪孟鄒受陳獨秀委託代為照顧。1915年6月，陳獨秀和易白沙結伴回到上海，與妻子兒女同住在上海法租界嵩山路南口吉誼里21號。汪孟鄒在《夢舟日記》中記錄了陳獨秀當年的行蹤：

> 6月20日：「晚間為志孟、白沙洗塵。」
> 6月22日：「下午赴叔潛等通俗圖書局開會之約，回家已六鐘有零。」
> 6月23日：「上午十一鐘到子壽宅，會議三家合辦之事。終以分別籌款為主。回家已五鐘。」
> 7月4日：「在子壽處晚飯後，往志孟宅上談事，將十二鐘方返。」

7月5日：「子壽來，告以《青
　年》事已定奪云云。」[註6]

「志孟」就是陳獨秀。汪叔潛是
通俗圖書局的老闆和安徽籍國會議員。
上海群益書社的老闆陳子佩、陳子壽兄
弟是章士釗的湖南同鄉。「三家合辦之
事」指的是擬議中的由三方聯合從事文
化出版事業。

汪原放的父親汪希顏，是章士釗
1902年在南京江南陸師學堂讀書時的
校友，陳獨秀是到南京拜訪汪希顏時
認識章士釗的。汪希顏於1902年夏天
病逝於南京，章士釗、陳獨秀與汪的
弟弟汪孟鄒從此成為終生不渝的好朋
友。汪孟鄒之所以在章士釗與陳獨秀之
間做出厚此薄彼的抉擇，正是基於《甲
寅雜誌》「一時中外風行」的「金字招
牌」。他的一個「竟」字，既透露出自
己利用湖南人章士釗及其《甲寅雜誌》
拓展業務的生意經；同時也反襯出湖南
人陳子佩、陳子壽兄弟借助陳獨秀另創
品牌的過人膽識。

北大教授章士釗照片。

群益書社自1907年創辦以來，經營狀況一直不錯：「他們的《英漢辭典》、《英漢雙解辭典》，不如以前了。從前，連商務印書館也要向他們配不少《辭典》，據說月月結帳，要用笆斗解不少洋錢給他們。後來商務出了《英華辭典》等等，價錢比群益便宜，內容也很好。群益也急哩。」註71915年9月15日，在章士釗撇開《甲寅雜誌》奔走於國家大事的情況下，陳獨秀聯合群益書社適時推出了自立門戶的輿論陣地《青年雜誌》。

二、《青年雜誌》與《甲寅雜誌》

　　章士釗在《甲寅雜誌》的〈本志宣告〉中，明確提出「吾人」今後「惟一的覺悟」是「政治的覺悟」，強調要用「條陳時弊，樸實說理」的辦法批評時政，闡發「政治根本之精神」。而《青年雜誌》以「本志編輯部」名義發表的〈社告〉，為了盡可能地吸引讀者和作者，表現出的卻是鋒芒內斂和平易近人的低姿態：「國勢陵夷，道衰學弊，後來責任，端在青年。本志之作，蓋欲與青年諸君商榷將來所以修身治國之道。……本志以平易之文，說高尚之理。凡學術事情足以發揚青年志趣者，竭力闡述。冀青年諸君於研習科學之餘得精神上之援助。」

　　在〈投稿章程〉中，只擁有200元編輯費的陳獨秀，所開出的卻是當時較高檔次的稿酬標準：「來稿無論或撰或譯，皆所歡迎。一經選登奉酬現金。每千字自二元至五元。」按照張寶明的說法，《新青年》的廣告經營意識是一卷一個變化，甚至每號都有一個細小的考量。第1卷的1至6號一直保持著首「告」（社告）尾「程」（投

30　政學兩界的人和事

稿章程）的格局。1號有〈通信購書章程〉，2號之後又有了除上海之外北京、新加坡等75個「書局」、「書館」、「學社」、「書莊」之類的「各埠代辦處」。[註8]

在沒有樹立起品牌形象之前，創辦初期的《青年雜誌》是甘心以《甲寅雜誌》的姊妹刊物的面貌出現的。《青年雜誌》的「時評」、「政論」、「詩」、「譯介」等欄目，大都是從《甲寅雜誌》直接複製過來的。《青年雜誌》藉以招徠讀者的「通信」，更是《甲寅雜誌》的核心欄目。

《青年雜誌》出版第一卷之後停刊6個月，1916年9月出版2卷1號時，正式定名為《新青年》。隨著袁世凱的倒臺，北京政府對於新聞出版事業的管制相對放鬆，曾經被袁世凱明令通緝的章士釗，不僅恢復了國會議員的身份，而且搖身一變成為政治明星。在這種背景之下，陳獨秀在「通信」欄中通過真假難辯的讀者來信，一再宣傳《甲寅雜誌》與《新青年》之間密不可分的傳承

青年雜誌。

關係。在2卷1號「通信」欄中，刊登有以「貴陽愛讀貴志之一青年」落款的讀者來信，摘錄如下：

> 記者足下。近年來各種雜誌。非全為政府之機關。即純係黨人之喉舌。皆假輿論以各遂其私。求其有益於吾輩青年者。蓋不多覯。唯甲寅多輸入政法之常識。闡明正確之學理。青年輩受惠匪細。然近以國體問題。竟被查禁。而一般愛讀該志者之腦海中。殆為餉源中絕。（邊遠省份之人久未讀該志矣。）饑餓特甚。良可惜也。今幸大志出版。而前之愛讀甲寅者。忽有久旱甘霖之快感。謂大志實代甲寅而作也。愚以為今後大志。當灌輸常識。闡明學理。以厚惠學子。不必批評時政。以遭不測。而使讀者有糧絕受饑之歎。……聞足下有云「改造青年之思想。輔導青年之修養。為本志之天職。批評時政。非其旨也。」（見第一卷第一號通信欄答王庸工君文中。）此言深合一般人之希望。祈堅持此意。一貫到底。則幸甚矣。

在2卷2號「通信」欄中，署名王醒儂的讀者在來信中寫道：「獨秀先生大鑒。前於甲寅四號中。獲讀大文甚佩。頃承友人贈以青年雜誌一冊。敬悉主撰者為足下。言正理確。益世匪淺。……《甲寅雜誌》說理精闢，其真直為當世獨一無偶。昔被查禁，今出版與否尚不可知，……獨惜吾輩青年，失此慈母也。繼續之任，不得不望於大志負之。」

　　2卷5號「通信」欄中，陳獨秀在寫給吳又陵（吳虞）的回信中，專門談到自己在《甲寅》雜誌擔任編輯的經歷，進而與易白沙、吳又陵等人一起舉起反對孔門儒教的大旗：「又陵足下，久於章行嚴、謝无量二君許，聞知先生為蜀中名宿。《甲寅》所錄大作，即是僕所選載，且妄加圈識，欽仰久矣。茲獲手教並大文，榮幸無似。《甲寅》擬續刊。尊著倘全數寄賜分載《青年》《甲寅》，嘉惠後學，誠盛事也。」

　　2卷6號「通信」欄中，正在湖北陸軍第二預備學校讀書的葉挺致信陳獨秀說：「記者足下。空谷足音，遙聆若渴。明燈黑室，覺岸延豐。足下之孤詣，略見於甲寅。渴慕綦歲。嗚呼，國之不亡。端在吾人一念之覺悟耳。足下創行青年雜誌，首以提倡道德為旨。欲障此狂波。拯斯溺世。感甚感甚。」

　　在3卷3號「通信」欄中，另有「安徽省立第三中學校學生余元濬」的來信：「前秋桐先生之《甲寅》出版，僕嘗購而讀之，奉為圭臬。以為中華民國之言論界中當為首屈一指，不謂僅出十冊，而秋桐先生遽以國事故，不克分身及此，僕當時為不歡者累月。然不料繼《甲寅雜誌》而起者，乃有先生之《新青年》。《新青年》僕於今歲始得而讀之，乃知為《青年雜誌》之改名。但不識彼時先生亦主任該志否。若然，則僕棄此不讀而終日為無謂之欷歔，僕之運誠嗇矣。先生之言論風采，曾於《甲寅雜誌》見其一斑，其為一般人士所公認者，似不勞僕再為讚譽。……黑海溟沈、神州夢熟、於秋桐先生外、望先生有以共拯之。」

　　陳獨秀在回信中寫道：「惠書督勵，至為感愧。青年雜誌，即

新青年之前身，二者皆所主撰。吾國教育，方始萌芽。方之歐美，猶未及萬一。即此萬一之萌芽，其成分十之八，仍屬科舉之變相。舊文教之延續，居其十之一有五。其真正近於歐美教育者，僅少而幾於無有。甚願國中教者學者，速速發心體會歐美文明教育之果為何物。否即教育日漸擴張，去歐美之文明仍遠也。獨秀。」

在此之前，已經出任北京大學文科學長的陳獨秀，還在致胡適信中介紹説：「手書並大作〈文學改良芻議〉，快慰無似。……蔡子民先生已接北京總長之任，力約弟為文科學長，弟薦足下以代，此時無人，弟暫充乏。……《甲寅》準於二月間可以出版，秋桐兄不日諒有函與足下，《青年》、《甲寅》均求足下為文。」[註9]

這裏所説的《甲寅》，已經不是由上海亞東圖書館出版發行的《甲寅雜誌》，而是於1917年1月28日在北京創刊，由章士釗、李大釗、高一涵、邵飄萍等人負責編輯的《甲寅》日刊。同年7月，從美國留學歸來的胡適，在日本東京停留期間讀到《新青年》3卷3號，在日記中寫下了讀後感想：「《新青年》之通信欄每期皆有二十餘頁（本期有二十八頁）。其中雖多無關緊要之投書，然大可為此報能引起國人之思想興趣之證也。」[註10]

三、《新青年》的「復活」

《甲寅雜誌》的編輯和撰稿人，大部分都是湖南和安徽籍人士，只是由於章士釗的全國性影響才儼然表現出大家風範。限於陳獨秀當年的個人影響，初創階段的《青年雜誌》幾乎是安徽人的地方刊物。在有名有姓的19位作者中間，陳獨秀的文章最多，共10篇文章、

4篇譯文；其次是高一涵，共7篇文章、2篇譯文；再其次是易白沙，
共發表5篇重要文章。其他作者包括汪叔潛（1篇文章）、陳嘏（5篇譯
文）、彭德尊（1篇文章）、李亦民（3篇文章，6篇「世界說苑」）、薛
琪瑛（4篇譯文）、謝无量（兩首五言古詩）、劉叔雅（1篇文章，2篇譯
文）、汝非（2篇譯文）、方澍（一首五言古詩）、孟明（2篇譯文）、潘
贊化（2篇文章）、高語罕（淮陰釣叟，2篇文章）、李穆（1篇譯文）、謝
鴻（2篇文章）。其中的陳獨秀、高一涵、劉文典、謝无量、易白沙，
都是從《甲寅雜誌》轉移過來。

　　謝无量雖然是四川人，4歲時隨在安徽任知縣的父親遷居蕪湖，
他自己在安徽公學任教期間與陳獨秀等革命黨人建立了密切聯繫。易
白沙是湖南長沙人，長期在安徽教育界從事革命活動，辛亥革命時期
曾與高一涵等人策劃起義。除此之外，其他撰稿人大都是陳獨秀的
親朋好友。高一涵是安徽六安人，與陳獨秀有師友之誼。劉叔雅（文
典）是合肥人，在安徽公學讀書時接受過劉師培、陳獨秀的影響。潘
贊化是桐城人，自1902年起一直是陳獨秀的同學與同事，1916年與傳
奇女畫家潘玉良結婚時陳獨秀是唯一的嘉賓。高語罕是壽縣人，清末
時是陳獨秀任總會長的「岳王會」週邊組織「維新會」的成員，後來
經陳獨秀介紹加入中國共產黨，再後來又一起成為「托洛茨基派」的
代表人物。專門從事文學翻譯的陳嘏，原名陳遐年，是陳獨秀的兄長
陳孟吉（慶元）的長子。

　　《青年雜誌》從2卷1號起改頭換面為《新青年》，封面上開始
出現「陳獨秀先生主撰」的醒目提示。此前的〈社告〉也被兩份〈通
告〉所替代。其中的通告一寫道：「本志自出版以來，頗蒙國人稱

許。第一卷六冊已經完竣。自第二卷起，欲益加策勵，勉副讀者諸君屬望，因更名為《新青年》。且得當代名流之助，如溫宗堯、吳敬恒、張繼、馬君武、胡適、蘇曼殊。諸君允許關於青年文字皆由本志發表。嗣後內容，當較前尤有精彩。此不獨本志之私幸，亦讀者諸君文字之緣也。」

通告二寫道：「本志第二卷第一號起，〈新聞讀者論壇〉一欄，容納社外文字。不問其『主張』『體裁』是否與本志相合。但其所論確有研究之價值，即皆一體登載，以便讀者諸君自由發表意見。」前者以「名流」相標榜，後者以「互動」相吸引，從而將雜誌的「研究」性和「新聞」性巧妙在結合在一起。

《新青年》雜誌雖然不斷擴大作者群，卻沒有改變以安徽人為主體的地方性刊物的格局。直到4卷1號演變為由北京大學的6位教授輪流編輯的同人刊物之後，才真正成為全國性的著名期刊，並且直接開啟了以普及推廣白話文

新青年。

寫作為第一目標的新文化運動。正是基於這一事實,胡適在《中國新
文學大系‧建設理論集導言》中寫道:「民國七年一月《新青年》復
活之後,我們決心做兩件事:一是不作古文,專用白話作文;一是翻
譯西洋近代和現代的文學名著。那一年的六月裏,《新青年》出了一
本《易卜生專號》,登出我和羅家倫先生合譯的《娜拉》全本劇本,
和陶履恭先生譯的《國民之敵》劇本。這是我們第一次介紹西洋近代
一個最有力的文學家,所以我寫了一篇〈易卜生主義〉。在那篇文
章裏,我借易卜生的話來介紹當時我們新青年社的一班人公同信仰的
『健全的個人主義』。」^{註11}

在這段話中,最值得注意的是「復活」二字。同一篇文章中,胡適
還用「哥白尼革命」來形容由他自己提出的「歷史的文學觀念論」:

> 我特別注重這個歷史的看法,這固然是我個人的歷史癖,但
> 在當時這種新的文學史見解不但是需要的,並且是最有效的
> 武器。國內一班學者文人並非不熱中國歷史上的重要事實,
> 他們所缺乏的只是一種新的看法。……所以那歷史進化的文
> 學觀,初看去好像貌不驚人,此實是一種「哥白尼的天文革
> 命」:哥白尼用太陽中心說代替了地中心說,此說一出就使
> 天地易位,宇宙變色;歷史進化的文學觀用白話正統代替了
> 古文正統,就使那「宇宙古今之至美」從那七層寶座上倒撞
> 下來,變成了「選學妖孽,桐城謬種」!(這兩個名詞是玄同
> 創的。)從「正宗」變成了「謬種」,從「宇宙古今之至美」
> 變成了「妖魔」「妖孽」,這是我們的「哥白尼革命」。

用「復活」來區別由陳獨秀一人主編的《新青年》和由6位北大教授輪流編輯的同人刊物《新青年》，並不是胡適的個人意見。周作人在1945年的〈紅樓內外〉中並不十分準確地回憶説：「《新青年》本來名叫《青年雜誌》，是極平凡的一種學生讀物，歸陳獨秀編輯後始改名，經胡博士從美國投稿幫忙，成為文學革命的先鋒。」[註12]

到了《知堂回想錄》中，周作人進一步回憶説：「即如《新青年》，它本來就有，叫作《青年雜誌》，也是普通的刊物罷了，雖是由陳獨秀編輯，看不出什麼特色來，後來有胡適自美國寄稿，説到改革文體，美其名曰『文學革命』，可是説也可笑，自己所寫的文章都還沒有用白話文。第三卷裏陳獨秀答胡適書中，儘管很強硬的説：『獨至改良中國文學當以白話文學正宗之説，其是非甚明，必不容反對者有討論之餘地，必以吾輩所主張者為絕對之是，而不容他人之匡正也。』可是説是這麼説，做卻還是做的古文，和反對者一般。（上邊的這一節話，是抄錄黎錦熙在《國語周刊》創刊號所説的。）」[註13]

關於《新青年》的「復活」，還沒有正式加盟同人團隊的魯迅，也在1918年1月4日致許壽裳信中介紹説：「《新青年》以不能廣行，書肆擬中止；獨秀輩與之交涉，已允續刊，定於本月十五出版云。」[註14]

1918年10月5日，直接參與《新青年》創刊及發行工作的汪孟鄒，在致胡適信中提供了更加真實的資訊：「廿九號復書已悉一是，仲甫仍未來訊，盼念之至。……《新青年》過期太久，煉亦深不以為然。但上海印業，商務、中華不願代印，其餘民友各家尚屬幼稚，對於《新青年》以好花頭太多，略較費事，均表示不願。目前是託華

豐，尚不如前之民友。煉今日代群益向民友相商，子壽之意如可如期，決不惜費，奈民友竟一意拒絕，使人悶悶，擬明日更至別印所接洽。」[註15]

另據汪原放回憶：「《新青年》決定要標點、分段。標點符號的銅模，是陳子壽翁和太平洋印刷所張秉文先生商量，用外文的標點符號來做底子刻成的。子壽翁為排《新青年》而設法做標點符號銅模，大概在商務和中華之前。」

與此相印證，錢玄同此前也在日記中寫道：「至大學授課三小時。《新青年》四卷一號已寄到。居然按Jan.15之期出版，其中所用新式圈點居然印得很像樣子，可喜可喜。」[註16]

由此可知，「新式圈點」的印刷問題，在當時確實是擺在群益書社和《新青年》同人面前的一個難題，同時也是《新青年》「復活」的重要標誌之一種。

四、「金字招牌」的形成與分裂

《新青年》形成具有社會號召力和市場號召力的「金字招牌」，是4卷1號「復活」之後的事情。借用汪原放的話說：「《新青年》愈出愈好，銷數也大了，最多一個月可以印一萬五六千本了（起初每期只印一千本）。」

比起汪原放的事後回憶，汪孟鄒在致胡適信中另有更加真實的文字記錄：「仲甫去職，已得他來訊。舊黨當然以為得勢，務望兄等繼續進行，奮身苦戰，不勝盼念之至。《新青年》四號起決就北京印訂，與子沛函亦已閱悉，子沛今日已函復矣。」[註17]

在落款時間為1919年4月23日的另一封信中，汪孟鄒又寫道：「閱《新申報》，知《新中國雜誌》將要出版，甚以為喜。敝館願任上海總經理之事，不識可否？條件如何？請速函達。如以為可，請將敝館刊入末頁，以便買客周知為荷。近來《新潮》、《新青年》、《新教育》、《每周評論》銷路均漸興旺，可見社會心理已轉移向上，亦可喜之事也。各種混賬雜亂小說銷路已不如往年多矣。」註18

《新青年》準備從6卷4號開始在北京「印訂」，足以證明在以北京為中心的北方地區和以上海為龍頭的南方地區「銷路均漸興旺」。6卷5號扉頁以群益書社名義發佈的廣告〈《新青年》一至五卷再版預約〉，就是該刊已經形成「金字招牌」的重要標誌。

1919年10月5日，《新青年》同人在胡適家聚會，決定由陳獨秀收回主編權。隨後的6卷6號在封二刊登極其醒目的〈本報啟事〉：「凡與本報交換的月刊周刊等，請寄北京北池子箭竿胡同九號本報編輯部。各報與本報交換的廣告，請寄上海棋盤街群益書社本報發行部。敬求注意！」在同年12月出版的7卷1號中，還刊登有〈《新青年》編輯部與上海發行部重訂條件〉的合同文本：

一、自七卷一號起，印刷發行囑上海發行部辦理。

二、中國北部約每期可銷一千五百份，由發行部儘先寄與編輯部分派，以後如銷數增加，發行部應隨時供給。

三、以後發行部當擔任每期至少添印二百五十份。

四、編輯部擔任如期交稿。

五、發行部擔任如期出版。

六、發行部每期贈送編輯部一百份外，並擔任編輯費一百五十元。但編輯員於所著稿件仍保留版權。凡《新青年》刊載之小說、戲劇，如發行部欲另刊單行本，其相互條件由著作人與發行部商定之。著作人亦可在別處另刊單行本，但承認發行部有優先權。

七、此上各條以第七卷為試行期。第八卷以後，應否修改，由編輯部與發行部商酌定文。

從這份合同可以看出，《新青年》雖然不給同人作者計付稿費，每一期的編輯費連同北京地區的發行費，還是較為可觀的。1920年4月26日，陳獨秀從上海給「守常、適之、申甫、玄同、孟餘、孟和、百年、尹默、慰慈、撫五、逖先、啟明」共12位同人寫信說：「《新青年》七卷六號稿已齊（計四百面），上海方面五月一日可以出版，到京須在五日以後。本卷已有結束，以後擬如何辦法，尚請公同討論賜復：①是否接續出版？②倘續出，對發行部初次所定合同已滿期，有無應與交涉的事。③編輯人問題：（一）由在京諸人輪流擔任；（二）由在京一人擔任；（三）由弟在滬擔任？為時已迫，以上各條，請速賜復。」註19

守常即李大釗、適之即胡適、申甫即張崧年、孟餘即顧兆熊、百年即陳大齊、撫五即王星拱、逖先即朱希祖、啟明即周作人。1920年5月11日，胡適在中央公園召集上述同人就陳獨秀來信進行討論，周作人在日記中寫道：「上午風。收《新青年》七卷六號二冊，……下

午至廠甸買雜誌，往大學，又至公園赴適之約，共議《新青年》八卷事，共十二人，七時散。」[註20]

　　然而，還沒有等到北京同人反饋意見，陳獨秀已經與群益書社徹底決裂。在7卷6號即「勞動節紀念號」的封面上，自1卷1號起一直沒有變動的「上海群益書社印行」突然消逝，只保留了以往的「中華民國郵務局特准掛號認為新聞紙」的豎排字樣。這期雜誌的頁面一下子漲到400頁，作為編輯者的陳獨秀，還特別加上一則說明：「還有幾篇文章因為時間匆促不及排印，移在次號登載，此白。」

　　到了8卷1號，「上海新青年社印行」取代了原來的「上海群益書社印行」。關於此事相對可靠的記載，見於汪原放的事後回憶：

> 《新青年》從1920年9月出第八卷起，獨立出版，由陳獨秀邀陳望道參加編輯，設新青年社於法大馬路（今金陵東路）大自鳴鐘對面，另設編輯部於環龍路漁陽里。這是出版史料裏有記載的。
>
> 「提起過訴訟」，我不很清楚。只記得陳仲翁認為《新青年》第七卷第六號「勞動節紀念號」（1920年5月1日出版）雖然比平時的頁數要多得多，群益也實在不應該加價。但群益方面說，本期又有鋅版，又有表格，排工貴得多，用紙也多得多，如果不加價，虧本太多。
>
> 我的大叔兩邊跑，兩邊勸，無法調停，終於決裂，《新青年》獨立了。

> 記得我的大叔說過：「仲甫的脾氣真大，一句不對，他竟大拍桌子，把我罵了一頓。我無論怎麼說，不行了，非獨立不可了。我看也好。我想來想去，實在無法再拉攏了。」

　　新青年社從群益書社分裂出來獨立經營的啟動資金，主要是自4卷1號「復活」之後逐期積累的公共財產：每一期的編輯費連同北京地區的發行費，以及由部分同人出資經營的《每周評論》周刊的贏餘資金。隨著新青年社在上海正式成立，兼社長與主編於一身的陳獨秀更加率性而為。8卷1號的第一篇文章就是他自己的〈談政治〉，其中公開點名批評了胡適的「不談政治」。用胡適晚年的話說：陳獨秀離開北京南下上海之後「在上海失業，我們乃請他專任《新青年》雜誌的編輯。這個『編輯』的職務，便是他唯一的職業了。在上海陳氏又碰到了一批搞政治的朋友——那一批後來中國共產黨的發起人。因而自第七期以後，那個以鼓吹『文藝復興』和『文學革命』[為宗旨]的《新青年》雜誌，就逐漸變成了中國共產黨的機關報。我們在北大之內反而沒有雜誌可以發表文章了。」[註21]

五、《新青年》同人的利益分化

　　《甲寅》時代的李大釗，是章士釗「調和立國論」的奉行者。他在《新青年》同人團隊中所扮演的依然是相對寬容的調和角色，或者說是比較接近於蔡元培的兼容並包精神的一個角色。1919年初，他在致胡適信中寫道：「適之吾兄先生：聽說《新青年》同人中，也多不願我們做《新中國》。既是同人不很贊成，外面又有種種傳說，不辦

也好。我的意思，你與《新青年》有不可分的關係，以後我們就決心把《新青年》、《新潮》和《每周評論》的人結合起來，為文學革新奮鬥。在這團體中，固然也有許多主張不盡相同，可是要再找一個團結像這樣顏色相同的，恐怕不大容易了。從這回謠言看起來，《新青年》在社會上實在是占了勝利。不然，何以大家都為我們來抱不平呢？平素盡可不贊成《新青年》，而聽說他那裏的人被了摧殘，就大為憤慨，這真是公理的援助。所以我們大可以仿照日本『黎明會』，他們會裏的人，主張不必相同，可是都要向光明一方面走是相同的。我們《新青年》的團結，何妨如此呢？剛才有人來談此事，我覺得外面人講什麼，尚可不管，《新青年》的團結，千萬不可不顧。不知先生以為何如？」

這封信的落款處沒有注明日期，《李大釗全集》認定的時期是1919年4月。註22《新中國雜誌》的創刊時間是1919年5月，終刊時間是1920年8月，

1919年5月史量才、杜威夫婦、胡適、蔣夢麟、陶行知、張作平在上海合影。

直接參與創刊工作的胡適在創刊號中發表了譯自契訶夫的小說〈一件美術品〉，以及與陶孟和合譯的〈國際聯盟組織法〉。李大釗所說的「你與《新青年》有不可分的關係」，充分肯定了胡適在《新青年》同人中不可替代的精神領袖的地位。正是為了維護「《新青年》的團結」，胡適很快脫離了《新中國雜誌》。

1919年9月16日，因散發傳單被捕的陳獨秀，在胡適等安徽同鄉的積極營救下出獄，隨後便南下上海。對於失去經濟來源的陳獨秀（仲甫），胡適給予了慷慨資助。10月11日，汪孟鄒在致胡適信寫道：「適之吾兄：九號訊已照悉一切。劃付仲甫五十元或照辦，但中秋節後財政棘手已極，乾枯異常。今日已與仲甫接洽，商後一星期日即行照付，他云可以，略後無妨。望勿為念可也。」註23

陳獨秀把《新青年》編輯部遷回上海之後，《新青年》雜誌的政治色彩越來越明顯，陳獨秀與北京同人之間的分歧也越來越大。儘管如此，胡適依然是新青年社最為重要的大股東。1920年8月2日，陳獨秀在致胡適信中寫道：「八卷一號文稿，我已張羅略齊；兄想必很忙，此期不做文章還可以，二號報要強迫你做一篇精彩的文章才好。我近來覺得中國人的思想，是萬國虛無主義——原有的老子[學]說，印度空觀，歐洲形而上學及無政府主義——底總匯，世界無比，《新青年》以後應該對此病根下總攻擊。這攻擊老子學說及形而上學的司令，非請吾兄擔任不中。吾兄在南京的講義，務請懇切商之南師，特別通融，給新青年社出版。可否乞即速示知。」

一個月後，陳獨秀又在沒有落款日期的另一封信中寫道：「適之兄：我對於孟和兄來信的事，無可無不可。『新青年社』股款，

你能否籌百元寄來？八卷二號報准十月一日出版，你在南京的演講，倘十月一日以前不能出版，講稿要寄來，先在《新青年》上登出。」[註24]

與此同時，陳獨秀還在致周作人信中寫道：「豫才兄做的小說實在有集攏來重印的價值，請你問他倘若以為然，可就《新潮》、《新青年》剪下自加訂正，寄來付印。」[註25]

事實上，無論是胡適、周作人還是魯迅，都沒有把自己的著作交給新青年社出版發行。胡適的《嘗試集》和《胡適文存》先由北大出版部初版，然後交給汪孟鄒的亞東圖書館再版。1920年8月，周作人經羅家倫之手在新潮社出版翻譯小說集《點滴》。魯迅的第一部小說集《吶喊》遲至1923年8月才由新潮社初版，連出版經費都是他自己墊付的。儘管如此，他也沒有把《吶喊》交給新青年社。這其中的主要原因，顯然是三個人都不再看好新青年社的「金字招牌」，不願意把已經無償奉獻過一次的作品再次奉獻給新青年社。關於這一點，魯迅1921年7月31日寫給周作人的書信可資證明：「好在《晨報》之款並不急，前回雉雞燒烤費，也已經花去，現在我輩文章既可賣錢，則賦還之機會多多矣。」[註26]

1920年12月初，陳獨秀致信胡適，攏頭寫著九位同人的名字「守常、玄同、適之、孟和、一涵、慰慈、豫才、啟明、撫五」。這是陳獨秀第一次把魯迅即周豫才（樹人）的名字與《新青年》其他同人並列在一起：「弟日內須赴廣州，此間編輯事務已請陳望道先生辦理，另外新加入編輯部者，為沈雁冰、李達、李漢俊三人。弟在此月用編輯部薪水百元，到粵後如有收入，此款即歸望道先生用，因為編輯事

很多，望道境遇又不佳，不支薪水似乎不好。望道先生已移住編輯部，以後來稿請寄編輯部陳望道先生收不誤。四號報已出版，五號報收稿在即，甚盼一涵、孟和、玄同諸兄能有文章寄來（因為你們三位久無文章來了）。」註27

胡適收信後，在信紙上寫下兩句批語：「請閱後在自己名字上打一個圈子，並請轉給沒有圈子的人。適。昨日知《新青年》已不准郵寄。適。」然後把信件交給其他同人傳閱。

12月14日，陶孟和致信胡適：「《儒林外史》收到，謝謝。《新青年》既然不准寄，就此停版如何？最好日內開會討論一番，再定如何進行。」

隨後的事實充分證明，胡適、陶孟和從歐美國家學習來的公開透明的民主議事程式，偏偏導致了《新青年》同人的徹底決裂，從中便可看出以「啟蒙」自居的《新青年》同人，既不十分「民主」也不十分「科學」的歷史局限性。

六、「金字招牌」的內部爭奪

1920年12月16日，陳獨秀應陳炯明邀請赴廣東就任教育委員會委員長，臨行之前在寫給胡適、高一涵的來信中表白說：

> 弟今晚即上船赴粵。此間事都已佈置了當，《新青年》編輯部事有陳望道君可負責，發行部事有蘇新甫君可負責。《新青年》色彩過於鮮明，弟近亦不以為然，陳望道君亦主張稍改內容，以後仍趨重哲學文學為是。但如此辦法，非北京同

人多做文章不可。近幾冊內容稍稍與前不同，京中同人來文太少，也是一個重大的原因，請二兄切實向京中同人催寄文章。一涵兄與慰慈兄譯的《工業自治》，已成功沒有？譯成時望寄社中，前成一段已檢存望道君處。（望道君已移住在漁陽里二號。）

南方頗傳適之兄與孟和兄與研究系接近，且有惡評，此次高師事，南方對孟和很冷淡，也就是這個原因，我很盼望諸君宜注意此事。餘言候到粵再談。弟獨秀十六夜。註28

這封信於1920年12月27日寄到與胡適一家同住在鐘鼓寺14號的高一涵手中。胡適見信後於1921年1月2日給陳獨秀回信：

十六夜你給一涵的信，不知何故到二十七日夜始到。

《新青年》「色彩過於鮮明」，兄言「近亦不以為然」，但此是已成之事實，今雖有意抹淡，似亦非易事。北京同人抹淡的工夫決趕不上上海同人染濃的手段之神速。現在想來，只有三個辦法：

1、　聽《新青年》流為一種有特別色彩之雜誌，而另創一個哲學文學的雜誌，篇幅不求多，而材料必求精。我秋間久有此意，因病不能作計劃，故不曾對朋友說。

2、　若要《新青年》「改變內容」，非恢復我們「不談政治」的戒約，不能做到。但此時上海同人似不便做此一著，兄似更不便，因為不願示人以弱。但北京同人正不

妨如此宣言。故我主張趁兄離滬的機會,將《新青年》編輯的事,自九卷一號移到北京來。由北京同人於九卷一號內發表一個新宣言,略根據七卷一號的宣言,而注重學術思想藝文的改造,聲明不談政治。

孟和說,《新青年》既被郵局停寄,何不暫時停辦,此是第三辦法。但此法與新青年社的營業似有妨礙,故不如前兩法。

總之,此問題現在確有解決之必要。望兄質直答我,並望原諒我的質直說話。

此信一涵、慰慈見過。守常、孟和、玄同三人知道此信的內容。他們對於前兩條辦法,都贊成,以為都可行。餘人我明天通知。適。

撫五看過。說「深表贊同」。適。

此信我另抄一份,寄給上海編輯部看。適。

　　魯迅、周作人兄弟是在1921年1月3日下午收到胡適來信的。由於周作人患肋膜炎需要靜養,魯迅在回信中寫道:「適之先生:寄給獨秀的信,啟孟以為照第二個辦法最好,他現在生病,醫生不許他寫字,所以由我代為聲明。我的意思是以為三個都可以的,但如北京同人一定要辦,便可以用上兩法而第二個辦法更為順當。至於發表新宣言說明不談政治,我卻以為不必,這固然小半『不願示人以弱』,其實則凡《新青年》同人所作的作品,無論如何宣言,官場總是頭痛,不會優容的。此後只要學術思想藝文的氣息濃起來──我所知道

的幾個讀者，極希望《新青年》如此──就好了。」

陳獨秀收到胡適回信後，分別致信李大釗、陶孟和表達自己的憤怒情緒。1921年1月11日，錢玄同把陳獨秀來信轉寄魯迅、周作人兄弟，並且附上了自己的意見：

> 頃得守常兩信，附來信箋三件，茲寄上，閱後，請直接寄還守常為荷。
>
> 初不料陳、胡二公已到短兵相接的時候！照此看來，恐怕事勢上不能不走到老洛伯所主張的地位。
>
> 我對於此事絕不願為左右袒。若問我的良心，則以為適之所主張者較為近是。（但適之反對談「寶雪維幾」，這層我不敢以為然。）①我們做了中國百姓，是不配罵政府的；中國的社會決計不會比政府好。②現在社會上該攻擊的東西正多得很。③中國的該辦人和皇帝一樣的該殺。④要改良中國政治，須先改良中國社會。⑤徐博士固然是王老七的令弟，但若使「五四運動」的「主人翁」來做總統，也未必高明，因為他們的原質是一樣的。……馬克思啊，「寶雪維兒」啊，「安那其」啊，「德謨克拉西」啊，中國人一概都講不上。好好坐在書房裏，請幾位洋教習來教教他們「做人之道」是正經。等到略略有些「人」氣了，再來開始推翻政府，才是正辦。以上所說，是我的意見。但也不願就和仲甫去說。姑且和兩兄言之。……至於仲甫疑心適之受了賢人系的運動，甚至謂北大已入賢掌之中，這是他神經過敏之？可以存而不

論。（所謂長江流域及珠江流域的議論，大概就是邵力子、葉楚傖、
陳望道等人的議論。）試作一三段式曰：
研究系不談共產；
胡適之和北京大學亦不談共產；
故胡適之和北京大學是投降了研究系。
這話通嗎？註29

「老洛伯」即胡適，他在《新青年》4卷4號用白話文翻譯過蘇格
蘭女詩人A.Lindsay的詩歌〈老洛伯〉。「寶雪維幾」是布爾什維克的
另一種音譯。「賢人系」即以梁啟超為精神領袖的研究系。研究系的
梁啟超、張東蓀等人此前在《改造》（原名《解放與改造》）月刊宣傳
過社會主義，後來又對社會主義加以反對和抵制，從而受到陳獨秀等
人的嚴厲批評。在《新青年》8卷4號中就有陳獨秀摘編的〈關於社會
主義的討論〉的一組文章。

1921年1月20日，魯迅按照錢玄同的要求致信李大釗。正在與陳
獨秀一起從事建黨活動的李大釗，收到魯迅的來信後於當天致信胡
適：「適之兄：信已傳到我手。我因為昨天想到你那裏去，好帶給你
看，故未傳給他人。不意那位辦《北京曉報》的方先生到辛白先生處
邀我去談，所以未得到你那裏去。前天見了玄同，他說此事只好照你
那第一條辦法，但關於研究系謠言問題，我們要共同給仲甫寫一信，
去辯明此事。現在我們大學一班人，好像一個處女的地位，交通、研
究、政學各系都想勾引我們，勾引不動就給我們造謠；還有那國民系
看見我們為這些系所垂涎，便不免引起點醋意，真正討厭！啟明、豫

材的意見，也大致贊成第一辦法，但希望減少點特別色彩。我三兩日得了工夫，一定去看你，好和你談談。」[註30]

「國民系」就是正在和陳獨秀密切交往的國民黨左派及其週邊人士，也就是錢玄同所說的「邵力子、葉楚傖、陳望道等人」。李大釗當時並不看好孫中山的國民系，而是寄希望於實力派軍閥吳佩孚和陳炯明。他所說的「啟明、豫材的意見，也大致贊成第一辦法」，並不符合周氏兄弟的本意，如此表態顯然是在為陳獨秀拉贊成票。

1921年1月22日，胡適再一次啟用民主議事程式，公開致信「守常、豫才、玄同、孟和、慰慈、啟明、撫五、一涵諸位」，力求在陳獨秀所認同的「公共目的」的前提下達成共識：

第一、原函的第三條「停辦」辦法，我本已聲明不用，可不必談。

第二、第二條辦法，豫才兄與啟明兄皆主張不必聲明不談政治。獨秀對於後者似太生氣，我很願意取消「宣言不談政治」之說，單提出「移回北京編輯」一法。理由是：《新青年》在北京編輯可以多逼北京同人做點文章。否則獨秀在上海尚不易催稿，何況此時在素不相識的人的手裡呢？豈非與獨秀臨行時的希望——「非北京同人多做文章不可」——相背嗎？

第三、獨秀對於第一辦法——另辦一雜誌——也有一層大誤解。他以為這個提議是反對他個人。我並不反對他個人，亦不反對《新青年》。不過我認為今日有一個文學哲學的雜誌

的必要。今《新青年》差不多成了Soviet Russia的漢譯本，故我想另創一個專關學術藝文的雜誌。今獨秀既如此生氣，並且認為反對他個人的表示，我很願意取消此議，專提出「移回北京編輯」一個辦法。

總之，我並不反對獨秀，——你們看他給孟和的信，便知他動了一點感情，故輕信一種極可笑的謠言。——我也不反對《新青年》，我盼望《新青年》「稍改變內容，以後仍以趨重哲學文學為是」（獨秀函中語）。我為了這個希望，現在提出一條辦法：就是和獨秀商量，把《新青年》移到北京編輯。這個提議，我認為有解決的必要。因為我仔細一想，若不先解決此問題，我們決不便另起爐竈，另創一雜誌。若此問題不先解決，我們便辦起新雜誌來了，表面上與事實上確是都很像與獨秀反對。表面上外人定如此揣測。事實上，老實說，我們這一班人決不夠辦兩個雜誌；獨秀雖說「此事與《新青年》無關」，然豈真無關嗎？故我希望我們先解決這個問題。若京滬粵三處的編輯部同人的多數主張把編輯的事移歸北京，則「改變內容」，「仍趨重哲學文學」（皆獨秀函中語），一個公共目的，似比較的更有把握，我們又何必另起爐竈，自取分裂的譏評呢？

胡適在這封信的末尾寫道：「諸位的意見如何？千萬請老實批評我的意見，並請對於此議下一個表決。」接下來便是九位同人的表決意見：

慰慈贊成此議。適。

一涵贊成此議。適。

贊成移回北京。如實不能則停刊，萬不可分為兩種雜誌，致破壞《新青年》精神之團結。陶孟和。

贊成孟和兄的意見。王撫五。

我還是主張從前的第一條辦法。但如果不致「破壞《新青年》精神之團結」，我對於改歸北京編輯之議亦不反對，而絕對的不贊成停辦，因停辦比分裂還不好。守常。

後來守常也取消此議，改主移京編輯之說。適注。

贊成北京編輯。但我看現在《新青年》的趨勢是傾於分裂的，不容易勉強調和統一。無論用第一、第二條辦法，結果還是一樣，所以索性任他分裂，照第一條做或者倒還好一點。作人代。

與上條一樣，但不必爭《新青年》這一個名目。樹。

玄同的意見，和周氏兄弟差不多，覺得還是分裂為兩個雜誌的好。一定要這邊拉過來，那邊拉過去，拉到結果，兩敗俱傷，不但無謂，且使外人誤會，以為《新青年》同人主張「統一思想」，這是最丟臉的事。孟和兄主張停辦，我卻和守常兄一樣，也是絕對的不贊成。我以為我們對於仲甫兄的友誼，今昔一樣，本未絲毫受傷。但《新青年》這個團體，本是自由組合的，即此其中有人彼此意見相左，也只有照「臨時退席」的辦法，斷不可提出解散的話。極而言之，即

使大家對於仲甫兄感情真壞極了，友誼也斷絕了，只有他一
個人還要辦下去，我們也不能要他停辦。至於《新青年》之
能團結與否，這是要看各個人的實際思想如何來斷定，斷不
在乎《新青年》三個字的金字招牌！玄同附注。一九二一年
一月廿六日。[註31]

「獨秀……以為這個提議是反對他個人」，明確反映了公開提倡
「民主」和「科學」的陳獨秀，對於胡適所採取的民主議事程式的不
理解和不接受。胡適信中的Soviet Russia即《蘇俄》周刊，是當時在
美國紐約出版的宣傳蘇聯社會主義的政治刊物，《新青年》翻譯轉載
過這份雜誌中的一些文章，所謂「Soviet Russia的漢譯本」就是由此
而來的。

　　表決結果中的「作人代」，是由魯迅代周作人而寫的。沿著魯
迅的話頭說下去，患有嚴重神經衰弱症並且極端反對孔門儒教的錢玄
同，其實是在運用孔門儒教「存天理，滅人欲」的專制邏輯，全盤否
定其他同人對於「《新青年》三個字的金字招牌」所付出的代價和所
擁有的權利。在1921年1月29日寫給胡適的私信中，錢玄同更把「存
天理，滅人欲」的專制邏輯，發揮到化眾人之公為個人之私的極限境
地：「與其彼此隱忍遷就的合併，還是分裂的好。……至於孟和兄停
辦之說，我無論如何，是絕對不贊成的；而且以為是我們不應該說
的。因為《新青年》的結合，完全是彼此思想投契的結合，不是辦公
司的結合。所以思想不投契了，盡可宣告退席，不可要求別人不辦。
換言之，即《新青年》若全體變為《蘇維埃俄羅斯》的漢譯本，甚至

於説這是陳獨秀、陳望道、李漢俊、袁振英等幾個人的私產,我們也只可說陳獨秀等辦了一個『勞農化』的雜誌,叫做《新青年》,我們和他全不相干而已,斷斷不能要求他們停版。這是玄同個人對於今後《新青年》的意見。」[註32]

　　作為擁有「金字招牌」的文化實體和經濟實體,《新青年》雜誌及新青年社無論如何都不「完全」是「彼此思想投契的結合」,而在很大程度上是「辦公司的結合」。這其中既關係到全體同人自由發表相關言論的精神權利,也關係到相當可觀的資本積累和經濟利益。錢玄同當然可以採用「臨時退席」的方式主動放棄自己的一份正當權利,卻沒有資格包辦犧牲別人的正當權利,更不應該以「這是陳獨秀、陳望道、李漢俊、袁振英等幾個人的私產」之類的極端話語,全盤否定胡適等人通過公開透明的民主程序所追求的「公共目的」。

　　《新青年》的歷史使命至此已經基本終結。儘管如此,它的「金字招牌」並沒有完全喪失經濟價值,只是最終成全的是汪孟鄒的亞東圖書館,而不是陳子沛、陳子壽兄弟的群益書社。據汪原放回憶:「自從有獨秀和適之等幫助做序的《水滸》出來以後,很受歡迎,亞東營業已有轉機。後來又出了《胡適文存》、《獨秀文存》,營業更是蒸蒸日上,同事也加到二十多人了。」

　　到了1935年,群益書社在陳漢聲手裏瀕臨破產,替群益書社的房屋租賃做過擔保的汪孟鄒也連帶著遭受了很大損失。為挽救損失,上海亞東圖書館和上海求益書社於1936年聯合推出《新青年》重印本,並且邀請蔡元培和胡適在卷首題詞。其中蔡元培的題詞是:「新青年雜誌為五四運動時代之急先鋒,現傳本漸稀,得此重印本,使研討吾

國人最近思想變遷者有所依據，甚可喜也。」胡適的題詞是：「《新青年》是中國文學史和思想史上劃分一個時代的刊物，最近二十年中的文學運動和思想改革，差不多都是從這個刊物出發的。我們當日編輯作文的一班朋友，往往也不容易收存全份，所以我們歡迎這回《新青年》的重印。」

按照王原放的說法：「重印《新青年》，計十六開本八大本。有現成紙型，只要紙張、印刷、裝訂費了。內封有『亞東圖書館、求益書社印行』字樣，因為群益已經歇業了；當日的『求益』，陳漢聲兄還是有關係的。」註33

【注釋】

註1：汪原放：《回憶亞東圖書館》，上海：學林出版社，1983年，第32頁。
「仲甫」是陳獨秀的字。

註2：CC生：〈生機〉，《甲寅》雜誌1卷2號，1914年6月10日。

註3：汪原放：《回憶亞東圖書館》，第28頁。

註4：汪原放：《回憶亞東圖書館》，第30頁。

註5：吳稚暉：〈章士釗－陳獨秀－梁啟超〉，《京報副刊》第393號，1626年1月23日。

註6：汪孟鄒：《夢舟日記》第一本，1915年3月20日至7月30日，上海歷史博物館藏。

註7：汪原放：《回憶亞東圖書館》，第36頁。

註8：張寶明：〈從知識經濟學的視角看《新青年》啟蒙情懷的生成〉，《中州學刊》2005年第3期。

註9：陳獨秀致胡適，1917年1月。《胡適來往書信選》上冊，北京：中華書局，1979年，第6頁。

註10：曹伯言整理《胡適日記全編》第2卷，合肥：安徽教育出版社，2001年，第615頁。

註11：胡適：《中國新文學大系·建設理論集導言》，上海良友圖書印刷公司，1935年10月。

註12：周作人：《知堂乙酉文編》，石家莊：河北教育出版社，2002年，第93頁。

註13：周作人：《知堂回想錄》下冊，石家莊：河北教育出版社，2002年，第383頁。

註14：《魯迅全集》第11卷，北京：人民文學出版社，1981年，第345頁。

註15：唐寶林、林茂生：《陳獨秀年譜》，上海人民出版社，1987年，第87頁。另見耿雲志主編《胡適遺稿及秘藏書信》第27冊，合肥：黃山書社，1994年，第276頁。「煉」是汪孟鄒的自稱。

註16：《錢玄同日記》第3卷，福州：福建教育出版社2002年出版，第1654

頁，1918年1月21日的日記。

註17：汪孟鄒致胡適信，無落款時期。引自耿雲志主編《胡適遺稿及秘藏書信》第27冊，第285頁。

註18：《胡適來往書信選》上冊，第40頁。

註19：《胡適來往書信選》上冊，第90頁。

註20：《周作人日記》影印本中冊，鄭州：大象出版社，1996年，第123頁。

註21：唐德剛注譯《胡適口述自傳》，合肥：安徽教育出版社，1999年，第215頁。

註22：耿雲志主編《胡適遺稿及秘藏書信》第27冊，合肥：黃山書社，1994年，第294頁。

註23：《李大釗全集》第3卷，石家莊：河北教育出版社，1999年，第217頁。

註24：《胡適來往書信選》上冊，第107、113頁。

註25：陳獨秀致周作人信，1920年9月28日。《中國現代文藝資料叢刊》第5輯，上海文藝出版社，1980年，第310頁。

註26：《魯迅全集》第11卷，第383頁。「雉雞燒烤費」指周作人翻譯日本佐藤春夫小說《雉雞的燒烤》，在孫伏園主編的《晨報》副刊上掙來的稿費。當時周作人正在香山碧雲寺養病，並且因此欠下大量債務，周氏兄弟的稿費收入是他們用來還債的希望所在。

註27：《胡適來往書信選》上冊，第116頁。與1920年4月26日陳獨秀致北京同人信相比較，北京同人已經發生很大的變化。高一涵和魯迅（周豫才）的名字是上一次漏掉的。原名單中的顧孟餘、陳百年、沈尹默、朱希祖、錢玄同，已經不再給《新青年》供稿。

註28：張靜廬輯注《中國現代出版史料甲編》，北京：中華書局，1954年，第7頁。

註29：《錢玄同五四時期言論集》，北京：東方出版中心，1998年，第215頁。

註30：《中國現代出版史料甲編》，第12頁。

註31：《中國現代出版史料甲編》，第10、11頁。

註32：《胡適來往收信選》上冊，第121頁。

註33：汪原放：《回憶亞東圖書館》，第184頁。

北大教授與《新青年》

在1919年「五四運動」爆發之前，《新青年》6卷2號曾經公開發表一則〈編輯部啟事〉：「近來外面的人往往把《新青年》和北京大學混為一談，因此發生種種無謂的謠言。現在我們特別聲明：《新青年》編輯和做文章的人雖然有幾個在大學做教員，但是這個雜誌完全是私人的組織，我們的議論完全歸我們自己負責，和北京大學毫不相干。」

這裏所說的「私人的組織」，其實是志同道合的同人組織。作為中國現代出版史上最為輝煌的同人刊物之一種，《新青年》的異軍突起與北京大學在思想教育界獨佔鰲頭的特殊地位，有著密不可分的依存關係。「和北京大學毫不相干」，其實是由北大教職員組成的《新青年》編輯部，用來應對內憂外患的策略性話語。

一、北大教授與《新青年》

　　1917年10月16日，剛剛來到北京大學任預科教授的劉半農，在寫給錢玄同的回信中表示說：「文學改良的話，我們已鑼鼓喧天的鬧了一鬧；若從此陰乾，恐怕不但人家要說我們是程咬金的三大斧，便是自己問問自己，也有些說不過去罷！……比如做戲，你，我、獨秀，適之，四人，當自認為『台柱』，另外再多請名角幫忙，方能『壓得住座』；『當仁不讓』，是毀是譽，也不管他，你說對不對呢？」[註1]

1917年胡適（左二）與陶行知（右一）等人在哥倫比亞大學。

　　這是有據可查的關於組建《新青年》編輯部及同人團隊的最早動議。正是在陳獨秀、胡適、錢玄同、劉半農四大「台柱」的聯合推動之下，由陳獨秀一人編輯的《新青年》，從1918年1月出版的4卷1號開始，轉變成為由6名北大教授輪流編輯的同人刊物，並且直接開啟了全國範圍內的新文化運動。

　　1918年1月21日，錢玄同在日記中寫道：「至大學授課三小時。《新青

年》四卷一號已寄到。居然按Jan.15之期出版，其中所用新式圈點居然印得很像樣子，可喜可喜。」[註2]

在此之前的1918年1月2日，錢玄同還在日記中明確記錄了《新青年》雜誌由主要同人輪流編輯的事實：「午後至獨秀處，檢得《新青年》存稿。因四卷二期歸我編輯，本月五日須編稿，十五日須寄出也。與獨秀談，移時叔雅來，即在獨秀處晚餐。同座者為獨秀夫婦、叔雅夫婦及獨秀之幼兒女。叔雅亦為紅老之學者，與余辯論，實與尹默多同情。其實即適之亦似漸有《老》學氣象。然我終不以此種主張為然。又獨秀、叔雅二人皆謂中國文化已成僵死之物，誠想保種救國，非廢滅漢文及中國歷史不可。此說與豫才所主張相同。吾亦甚然之。」[註3]

這裏的「叔雅」，就是《新青年》的元老級作者、與陳獨秀亦師亦友的安徽籍北大教授劉文典。「豫才」即教育部僉事周樹人，也就是從《新青年》4卷5號開始採用筆名發表小說、雜文、詩歌的魯迅及唐俟。

查《周作人日記》，1917年8月9日有如下記錄：「上午往大學收七月上半月俸，……錢玄同君來訪不值，仍服規那丸。下午錢君又來，留飯，劇談至晚十一時去，夜頗熱。」[註4]

這是已經與陳獨秀、胡適、劉半農等人一起站在新文化運動最前沿的錢玄同，第一次登門拜訪寄住在紹興會館的周氏兄弟。魯迅也在當天日記中寫道：「下午錢中季來談，至夜分去。」[註5]

9月17日，周作人在日記中寫道：「以前論交錢君轉送《新青年》。」這裏所說的「前論」，就是周作人從《北美評論》第717期

抄錄翻譯的學術論文〈陀思妥夫斯奇之小說〉，全文長5000多字，原作者是英國學者W.B.Trites。這篇用較為淺顯的文言文翻譯的論文，三個月後正式發表於陳獨秀編輯的《新青年》4卷1號，是周作人在《新青年》發表的第一篇作品。

1918年1月23日，周作人在日記中寫道：「上午往校，進德會記名為乙種會員。收《新青年》四卷一號八本，以贈霞卿，……午至教育部同大哥及齊、陳二君至和記午餐。下午往壽宅，三時返。半農來談。晚十一時去。」

在同一天的《魯迅日記》，另有「午二弟來部，並邀陳師曾、齊壽山往和記飯。午後寄季市《新青年》一冊，贈通俗圖書館、齊壽山、錢均夫各一冊」的記錄。

魯迅筆下的「季市」，就是剛剛調任江西省教育廳長的教育部同事許壽裳。他之所以如此慷慨又如此鄭重地拿《新青年》贈送給親朋密友，是因為其中有同胞兄弟周作人的譯文〈陀思妥夫斯奇之小說〉，他自己也在錢玄同、劉半農、沈尹默等人的鼓動下，正在醞釀小說及雜文、詩歌的創作。

在由錢玄同負責編輯的《新青年》4卷2號中，周作人發表了他的第一篇白話作品〈古詩今譯〉。按照周作人晚年在《知堂回想錄·蔡子民二》中提供的說法，所謂「古詩」就是古希臘諦阿克列多思的牧歌，翻譯時間是1917年9月18日，11月14日又加添了一篇題記，「這篇譯詩與題記都經過魯迅的修改」。[註6]

查《周作人日記》，1917年12月31日項下有「下午寄家信。又廣陵潮一本。又以紀事稿寄半農」的記錄。這裏的「紀事稿」就是〈古

詩今譯〉，它沒有發表在劉半農編輯的《新青年》4卷3號中，而是提前被錢玄同編輯的4卷2號所採用。由此可知，《新青年》各期的輪值編輯之間是存在著互通有無、精誠合作的良好關係的。

《新青年》4卷2號送到周氏兄弟手中，是1918年3月8日的事情。周作人在當天日記中留有「上午往校，致陶君函，收二月上半月俸，至廣學會購《性之教育》一本。下午往壽宅。收到《新青年》十冊，以一寄霞卿，一還君默。三時返寓，……」的記錄。

「陶君」就是《新青年》4卷4號的編輯陶孟和（履恭），當時他正在積極組稿。在此之前的1918年3月6日，《周作人日記》中已經有過「上午往校得陶孟和君函並The Nation一本，……晚譯庫卜林〈皇帝之公園〉一篇予《新青年》，十一時了」的記錄。在此後的3月11日，周作人的日記中又有「晴，上午往校，以小說稿交適之」的記錄。這裏所說的小說稿，就是譯自庫卜林的小說〈皇帝之公園〉，周作人是通過4卷6號的編輯胡適把該稿轉交陶孟和的。

在更早前的1918年2月10日，《周作人日記》中另有「晚半農來，十一時去。交予……小說一首，題目〈童子之奇跡〉，入《新青年》」的記錄。這篇翻譯小說隨後以〈童子林的奇跡〉的標題，刊登於劉半農編輯的《新青年》4卷3號中。

周作人收到《新青年》4卷3號的時間是1918年3月29日，他在當天日記中寫道：「上午往校寄家信，收《新青年》十冊。下午往壽宅。歸校後微雨，至法科訪半農，同至研究所。天又雨，有雷，七時返寓。」

在這期雜誌中，以〈文學革命之反響〉為標題，刊載有王敬軒與劉半農的來往書信。王敬軒是錢玄同採用的化名，他在〈文學革命之

反響——王敬軒致《新青年》諸子書〉中，用非常誇張的遊戲筆法點名吹捧林紓、嚴復等老輩人，從而為劉半農的〈復王敬軒書〉提供了痛加駁斥的活靶子。有關資料顯示，陳獨秀、沈尹默、魯迅、周作人等人直接參與了這兩封「雙簧信」的策劃工作，胡適和遠在美國的好友任鴻雋等人對於此事一直是持異議態度的。應該說，北京大學法日派教授和英美派教授在1925年女師大風潮中的尖銳對立，早在此時就埋下了伏筆。

在《新青年》4卷3號中，刊登有一則〈本志編輯部啟事〉：「本志自第四卷第一號起，投稿章程業已取消，所有撰譯，悉由編輯部同人共同擔任，不另購稿。其前此寄稿尚未錄載者，可否惠贈本志？尚希投稿諸君，賜函聲明，恕不一一奉詢，此後有以大作見賜者，概不酬。」這一啟事的公開發表，是《新青年》雜誌由按稿計酬的普通刊物轉變為無償供稿的同人刊物的正式標誌。魯迅和周作人兄弟只是「編輯部同

《新青年》時代的北大教授錢玄同、劉半農。

人」之外的二級同人。

　　由陶孟和編輯的《新青年》4卷4號的實際出版日期較為滯後。查《周作人日記》，1918年5月1日有「上午往校收《新青年》五本」的記錄，5月3日另有「上午往校又收《新青年》三本」的記錄。5月6日，《魯迅日記》中出現了「上午寄季市《新青年》第四本乙本」的記錄。

　　在《新青年》4卷4號的通信欄，有孫國璋、錢玄同、陶履恭、胡適之間標題為〈論世界語〉的來往通信。到了由錢玄同編輯的5卷2號中，另有區聲白、陶履恭、錢玄同、陳獨秀之間標題為〈論世界語〉的通信。錢玄同在以編輯身份寫下的〈區聲白、陶履恭信跋〉中表白說：「我對於提倡Esperanto的意見，前有致孟和一信，登在四卷二號，尚未蒙孟和答復，現在似乎可以不用多說。但四卷四號孟和答孫芾仲君信裏所說的『未曾學過外國語者，不能示以外國語中之新天地』；玄同對於這句話，慚愧得很；玄同於外國文，只略略認得幾個日本假名，至於用ABCD組合的文字，簡直沒有學過，哪里配懂得『外國語中之新天地』呢？」

　　這段話中的Esperanto，就是中國人所說的世界語，孟和即北京大學教授兼《新青年》編輯陶履恭，孫芾仲即孫國璋。由此可知，錢玄同並沒有直接參與《新青年》4卷4號的編輯工作。事實上，在整個第四卷的6期雜誌中，除了陶孟和編輯的4卷4號及胡適編輯的4卷6號即「易卜生號」之外，其他4期中都有錢玄同以記者身份寫下的跋語即「編者按」。換言之，除了《新青年》創始人陳獨秀之外，《新青年》同人團隊中參與編輯工作最為踴躍的就是錢玄同。由於各不相

同的文化背景，留學歐美的胡適、陶孟和與留學日本的陳獨秀、錢玄同、沈尹默以及還沒有跨出過國門的劉半農之間，從一開始就存在著精神上的差異與隔膜。陶孟和的「未曾學過外國語者，不能示以外國語中之新天地」的表態，對於《新青年》同人中並不十分精通歐美語言的陳獨秀、沈尹默、錢玄同、劉半農及魯迅、周作人兄弟，已經構成一種無意識的冒犯。

在《新青年》4卷4號出版之前，由沈尹默負責編輯並由錢玄同、劉半農協助編輯的4卷5號的組稿工作已經啟動。1918年4月2日，《周作人日記》中有「得陶孟和君函索《域外小說集》」的記錄。4月4日有「下午往校，致陶君函，《小說集》二本，……至法科訪半農，遇玄同談至五時方返」的記錄。4月8日，周作人收到日本中西屋郵寄的三本書，其中一本是日本白樺派作家、新村運動的組織者武者小路實篤的劇本《一個青年之夢》。4月11日，周作人在日記中寫道：「下午作雜文一篇，十二時後睡。」4月12日，他又在日記中寫道：「上午往校，以文交君默，下午三時返。」

周作人所說的「雜文」，就是隨後發表在《新青年》4卷5號的〈讀武者小路君所作《一個青年的夢》〉。到了4月17日，周作人另有「上午往校，……以譯文交予玄同」的記錄。這裏所說的「譯文」，就是與「雜文」一同發表在4卷5號的〈貞操論〉，原作者是日本女學者與謝野晶子。

原定於1918年5月15日出版的《新青年》4卷5號，送到周作人手中已經是6月15日。6月17日的《魯迅日記》中另有「上午寄季市《新青年》及二弟講義共一卷」的記錄。署名「魯迅」的小說〈狂

人日記〉和署名「唐俟」的白話詩歌〈夢〉、〈愛之神〉、〈桃花〉，就發表在同一期的《新青年》中。除通信欄之外，《新青年》原則上是拒絕採用隱身化名的「筆名」發表作品的，教育部僉事周樹人是《新青年》同人團隊中的一個特例。

由胡適編輯的《新青年》4卷6號即「易卜生號」，是由錢玄同於1918年7月29日送到魯迅手中的，周作人當時正在紹興老家探親。在接下來的《新青年》第五卷共六期中，輪流編輯的編輯部同人只是在先後次序上進行了調整，由4卷各期的陳獨秀、錢玄同、劉半農、陶孟和、沈尹默、胡適，變而為陳獨秀、錢玄同、劉半農、胡適、沈尹默、陶孟和。

作為《新青年》編輯部之外的二級同人，魯迅對於編輯部內部的調整並不是十分明白。正是在這種情況下，才有了他1918年7月5日寫給錢玄同的一封回信：「玄同兄：來信收到了。你前回說過七月裏要做講義、所以《新青年》

《新青年》4卷6號「易卜生號」的插頁。

讓別人編、明年自己連編兩期、何以現在又要編了？起孟説過想譯一篇小説、篇幅是狠短的、可是現在還未寄來。……至於敝人的一篇、卻恐怕有點靠不住、因為敝人嘴裏要做的東西、向來狠多、然而從來未嘗動手、照例類推、未免不做的點、在六十分以上了。」

因為魯迅當時還不習慣於使用新式標點符號，這封信中的逗號全部是用頓號來代替的。在此之前的魯迅作品，大都是由周作人幫助抄寫並添加標點符號的。

1918年10月21日，周作人在日記中寫道：「上午往校，……玄同説明年起分編《新青年》，凡陳、胡、陶、李、高、錢、二沈、劉、周、陳（百）、傅十二人云。」這裏所説的12人，依次是陳獨秀、胡適、陶孟和、李大釗、高一涵、錢玄同、沈尹默、沈兼士、劉半農、周作人、陳百年、傅斯年。除傅斯年之外，他們全部是北京大學的教授或職員。在這樣的行列裏，是不可能出現從事化名寫作的教育部僉事周樹人即魯迅的身影的。事實上，這樣的安排只是一個沒有來得及付諸實施的初步意向，周作人與同胞兄長魯迅一樣始終是《新青年》編輯部的二級同人。1918年11月26日，錢玄同致信《新青年》編輯部説：

> 獨秀、半農、適之、尹默、孟和諸兄均鑒：上月獨秀兄提出《新青年》從六卷起改用橫行的話，我極端贊成。今見群益來信，説，「這麼一改，印刷工資的加多幾及一倍」；照此看來，大約改用橫行的辦法，一時或未必實行。我個人的意思，總希望慢慢的可以達到改橫行的目的。但事實上如實在

辦不到，則直行的排列，我以為有應該改良的：就是把那本
名符號的直線，同書名符號的曲線，移到字的左邊；留出右
邊地位，專擺句讀的符號。這緣故，因為本志從三卷以來，
改用西文句讀的符號，又加直線或曲線者，就不能再擺句讀
的符號。如其擺了句讀符號，就不能再加直線或曲線。這一
層，驟看似乎不甚要緊，但本志既然主張必用較完備的句讀
符號，主張本名書名必加記號；而排印之時，遇每句每讀之
末一字，因為地位衝突的緣故，不能排兩種符號，便犧牲一
種，則符號的作用不免失去幾分。……我主張把直線曲線搬
到左邊，而留句讀符號在右邊，則兩不衝突，可期符號之完
全。不知道諸兄以為對不對？請各發表意見。要多數通過，
那就可以從第六卷第一號起實行。註7

　　由此可知，直到1918年11月26日，《新青年》編輯部的6名編輯
依然沒有發生變化。直到1919年1月15日出版的《新青年》6卷1號，
才以「本志編輯部」的名義公開發表了一份「分期編輯表」，六卷各
期的編輯依次排定為陳獨秀、錢玄同、高一涵、胡適、李大釗、沈尹
默。其中的高一涵和李大釗，頂替的是預備出國的陶孟和、劉半農留
下的空缺。

　　1919年4月28日，魯迅在致錢玄同信中依然是以編輯部之外的二
級同人的身份委託對方改正標點符號並代轉稿件的：「玄同兄：送上
小說一篇，請鑒定改正了那些外國圈點之類，交與編輯人；因為我於
外國圈點之類，沒有心得，恐怕要錯。還有人名旁的線，也要請看一

看。譬如裏面提起一個花白鬍子的人,後來便稱他花白鬍子。恐怕就該加直線了,我卻沒有加。」[註8]

魯迅交給錢玄同的小說,就是抄寫完成於4月25日的〈藥〉,隨後發表於李大釗編輯的《新青年》6卷5號。1919年3月26日晚上,有「某籍某系」之稱的浙江籍教育界人士蔡元培、湯爾和、馬敘倫、沈尹默等人在湯爾和家裏聚會,決定對因嫖娼狎妓而引出道德醜聞的北大文科學長陳獨秀予以免職處理,從而導致《新青年》同人團隊最具決定性意義的第一次分裂。隨之而來的「五四運動」和陳獨秀的因散發傳單而被捕,使得《新青年》六卷各期一再延後。到了1919年底,《新青年》第七卷再次歸陳獨秀一個人編輯,不久之後又遷回上海,魯迅和周作人兄弟因此喪失了正式加入編輯部的最後機會,《新青年》的輝煌鼎盛時期也由此結束。

二、胡適與羅家倫的歷史記錄

在落款時間為1922年3月3日的〈五十年來中國之文學〉中,胡適寫道:「民國六年的《新青年》裏有許多討論文學的通信,內中錢玄同的討論很多可以補正胡適的主張。民國七年一月,《新青年》重新出版,歸北京大學教授陳獨秀、錢玄同、沈尹默、李大釗、劉復、胡適六人輪流編輯。這一年的《新青年》(四卷五卷),完全用白話文做文章。七年四月有胡適的〈建設的文學革命論〉,……這篇文章名為『建設的』,其實還是破壞的方面最有力。」[註9]

這篇4萬多字的長文,是專門為《申報》50周年紀念冊而寫的,初稿曾經送給蔡元培、魯迅等人徵求意見,理當被視為歷史定論。然

而，文章中的問題恰恰出在刊登胡適〈建設的文學革命論〉一文的《新青年》4卷4號，因為這期雜誌的編輯是陶孟和而不是李大釗。1917年10月16日，當劉半農在致信錢玄同中提出組建《新青年》編輯部的動議時，李大釗剛剛脫離章士釗主辦的《甲寅》日刊，南下上海到同鄉前輩孫洪伊家中躲避張勳復辟。

孫洪伊，字伯蘭，直隸天津人，舉人出身。於宣統元年即1909年當選為直隸咨議局議員，先後三次參與請願召開國會的活動，以富於機謀聞名於世。1911年辛亥革命爆發後，他與革命黨人聯合從事顛覆清朝政府的政治活動，並且與湯化龍、林長民等人發起組織民主黨。1913年，國民黨贏得正式國會的選舉，當選眾議院議員的梁啟超、湯化龍、孫洪伊、林長民等人，在袁世凱支持下把民主黨、共和黨、統一黨聯合起來組成與國民黨分庭抗禮的進步黨。袁世凱去世後，國務總理段祺瑞以國務院名義通告全國，以黎元洪代行中華民

《新青年》編輯李大釗。

國大總統職權。孫洪伊、谷鍾秀等國會議員依據《臨時約法》聯名發表宣言，主張黎元洪應為繼任總統而非代理總統。黎元洪繼任總統之後於1916年6月29日改組內閣，任命孫洪伊為教育總長、許世英為內務總長。鑒於部分議員的極力反對，孫洪伊隨後又被重新任命為內務總長。由於孫洪伊與國務總理段祺瑞的得力助手、國務院秘書長徐樹錚之間屢次衝突，並且與政治盟友湯化龍等人結怨決裂，黎元洪不得不於同年11月20日下令免去他的職務。作為平衡，徐樹錚也於22日辭職。1917年1月13日，段祺瑞指使步兵統領江朝宗搜查孫洪伊寓所，孫洪伊聞訊逃往南京投靠馮國璋，隨事又與孫中山取得聯繫加入中華革命黨。張勳復辟失敗後，孫中山於1917年9月10日在廣州就任海陸軍大元帥，並且提名國會非常會議選舉軍政府各部總長：外交伍廷芳，財政唐紹儀，內政孫洪伊，陸軍張開儒，海軍程璧光，交通胡漢民。同年11月，孫洪伊改任廣州軍政府駐上海全權代表。

正是在上述背景下，李大釗於1917年10月21日代表孫洪伊前往南京，經老同學白堅武引見介紹，與直系軍閥、江蘇督軍李純接洽赴日本考察事宜。22日，李純請李大釗先回上海等候消息並贈路費100元。11月11日，李大釗在得不到確切消息的情況下從南京北上，回到北京後住進章士釗家裏充當家庭教師。1918年2月，李大釗在章士釗的推薦之下，進入北京大學接替圖書館主任一職。在此之前，《新青年》四、五兩卷的輪值編輯已經確定，李大釗自然沒有機會成為四、五兩卷的輪值編輯。值得特別一提的是，當時的北大實行的是教授治校的現代化教育制度，圖書館主任只是月薪120元的職員，與最低月新為240元的教授是不可以相提並論的。《新青年》同人中與李大釗的職務

待遇相當的是擔任編譯員的高一涵。

查《錢玄同日記》，1918年1月12日項下有如下記錄：「至大學上課二小時，獨秀交來《新青年》用稿一篇，題為〈人生真義〉，約千八百字左右，做得很精。又李守常論〈俄國革命與文學〉一稿，可留為第三號用。」[註10]

事實上，李大釗（守常）的文章標題為〈俄羅斯文學與革命〉，這篇文章並沒有在《新青年》4卷3號發表，而是輾轉傳遞到編輯4卷6號即「易卜生號」的胡適手中，最終於1965年在胡適存稿中被意外發現。不過，在陶孟和負責編輯的4卷4號和沈尹默負責編輯的4卷5號中，已經先後刊登李大釗的抒情散文〈「今」〉和〈新的！舊的！〉。在六卷各期出版之前，李大釗與魯迅、周作人兄弟一樣只是《新青年》編輯部之外的二級同人。

相比之下，既是《新青年》同人又是《新潮》編輯的羅家倫，在〈蔡元培時代的北京大學與五四運動〉中提供的相關回憶，要更加準確一些。摘錄如下：

1920年秋，赴美留學的五名北大學生領袖羅家倫、康白情、段錫朋、汪敬熙、周炳琳。

當陳獨秀沒有進北京大學以前，他就在上海亞東書局辦了一個雜誌叫做《青年》，胡適之不過是一個投稿的人，而易白沙這些人，都是這個雜誌的主幹，胡適之發表〈改良中國文學芻議〉一文，以八事相號召，此文發表以後，陳獨秀就做了一篇〈文學革命論〉，其主張較胡適之更為激烈。……當時新青年社是由六個人輪流編輯的，陳獨秀筆鋒很屬，主張十分尖刻，思想很快而且好作驚人之語。他的毛病是聰明遠過於學問，所以只宜於做批評社會的文字而不宜於做學術研究的文字。

胡適之在當時還是小心翼翼的，他回國第一年的功夫，拼命的在寫著他的《中國哲學史》上卷，他自己親手抄了兩遍，的確下過一番苦功。（但是這是依他在美國的博士論文《先秦名學史》作骨幹而以中文寫成的，所以寫起來比較快，一年就完事了。）當時他所做的〈建設文學革命論〉很引起大家的同情，他做了一些似詞非詞似詩非詩的所謂白話詩，雖然失之於淺薄，但是在過渡的時代裏是很適合於一般人口味的。

錢玄同本來是一個研究音韻學的人，是章太炎的學生，是自己主張白話卻是滿口說文言的人，是於新知識所得很少卻是滿口說新東西的人，所以大家常說他有神經病，因為他也是一個精神恍惚好說大話的人。他的哥哥錢恂，做過義大利公使的，錢玄同很怕他的哥哥，他在外面一向主張很激的人，然而見到了哥哥卻一點也不激烈了。他當時主張廢姓主張廢

漢字，因此大家更覺得這種主張可怕，而更覺得錢玄同是同瘋子一樣。

沈尹默也是一個編輯，但是他是很深沈而喜治紅老之學（《紅樓夢》與《道德經》）的人，手持一把羽扇，大有謀士的態度。北京大學許多縱橫捭闔的事體，都是他經手的。他不做文章，也不會做，但是因為他常做的白話詩，而胡適之讚賞他的詩做得好，所以也就成為新青年六編輯之一。

更有一位莫名其妙的，便是陶孟和，陶是英國的留學生，他外國書看得很多，是一位很好的讀書顧問，但是他的中國文字太壞了，而且他讀書不若胡適之之能得簡，且沒有綜括之能力，做出來的文章非常笨（以後他還出了一部《孟和文存》，真是可笑之至）；但是因為能夠談什麼社會問題、家庭制度等等，所以他也成為一位編輯了。

第六位編輯是劉半農，他的地位和工作，我以前已經說過一點了，當時大家對於他不很重視，乃是一種實在情形。以後北京大學派他到法國研究音韻學對於他乃是一種很大的幫助。

《新青年》除了六位編輯以外，更有許多投稿的人，如李大釗，是當時北京大學圖書館主任，他的文章寫得很好，人也很樸素。周作人是極注意於寫小品文字的，他〈自己的園地〉等一類稿件，都是那個時候寫成的。魯迅即周樹人，乃是周作人的哥哥，當時在教育部做一個科長，還是蔡子民做教育總長時代找他進部的。以後他宦隱於教育部者多年，這時候也出來打邊鼓，做〈狂人日記〉、〈藥〉等很傳誦一

時的小說。至於舊派方面，劉師培在學問方面是公認為泰斗的，他賦性柔弱，對於此類問題不去計較。

該文的落款日期是1931年8月26日，是羅家倫乘船赴美國途中先口述給他的隨員馬星野，然後在馬星野記錄稿的基礎上整理完成的。由於其中涉及的當事人太多，一直沒有公開發表。直到1978年5月，才由羅家倫長女羅久芳在整理先父遺稿時挑選出來，交給臺灣《傳記文學》雜誌第54卷第5期正式發表。羅家倫在這篇文章中介紹的，其實是《新青年》第四、五兩卷的編輯情況。到了《新青年》第六卷，輪值編輯又一次發生調整，由李大釗、高一涵替代了陶孟和與劉半農。

三、周作人筆下的歷史還原

胡適在〈五十年來中國之文學〉一文中的誤寫歷史，在1949年之前並沒有引起太大歧義。到了1949年之後，與《新青年》雜誌相關的既成事實被不斷重寫和虛構，這其中以《新青年》舊同人沈尹默的相關言論最具代表性。

查曹伯言整理出版的《胡適日記全編》，流亡美國的胡適在1952年1月5日的日記中寫道：「胡家健從香港寄來剪報《大公報》，有十二月二日《大公報》在上海開的『胡適思想批判座談會』的記載與資料。……沈尹默的一篇則是全篇扯謊！這人是一個小人，但這樣下流的扯謊倒是罕見的！」[註11]

被胡適認定為「全篇扯謊」的沈尹默的發言稿，1951年12月2日以〈胡適這個人〉為標題刊登在香港《大公報》，其中有這樣一段

話：「陳獨秀到北大後，把《新青年》
雜誌移到北京來辦，由北大幾個同人
分別任編輯。有一期是歸錢玄同編輯
的，登了一篇王敬軒和林琴南新舊鬥
爭的文章，大部分是劉半農的手筆，而
博士大為不滿，認為這樣不莊重的文字
有失大學教授的尊嚴體統，硬要把這個
雜誌編輯要歸他，這一來，惹起了魯迅
弟兄的憤慨，他們這樣說：《新青年》
如果歸胡適一人包辦，我們就不投稿。
又是我多事，出頭向胡適說，你不能包
辦，萬不得已時，仍舊由獨秀收回去辦
倒可以。他當時只好聽從我的勸告，沒
有能夠達到他想拿去包辦的目的。不
久，『五四』運動起來了，那時，胡適
恰恰因事回到安徽家鄉去，並沒有參與
這偉大事件的發動，等到他回來時學生
正在罷課中。他一到就向我提出許多責
難，……」

　　到了1956年，沈尹默又把上述
文字稍作變通錄入〈魯迅生活中的一
節〉，在《文藝月報》第10期中再次
發表：「新青年雜誌由獨秀帶到北京之

北大教授胡適。

後，有一時期，曾交由魯迅弟兄、玄同、胡適和我分期擔任編輯，我是長期病眼的人，不宜而且不善於做編校工作，因此，凡輪到我編輯的一期，總是交給玄同、半農去代辦。」

在北京中華書局1979年出版的《文史資料選輯》第61輯中，另有沈尹默的長篇回憶〈我和北大〉，把北京大學與《新青年》雜誌直接相關的歷史事件敘述得更加完整：

> 《新青年》搬到北京後，成立了新的編輯委員會，編委七人：陳獨秀、周樹人、周作人、錢玄同、胡適、劉半農、沈尹默。並規定由七個編委輪流編輯，每期一人，周而復始。我因為眼睛有病，且自忖非所長，因此輪到我的時候，我請玄同、半農代我編。我也寫過一些稿子在《新青年》發表，但編輯委員則僅負名義而已。
>
> 胡適是在美國留學時投稿《新青年》，得到陳獨秀賞識的，回國以後，在北大教書。《新青年》在北京出版後，曾發生一件事：錢玄同、劉半農化名寫文章在《新青年》發表，駁林琴南復古謬論，玄同、半農的文筆犀利，諷刺挖苦（當時，打倒孔家店的口號已提出來），胡適大加反對，認為「化名寫這種遊戲文章，不是正人君子做的」，並且不許半農再編《新青年》，由他一個人獨編。我對胡適說：「你不要這樣做，要麼我們大家都不編，還是給獨秀一個人編吧。」二周兄弟（樹人、作人）對胡適這種態度也大加反對，他們對胡適說：「你來編，我們都不投稿。」胡乃縮手。由這件事也可看

出，胡適從「改良文學」到逐漸復古，走到梁任公、林琴南
一邊，不是偶然的。

與此相印證，魯迅寫在〈《守常全集》題記〉中的如下一段話，
也成為學術界爭相引用的文獻：「我最初看見守常先生的時候，是在
獨秀先生邀去商量怎樣進行《新青年》的集會上，這樣就算認識了。
不知道他其時是否已是共產主義者。總之，給我的印象是很好的：誠
實，謙和，不多說話。《新青年》的同人中，雖然也很有喜歡明爭暗
鬥，扶植自己勢力的人，但他一直到後來，絕對的不是。」[註12]

在落款時間為1934年8月1日的〈憶劉半農君〉中，魯迅另有內容
相近的事後追憶：「《新青年》每出一期，就開一次編輯會，商定下
一期的稿件。其時最惹我注意的是陳獨秀和胡適之。假如將韜略比作
一間倉庫罷，獨秀先生的是外面豎一面大旗，大書道：『內皆武器，
來者小心！』但那門卻開著的，裏面有幾枝槍，幾把刀，一目了然，
用不著提防。適之先生的是緊緊的關著門，門上粘一條小紙條道：
『內無武器，請勿疑慮。』這自然可以是真的，但有些人──至少是
我這樣的人──有時總不免要側著頭想一想。半農卻是令人不覺其有
『武庫』的一個人，所以我佩服陳胡，卻親近半農。」[註13]

在一些魯迅研究者的心目之中，魯迅的每一句話都擁有不容置
疑的絕對權威。於是，魯迅參與《新青年》編輯工作並且參加《新青
年》編輯會議，在相關著述中幾乎成為不移之論。一直堅持不懈地予
以抗辯的只有魯迅的同胞兄弟周作人。在《知堂回想錄》中，晚年周
作人回憶說：

日記上說：「六月廿日三日，晴。下午七時至六味齋，適之招飲，同席十二人，共議《每周評論》善後事，十時散。」來客不大記得了，商議的結果大約也只是維持現狀，由守常適之共任編輯，生氣虎虎的《每周評論》，已經成了強弩之末，有幾期裏大幅的登載學術講演，此外胡適之的有名的「少談主義多談問題」的議論，恐怕也是在這上邊發表的。但是反動派還不甘心，在過了一個月之後，《每周評論》終於在八月三十日被停刊了，總共出了三十六期。《新青年》的事情仍舊歸獨秀去辦，日記上記有這一節話：「十月五日，晴。下午二時至適之寓所，議《新青年》事，自七卷始，由仲甫一人編輯，六時散，適之贈所著《實驗主義》一冊。」

在這以前，大約是第五六卷吧，曾議決由幾個人輪流擔任編輯，記得有獨秀，適之，守常，半農，玄同，和陶孟和這六人，此外有沒有沈尹默那就記不得了，我特別記得是陶孟和編輯的這一回，我送去一篇譯稿，是日本江馬修的小說，題目是〈小的一個人〉，無論怎麼總是譯不好，陶君給我加添了一個字，改作〈小小的一個人〉，這個我至今不能忘記，真可以說是「一字師」了。關於《新青年》的編輯會議，我一直沒有參加過，《每周評論》的也是如此，因為我們只是客員，平常寫點稿子，只是遇著興廢的重要關頭，才會被邀列席罷了。註14

　　以上敘述見於《知堂回想錄・卯字號的名人二》。〈小小的一個人〉發表在由陶孟和負責編輯的《新青年》5卷6號。到了《知堂回想錄・堅冰至》中，周作人接著寫道：「新青年同人相當不少，除二三人時常見面之外，別的都不容易找，校長蔡子民很忙，文科學長陳獨秀也有他的公事。……平常《新青年》的編輯，向由陳獨秀一人主持，（有一年曾經六個人，各人分編一期），不開什麼編輯會議，只有1918年底，定議發刊《每周評論》的時候，在學長室開會，那時我也參加，一個人除分任寫文章，每月捐助刊資數元，印了出來便等於白送給人的。……《每周評論》出了36期，我參與會議就只一次，可是這情景我至今沒有忘記。我最初認識守常的時候，他正參加『少年中國』學會，還沒有加入共產黨。」

　　比起公開發表的文字，周作人在1958年1月20日寫給曹聚仁的書信中表現得更加直截了當：「《魯迅評傳》也大旨看完了，很是佩服，個人意見覺得你看的更是全面，有幾點私見寫呈，只是完全『私』的，所以請勿公開使用。一、世無聖人，所以人總難免有缺點。魯迅寫文態度本是嚴肅、緊張，有時戲劇性的，所說不免有小說化之處，即是失實——多有歌德自傳『詩與真實』中之詩的成份。例如《新青年》會議好像是參加過的樣子，其實只有某一年中由六個人分編，每人擔任一期，我們均不在內，會議可能是有的，我們是『客師』的地位向不參加的。」註15

　　查《魯迅日記》，第一次出現李大釗的名字，是1919年4月8日的「下午寄李守常信」。到了4月16日，又有「上午得錢玄信，附李守常信」的記錄。4月20日，魯迅通過錢玄同把自己的小說〈藥〉轉交

給《新青年》編輯李大釗。此前魯迅一直是通過周作人與擔任《新青年》及《每周評論》編輯的李大釗進行聯繫的，由於周作人於3月31日回紹興探親，才有了魯迅與李大釗的通信聯絡。

《魯迅日記》中第一次出現陳獨秀的名字，是1920年8月7日的「上午寄陳仲甫說一篇」。這裏的「說」，指的是兩天前剛剛完成的短篇小說〈風波〉。在此之前，魯迅一直是通過周作人與陳獨秀聯絡的。1920年3月11日，已經把《新青年》編輯部遷往上海的陳獨秀，在致周作人信表示說：「我們很盼望豫才先生為《新青年》創作小說，請先生轉告他。」正是在此背景下，才有了魯迅直接寄稿給陳獨秀的舉動。陳獨秀收稿後於8月22日給周作人回信，通過周作人對魯迅的小說表示充分肯定：「魯迅兄做的小說，我實在五體投地的佩服。」

查閱《魯迅日記》，他參加《新青年》集體活動的第一次記錄，是1919年2月12日：「晴。休假。午後往圖書分館，俟二弟至同遊廠甸，……向晚同往歐美同學會，係多人為陶孟和赴歐洲餞行，有三席，二十餘人。夜歸。」第二次記錄是1919年5月23日：「下午往大學，得《馬叔平所藏甲骨文拓本》一冊，工值券四元。夜胡適之招飲於東興樓，同坐十人。」

與《魯迅日記》相印證，周作人在5月23日的日記中寫道：「下午至日郵局寄東京金百日元，新村東京支部函、《新青年》六之三一冊。又往校借來《學術叢編》四本。大哥來，七時同至東興樓，適之請客，十一時返寓。」

此時的胡適，已經成為《新青年》編輯部中與陳獨秀並駕齊驅的精神領袖，他出面宴請包括周氏兄弟在內的同人朋友，與由他編輯

組稿的《新青年》6卷4號有直接關係，也與蔡元培離校後由包括他在內的北大評議會積極維護北大局勢有直接關係。假如當時陳獨秀、李大釗、劉半農三人之中有一個人沒有在場，魯迅的相關回憶就不能成立。退一步說，即使陳獨秀、李大釗、劉半農三個人都參加了這次聚會，魯迅在〈憶劉半農君〉中所說的「《新青年》每出一期，就開一次編輯會，商定下一期的稿件。其時最惹我注意的是陳獨秀和胡適之」；也依然是周作人所說的「多有歌德自傳『詩與真實』中之詩的成份」。

另據《吳虞日記》1919年10月8日記載：「君毅來片云，八月二十九日得〈吃人與禮教〉文，已交胡適之、高一涵矣。又信一封云，九月二十日午後，同演生、立三往見陳獨秀，並已將予意轉達，獨秀於三、四日前釋出，日內恐不能有所活動也。蔡子民亦於二、三日前來京視事。」在10月12日的日記中，吳虞又寫道：「少荊來言，《新青年》五號已出，是馬克思號，不是綱常名教號也。現歸胡適之一人編輯。」註16

遠在四川成都的吳虞，是《新青年》同人中較早打出反孔旗幟的一個人，他的堂弟吳君毅、同鄉及後來的女婿潘力山（立三）、學生孫少荊當時都在北京，並且與《新青年》同人團隊中的安徽籍同人陳獨秀、胡適、高一涵、張慰慈、劉文典、王星拱、程演生等人來往密切。《新青年》雜誌「現歸胡適之一人編輯」雖然不太準確，卻也不是空穴來風的無稽之談，它至少印證了胡適在《新青年》同人團隊以及北京文化教育界的影響力，已經部分超越了陳獨秀。事實上，在1919年10月5日下午由陳獨秀在胡適家中召集的同人會議上確實討

論過《新青年》雜誌的編輯問題。周作人在當天日記中寫道：「上午得尹默函，往廠甸，至公園。下午二時至適之寓議《新青年》事，自七卷始，由仲甫一人編輯，六時散，適之贈實驗主義一冊。」在同一天的日記中，魯迅留下的記錄是：「星期休息。上午得沈尹默信並詩。午後往徐吉軒寓招之同往八道灣，收房九間，交泉四百。下午小雨。」錢玄同留下的記錄是：「至胡適之處。因仲甫邀約《新青年》同人在適之家中商量七卷以後之辦法，結果仍歸仲甫一人編輯，即在適之家中吃晚飯。」註17

由此可見，魯迅並沒有參加《新青年》同人的這次極其重要的聚會，聚會中所討論的議題也與一年前錢玄同與劉半農的雙簧信無關。出現在沈尹默筆下的「二周兄弟（樹人、作人）對胡適這種態度也大加反對」的相關敘述，自然是無從談起。

應該說，如果沒有陳獨秀應蔡元培之邀到北京大學就任文科學長，以及隨之而來的胡適、錢玄同、劉半農、沈尹默、陶孟和、高一涵、李大釗、周作人、劉文典、張慰慈、王星拱、傅斯年、羅家倫等北大師生志同道合的風雲際會，就不可能有《新青年》四至六卷的輝煌鼎盛，連同新文化運動及「五四」運動的波瀾壯闊。隨之而來的中國文化史、教育史、思想史乃至於政治史也將會出現大不相同的另一種變局。借用陳獨秀的話說：「五四運動，是中國現代社會發展之必然產物，無論是功是罪，都不應該專歸到那幾個人；可是蔡先生、適之和我，乃是當時在思想言論上負主要責任的人，關於重大問題，時論既有疑義，適之不在國內，後死的我，不得不在此短文中順便申說一下，以告天下後世，以為蔡先生紀念！」註18

【注释】

註1：《劉半農散文經典》，北京：印刷工業出版社，2001年，第232頁。

註2：《錢玄同日記》第4卷，1918年1月21日，福州：福建教育出版社，2002年，第1654頁。Jan.15即1918年1月15日。

註3：《錢玄同日記》第4卷，第1645頁。

註4：《周作人日記》上冊，鄭州：大象出版社，1996年，第688頁。

註5：《魯迅全集》第14卷，北京：人民文學出版社，1981年，第282頁。錢中季是錢玄同與魯迅、周作人等人一起在日本隨章太炎學習時使用的名字。

註6：周作人：《知堂回想錄》下卷，石家莊：河北教育出版社，2002年，第384頁。

註7：《錢玄同文集》第6卷，北京：中國人民大學出版社，2000年，第127頁。

註8：《魯迅全集》第11卷，第363頁。

註9：歐陽哲生編《胡適文集》第3卷，北京大學出版社，1998年，第255頁。

註10：《錢玄同日記》第4卷，第1655頁。

註11：《胡適日記全編》第8卷，合肥：安徽教育出版社，2001年，第174頁。

註12：《魯迅全集》第4卷，第523頁。

註13：《魯迅全集》第6卷，第71頁。

註14：周作人：《知堂回想錄》下卷，石家莊：河北教育出版社，2002年，第409頁。

註15：轉引自張菊香、張鐵榮編著《周作人年譜》，天津：天津人民出版社，2000年，第862頁。

註16：《吳虞日記》上冊，成都：四川人民出版社，1984年，第490、493頁。

註17：《錢玄同日記》第4卷，第1815頁。

註18：陳獨秀：〈蔡孑民先生逝世後感言——作於四川江津〉，文載《中央日報》1940年3月24日。

胡適對高一涵的寬容諒解

在《新青年》同人團隊中，與陳獨秀和胡適同為安徽籍的高一涵是資格最老的一個，也是與胡適關係最為密切的一個。到了1949年之後，高一涵既有正直敢言的表現，也有造謠說謊的嫌疑。在他以見證人身份虛構捏造的一系列回憶文章中，既改寫了與《新青年》相關的許多歷史事實，更對有恩於自己的胡適、章士釗實施了「莫須有」的人身攻擊。

一、《新青年》的創刊元老

1915年9月，由陳獨秀主編、上海群益書社出版發行的《青年雜誌》創刊，高一涵的長篇論文〈共和國家與青年之自覺〉從1卷1號起連載至1卷3號。從《青年雜誌》創刊到《新青年》終刊，像陳獨秀一樣持續供稿的只有高一涵一個人。

高一涵原名永浩，別名涵廬、夢迅，一涵是他的筆名，後來以筆名行世。他於清光

緒十年（1884年）出生於安徽省六安縣南官亭，比陳獨秀小5歲，比魯迅、章士釗小3歲，比李大釗長5歲，比胡適長7歲。

高一涵自幼聰穎好學，14歲考中秀才，科舉制度廢止後又考取安徽高等學堂，同學中有王星拱、高語罕、胡子穆、趙倫士、陳我魯、曹鏡清等人。辛亥革命爆發後，27歲的高一涵在安徽省教育廳短暫任職，隨後在同鄉好友劉希平的勸説下，於1912年赴日本明治大學政治科自費留學。留日期間他與《甲寅雜誌》主編章士釗（行嚴）建立聯繫，在章士釗的勸告下閉門苦讀了半年英文，為後來到北京大學從事編譯工作打下了基礎。與高一涵同為《甲寅雜誌》的編輯或撰稿人的，還有楊永泰、易白沙（培荃）、陳獨秀、蘇曼殊、李劍農、楊端六、周鯁生、李大釗、胡適、劉文典等人，借用國民黨元老吳稚暉的話說：「把人物與《甲寅》聯想，章行嚴而外，必忘不了高一涵，亦忘不了陳獨秀。」[註1]

《甲寅雜誌》出版1卷10號後停刊。高一涵應陳獨秀邀約成為新創刊的《青年雜誌》的撰稿人，在《青年雜誌》及《新青年》中接連發表一系列原創和翻譯文章。歸納起來，高一涵的筆觸主要涉及到以下幾個方面：

其一是與章士釗的以「有容」為基點的調和立國論保持一致的「大同福祉」觀。

在高一涵看來，共和國內部人人平等，沒有上下貴賤的區別，各黨各派「相濟相調」，從而避免了「國家意思為一黨一派一流一系所壟斷」。更為重要的是，共和國的人民、國家、政府相對獨立而各司其責：「人民造國家，國家創造政府。政府者，立於國家之下，同與

全體人民受制於國家憲法、規條者也。執行國家意思，為政府之責；而發表國家意思，則為人民之任。」註2

在發表於2卷5號的〈1917年預想之革命〉中，高一涵特別揭破了源於柏拉圖理想國的「賢人政治之真相」：在一些「士大夫」的眼裏，中國民智未開，尚不足以實行民主共和；然而，在民國成立後他們不敢公然提倡極權專制，只好棄名取實，詭其詞曰開明專制，或轉飾其名曰賢人政治。而所謂的賢人政治，就是「將公有之政權，私之於一部分人士」，這是與共和國家的「民治」精神相違背的，「賢人政治殆幾與專制同其界說」。

其二是與陳獨秀提倡的「倫理的覺悟，為吾人最後覺悟之最後覺悟」保持一致的道德啟蒙觀。

在〈共和國家與青年之自覺〉中，高一涵認為：「道德之根據在天性，天性之發展恃自由，自由之表見為輿論。」中國幾千年的皇權專制崇尚消極道德，從而形成「懲忿窒欲」、「克己

北大教授高一涵。

制私」、「守份安命」的道德格言，並且養成國民迷信宗教、盲從君主的畸形心態。在已經初步共和的中華民國，「道德亦當活潑進取而含有生機」。

在〈讀彌爾的自由論〉中，高一涵強調説：「中國今日思想，不要統一，只要分歧。所有學説，不必先去信他，只要先去疑他。」[註3]這種觀點到了胡適隨後發表的〈新思潮的意義〉中，被概括為「新思潮的根本意義只是一種新態度，這種新態度可叫做『評判的態度』。」[註4]

其三是個人主義的現代人權觀和現代國家觀。

《新青年》中最早提倡「個人主義」的既不是陳獨秀也不是高一涵，而是另一位安徽人李亦民。他在1卷1號的〈人生唯一之目的〉中寫道：「人情之不可遏抑。遏抑之，乃不能不走於偏宕。若決江河，沛然莫之能禦也。曷若順人性之自然，堂堂正正以個人主義為前提，以社會主義為利益個人之手段。必明群己之關係，然後可言『合群』；必明公私之許可權，然後可言『公益』也。」高一涵儘管沒有像李亦民一樣採用「個人主義」和「社會主義」的概念，卻也反復闡述了個人與國家之間的辯證關係。在〈民約與邦本〉中，他充分肯定盧梭的契約論和人民主權學説，主張「政府為奉行國家意思之公僕，……立法之權永存於人民之手。」[註5]在〈樂利主義與人生〉中，他進一步表示説：追求個人幸福並不是置「國家」和「法律」於不顧，而是利用「國家」和「法律」來保障個人權利：「無國與法，則權利不存。權利不存，則幸福寧能幸致？……小己之圖謀幸福，必自改良政治始。改良政治，必自奪回立法之權始。」[註6]

其四是政教分離的思想自由觀和道德自主觀。這一點在〈非君師主義〉一文中表現得最為充分。

1918年11月24日，徐世昌發佈〈大總統令〉，其中充斥著「天地君親師」之類政教合一的神道觀念，高一涵毫不含糊地批駁道：

> 這幾個月來，我是不談政治的，是不讀「總統命令」的。一則因為中國現在無舉國公認的政府，無舉國愛戴的總統；二則因為我們所講求的是法治不是人治，所研究的是法律不是命令；所以就是總統合法的命令，也不大理會他，何況這種總統的「上諭」呢!然我看見十一月二十四日的「大總統令」中有一大堆「道德」的話頭，……實為中國舊思想之結晶；所以不得輕易看過去的。
>
> 我以為這種「天地君親師」的總統觀念，所以發生的原因有二：①是缺乏歷史進化的觀念：②是行制度革命而不行思想革命的壞處。……中國革命是以種族思想爭來的，不是以共和思想爭來的。所以皇帝雖退位，而人人腦中的皇帝尚未退位；所以入民國以來，總統行為，幾無一處不摹仿皇帝。皇帝祀天，總統亦祀天；皇帝尊孔，總統亦尊孔；皇帝出來地下敷黃土，總統出來地下也敷黃土；皇帝正心，總統亦要正心；皇帝「身兼天地君親師之眾責」，總統也想「身兼天地君親師之眾責」。這就是制度革命思想不革命的鐵證……
>
> 我的意見，不是說道德是不必要的，是說道德不能由國家干涉的；……道德必須由我們自己修養，以我們自己的良知為

標準，國家是不能攢入精神界去干涉我們的。此外尚有一個
理由，就是國家待人民，要看作能自立、自動，具有人格的
大人；萬不要看作奴隸，看作俘虜，看作赤子，看作沒有人
格的小人。共和國的總統是公僕，不是「民之父母」；共和
國的人民，是要當作主人待遇，不能當作「兒子」待遇，不
能當作「奴虜」待遇的。註7

〈非君師主義〉是高一涵在《新青年》時期最為深刻的一篇文
章，也正是在這篇文章中，他繼陶孟和之後更加明確地提出了「思想
革命」的概念。在高一涵的心目中，以大總統徐世昌為首的國家政
權，是不可以「攢入精神界」橫加干涉的，否則就會導致極權專制：
「擴張國家的權力，使干涉人民精神上的自由；凡信仰、感情、思想
等事，莫不受國權之拘束；則道德的範圍，道德的解釋，皆由統治者
自定。於是專制之弊端見矣。」

然而，這裏還存在著同樣重要的一個問題：國家政權不可以干涉
道德精神，以啟蒙先驅自居的《新青年》同人是不是就可以「攢入」
別人的「精神」實施「倫理道德革命」或「思想革命」呢？更進一步
說，西方現代文明是以「上帝的歸上帝，凱撒的歸凱撒」的政教分離
為根本點的，全盤否定政教合一的孔門儒教及道教、佛教的《新青
年》同人，能夠通過新文化運動創造出足以替代孔門儒教的精神產
品嗎？

答案是否定的。1920年4月2日，正在日本東京訪學的高一涵在寫
給胡適的書信中反悔說：「適之兄：看見你這回來信，一望便知是在

著作時候寫的。你說學問不到用的時候，不覺得不曾懂得，不覺得沒有系統。這真是經驗的話！我從前東塗西抹，今天做一篇無治主義，明天做一篇社會主義，到現在才知道全是摸風捉影之談。我以為現在『新思潮』也多犯了這個大毛病。」^{註8}

事實上，無論是最早提倡「倫理道德革命」的陳獨秀，還是較早提倡「思想革命」的高一涵，對於他們自己所提倡的「民主」、「科學」、「人權」等「新思潮」，大都處於「摸風捉影之談」的初級階段。同為安徽人的陳獨秀和高一涵還有一個共同愛好，那就是情不自禁地放縱自己去嫖娼狎妓。換言之，以啟蒙先驅自居的陳獨秀、高一涵等人，既缺乏宗教性的虔誠敬畏，更缺乏自治自律的道德力量，他們所從事的「倫理道德革命」或「思想革命」的必然歸宿，必然是或情不自禁或不由自主地攻擊傷害可以被攻擊傷害的善良個人及弱勢群體。

從另一方面說，陳獨秀、高一涵等人過分強調「倫理道德革命」或「思想革命」的啟蒙作用，與《論語‧為政》中「為政以德，譬如北辰居其所而眾星共之」的「天人合一」的神道觀點，以及《禮記‧大學》中「意誠而後心正，心正而後身修，身修而後家齊，家齊而後國治，國治而後天下平，自天子以至於庶人，壹是皆以修身為本」的以德治國的政教合一，恰恰是一脈相承的；與把私人領域的道德自律嚴格限定於公共領域和公共事務之外的西方現代文明反而是格格不入。啟蒙別人的陳獨秀、高一涵等人，當時並沒有真正走出孔門儒教「存天理、滅人欲」的精神怪圈，他們的「倫理道德革命」或「思想革命」在很大程度上只是盲人騎瞎馬的荒誕悲劇。

二、「甲寅派」的重要寫手

　　談高一涵與陳獨秀、李大釗（守常）、胡適等人的交往，無論如何都是繞不開章士釗這個人的。1922年3月3日，胡適在〈五十年來中國之文學〉中寫道：「章士釗一派是從嚴復章炳麟兩派變化出來的，……甲寅派的政論文在民國幾乎成一個重要文派。但這一派的文字，既不容易做，又不能通俗，在實用的方面，仍舊不能不歸於失敗。因此，這一派的健將，如高一涵李大釗李劍農等，後來也都成了白話散文的作者。」[註9]

　　同為「甲寅派」的重要寫手，高一涵與李大釗卻是通過陳獨秀創辦的《青年雜誌》及《新青年》正式訂交的。1927年4月28日，李大釗與國共兩黨的20名同志被張作霖、張學良父子的安國軍處以絞刑，依然與蘇聯共產國際和中國共產黨保持合作關係的國民黨武漢政府，隨後舉辦了追悼活動。時任武昌中山大學教授的高一涵以同志的口吻回憶說：

> 　　辛亥革命，守常奔走之力亦極多。民國二年後，因袁世凱專政，守常乃同張澤民潛往日本，肄業於日本早稻田大學經濟科。民國四年，陳獨秀先生在上海創《新青年》雜誌，余時已到日本三年餘，為窮所迫，常斷炊。獨秀約余投稿，月得十數元稿費以糊口。因無錢出門，每日閉門讀書，故無幾人知余名姓。守常讀《新青年》，見余文，知在東京，訪問半年餘，終無人見告。迨帝制事起，東京有留學生總會

之組織，守常見留學生總會中有余名，輾轉詢問，始得余之住所。一日房主人持李大釗名片上樓，余覽片竟不知為何許人。及接談，始知守常已訪余半年矣，此為余與守常相見之始。因縱談國事，所見無不合，遂相交。時留學生總會出《民彝》雜誌，余與守常被推為編輯，此余與守常共事之始。守常因帝制事生，因約余與湖南申文龍、雲南王九齡等，秘密組織神州學會，作革命機關，一時入會者甚眾。民國五年袁世凱死，守常先返滬，余亦返國，與守常約會於滬濱。時湯化龍在滬，欲招納人材為己助，並謂守常，誓欲十年在野，專司評政。因創《晨鐘報》（即現在《晨報》）於北京，託守常與余為編輯，並謂言論絕對自由，不加干涉。守常從滬至北京組織報社，余返安徽省視吾母，家居二十七日，守常已三電促余北上。迨我至北京，守常已將脫離該報矣。註10

　　民國二年即1913年，當時的李大釗是在同鄉孫洪伊和中華民國眾議院議長湯化龍的資助下到日本留學的。此時的進步黨（所謂「研究系」的前身）成員李大釗，是支援袁世凱政府、反對以孫中山為首的南方勢力的。1916年袁世凱去世後，李大釗不等完成學業就回到國內，同樣是出於主要資助者、研究系首領湯化龍的政治安排。《晨鐘報》是研究系首領梁啟超、湯化龍一派的機關報，由前清舉人、四川名士蒲伯英全權負責，李大釗以湯化龍私人秘書的身份出任編輯主任，李大釗的老同學白堅武、郁嶷、張澤民等人任主要撰稿人。1916年7月

11日，李大釗從上海抵達北京，直接住進宣武門外丞相胡同的晨鐘報社。經過一個多月的緊張籌備，《晨鐘報》於8月15日正式創刊。等到高一涵於9月2日由安徽老家趕到北京時李大釗已經決定辭職。在這種情況下，高一涵只好與李大釗、白堅武、張澤民租住在皮庫胡同的房屋裏，在孫洪伊的支援下籌備創辦《憲法公言》。

進步黨及研究系內部湯化龍一派與孫洪伊一派的黨爭，並不像高一涵所説的那麼是非分明。長期擔任黎元洪謀士的張國淦，在〈中華民國內閣篇〉中介紹説，湯化龍與黎元洪既是同鄉又是辛亥革命時期的政治盟友，湯化龍當初是希望國務總理段祺瑞與大總統黎元洪相互調和的。但是，黎元洪「獨屬意於國民黨的譚延闓、孫洪伊諸人，對湯、梁（啟超）並沒有特別推重。研究系當然不甚滿意，漸趨疏遠——加之內務總長孫洪伊與湯早已勢成水火，還有黎身邊的人挑撥，——湯很氣憤，因此研究系就一心一意為段策劃一切。」註11

由此看來，李大釗、白堅武、張澤民等人離開《晨鐘報》，實際上是出於疏遠支援段祺瑞的湯化龍一派而接近支援黎元洪的孫洪伊一派的政治選擇。

1917年1月28日，已經成為政治明星的前西南軍政府秘書長章士釗在北京創辦《甲寅日刊》，聘請李大釗、高一涵、邵飄萍等人擔任編輯和撰稿工作。這樣一來，李大釗、高一涵便從皮庫胡同遷到朝陽門內竹桿巷4號。李大釗先在《甲寅日刊》創刊號發表〈甲寅之新生命〉，第二天又以一篇〈調和之美〉為《甲寅日刊》定下天堂神曲般的理想基調：「人莫不愛美，故人咸宜愛調和。蓋美者，調和之產物，而調和者，美之母也。」

　　隨後，李大釗在日本東京出版的《神州學叢》發表〈調和之法則〉，公開宣稱自己對於「調和之美」的認同，是出於對筆名秋桐的章士釗的高度認同：「往者章秋桐先生在《甲寅》雜誌倡『調和』之義，意在析陳政力向背之理，俾政治當局自節其好同惡異之性，而尚有容之德也。……調和之境，雖當寶愛，而調和之道，則不易得也。」

高一涵1917年與同鄉好友許怡蓀合影。

　　10年後，高一涵在〈李大釗同志略傳〉中旗幟鮮明地站在國共兩黨的政治立場上，針對支持段祺瑞執政府的章士釗實施了並不屬實的政治清算：「章士釗在日本創辦《甲寅》雜誌，名聲震一時，余與守常亦各為欽佩彼之一人。民國五年章到北京，將《甲寅》月刊改為《甲寅》日刊，邀余與守常同任撰述，余遂離白、張二君，而與守常同往朝陽門內竹桿巷。誰知章士釗已早與政學系、研究系相親近，余與守常每有批評該兩系主張時，士釗有難色。守常因此不再作論說，不過傳播俄國及他國之國際新聞而已。無何，復辟事起，士

釗避天津，《甲寅》日刊已改印大清年號，余與守常欲登脫離該報啟事，竟為報社中人所擱置。人皆知《甲寅》日刊因復辟而停止，不知實因復辟未成而停止也。」

到了1950年代，高一涵再一次通過虛構歷史事實，對章士釗實施新一輪的政治清算：

> 那時，章士釗在北京創辦《甲寅日報》，約我們替他寫社論。今天由守常寫，明天由我寫，後天由守常寫，再後天由我寫，如此輪流，每人隔一天給《甲寅日報》寫一篇論文。我們在文章中攻擊研究系，攻擊現政府；而章士釗是維護他們的，他不贊成我們的主張。守常又只顧真理，不顧什麼情面，不合心意的，他就要痛罵。章士釗不敢去和守常交涉，便託我去和他商量。這怎麼行呢？一個人的主張是不能夠隨便更改的。後來，彼此談妥：不談內政，只寫國外新聞。那時，十月革命已經勝利。於是，守常便連續介紹俄國革命。我們把各報上主張較新的消息綜合起來，介紹給國人。後來又遇到章士釗的反對。到張勳復辟時，我們便登報申明，脫離了《甲寅日報》。註12

1917年6月9日，張勳的辮子軍進入北京，避往天津的章士釗於11日發表緊急聲明：「秋桐久已離京，與報脫離關係。」李大釗、邵飄萍等人當時也先後離京，留守《甲寅日刊》直到6月19日第150號的不是別人，正是高一涵自己。在此之前，俄羅斯於3月11日爆發的是旨

在實現憲政民主的「二月革命」，而不是同年11月7日爆發的、以實現無產階級專政為政治目標的「十月革命」。李大釗在《甲寅日報》中所讚美的並不是列寧領導的「十月革命」，而是俄羅斯的「二月革命」。高一涵連最為基本的歷史事實都要混淆篡改，他對於章士釗的政治清算是完全不具備公信力的。

《甲寅》停刊後，南下上海寄住在前內務部長孫洪伊家中的李大釗，在8月15日出版的《太平洋》1卷6號發表〈辟偽調和〉，一反此前的「調和之義」，針對以梁啟超、湯化龍為首的研究系及其它「調和」黨派展開批判：「緩進派與官僚武人相結，附敵同攻，助紂為虐，……此類之政治活動無以名之，名之曰偽調和；此類之政治團體無以名之，名之曰偽調和派。」

由這篇文章倒是可以看出李大釗與章士釗之間確實產生了一些分歧。然而，到了10月15日出版的《太平洋》1卷7號中，李大釗又在〈暴力與政治〉一文中重新回到與「偽調和派」梁啟超再度「調和」的老路子：愚雖非如梁先生之單純反對革命，而以良知所詔，則無論何時皆反對暴力，其終極目的，亦在消免革命之禍。」

事實上，明確反對暴力革命的李大釗，當年所從事的正是「與官僚武人相結」的「調和」活動。1917年10月21日，他專程從上海來到南京，在老同學白堅武的引見下拜會江蘇督軍李純，接洽到日本旅行考察的事情。22日，李純贈路費100元請李大釗回上海等候消息。11月9日，李大釗再赴南京會見李純，代表孫洪伊「有所接洽」。由於「接洽」毫無成果，李大釗於11月11日由南京返回北京，住進章士釗家裏擔任家庭教師，隨後在章士釗的推薦下接任北京大學圖書館

主任一職。用高一涵的話說：「無何，段內閣成立，章士釗任北京大學教授兼圖書館主任，因守常投閒，故以圖書館主任一職讓之。此為守常入北京大學之始，時民國七年也。守常入北大後，越二年任北京大學教授，在史學系教課。余於民國八年亦入北大為編譯員，又得同事。」[註13]

　　與高一涵勢不兩立的政治清算形成鮮明對比的，是章士釗1949年之後對於李大釗充滿人情味的私人回憶：「吾二人交誼，以士相見之禮意而開始，以迄守常見危致命於北京，互十有四年，從無間斷。兩人政見，初若相合，卒乃相去彌遠，而從不以公害私，始終情同昆季，遞晚尤篤。蓋守常乃一剛毅木訥人也，其生平才不如識，識不如德。」[註14]

三、高一涵與胡適的同居經歷

　　李大釗南下上海之後，高一涵滯留朝陽門內竹桿巷4號以撰稿為生。到了1917年9月30日，胡適在寫給母親馮順弟的家信中介紹說：「適現尚暫居大學教員宿舍內，居此可不出房錢。飯錢每月九元，每餐兩碟菜一碗湯，飯米頗不如南方之佳，但尚可吃得耳。適意俟拿到錢時，將移出校外居住，擬與友人六安高一涵君。」[註15]

　　胡適所說的「將移出校外居住」，就是與安徽同鄉高一涵同住在朝陽門內竹桿巷4號。此時的《新青年》雜誌正在陳獨秀、胡適、錢玄同、劉半農四大「台柱」的推動之下，「復活」為由北大教授陳獨秀、胡適、錢玄同、劉半農、陶孟和、沈尹默輪流編輯的同人刊物，還沒有進入北京大學的李大釗和高一涵與《新青年》雜誌的「復活」

幾乎絕緣。兩個人頂替陶孟和與劉半農留下的空缺正式參與《新青年》的編輯工作，是6卷1號於1919年1月出版時期的事情。在這種情況下，高一涵負責編輯的只有《新青年》6卷3號，李大釗負責編輯的只有《新青年》6卷5號即「馬克思號」。

李大釗進入北京大學任圖書館主任，主要得力於章士釗的推薦。高一涵進入北大任編譯員，主要得力於胡適的推薦。1920年5月27日，正在日本訪學的高一涵在致胡適信中寫道：「接到來信，說『大學正在籌算減費』，我當時心中便已打算寫信告訴你，斟酌我一個人的進退。第三天接到你來信，你恨我從前不斬金截鐵做去，反教你為我受累，心中實在不安的很！我雖毫無見識，但關於自己進退，也曾前思後慮過多少次，去年蔣夢麟先生代理校務時，所以寫信辭職，便是這個意思。但因為當時任事已有一年，一點沒有成績，不但無以對大學，亦無以對自己，所以夢麟寫信留時，也就勉強擔任下去。」[註16]

《新青年》6卷5號（馬克思號）

1920年6月17日，高一涵離開東京啟程回國。8月1日，胡適、蔣夢麟、陶履恭（孟和）、王徵（文伯）、張祖訓（慰慈）、李大釗、高一涵在北京《晨報》聯名發表〈爭自由的宣言〉。宣言分為消極和積極兩個方面。在消極方面包括六條內容：一、1914年3月2日公佈的《治安警察條例》應即廢止。二、1914年12月4日公佈的《出版法》應即廢止。三、1914年4月2日公佈的《報紙條例》應即廢止。四、1919年公佈的《管理印刷業條例》應即廢止。五、1914年3月3日公佈的《預戒條例》應即廢止。六、以後如果不遇外患或戰爭開始的時候，不得國會、省議會議決，或市民請求，不得濫行宣佈戒嚴。在積極方面共提出三點要求：其一、下列四種自由，不得在憲法外更設立限定的法律：①言論自由；②出版自由；③集會結社自由；④書信秘密自由。其二、應即實行「人身保護法」，保障人民身體的自由。其三、應由無黨派關係的公民組織「選舉監督團」，於選舉時實行監督；並公請律師，專調查犯罪證據，和管理訴訟事項。

按照當時最後一個簽名人即執筆者的慣例，高一涵應該是這份宣言的主要發起人和撰稿人。在為宣言所加的附注中，他特別提到了「人身保護法」，也就是此前被章士釗譯為「出庭狀」的英國法律Writ of Habeas Corpus。由此可以見出章士釗當時對於高一涵、李大釗、胡適等人的影響力。

〈爭自由的宣言〉發表之後，胡適應南京高等師範暑期學校邀請南下講學，期間曾在上海與陳獨秀（仲甫）等人討論此事。遠在北京的高一涵在1920年8月11日致胡適信中寫道：

從上海寄來的信收到了，本天又看見《民國日報》，知道你和仲甫還邀許多人討論爭自由的問題，很好。度日如年的慰慈，只急得天天打電話；歸心似箭的洛聲，從南京過都不得手進城，帶給你的書到蕪湖才寄給你。看他倆這種情形，倒覺得還是沒有家眷的自在！

奉直暗地裏已在預備○○了！老徐一隻手抓住「鬍子」，一隻手抓住「三哥」，一雙秋波又遠遠的向著西南送情！真真是個「龜」首！大學內部趁你不在這裏，又在興風作波，調集一般「護飯軍」開什麼會議了！結果怎樣還不知道。註17

「老徐」即大總統徐世昌，「鬍子」即奉系軍閥張作霖，「三哥」即直系軍閥曹琨。「護飯軍」是指以馬敘倫、馬幼漁、沈尹默、朱希祖等人為代表的以保存「飯碗」為第一要務的浙江籍北大教員，也就是所謂的「某籍某系」。一年之後，胡適在1921年9月20日的日記中寫道：「一涵與我同居四年，今天他移至同巷七號居住。日間不能去看他，晚間與冬秀同去看他。」註18

胡適與高一涵最初合居於朝陽門內竹桿巷4號。1918年3月20日前後，他與高一涵一起搬遷至南池子緞庫胡同8號。1920年5月22日又遷至鐘鼓寺14號的四合院。胡適之所以購置這所大宅院，是因為繼第一個兒子胡祖望於1919年3月16日出生之後，江冬秀又於1920年8月16日生育了女兒素斐，正在北京求學的胡適的侄子思聰、思永也同住一處。高一涵從日本訪學回國後依然與胡適同住，直到1921年9月20日才從胡適家中搬出，在同一條巷子裏毗鄰而居。

四、胡適與高一涵的共同「努力」

1922年5月7日，由胡適主編的《努力周報》（The Endeavor）創刊，與胡適毗鄰而居的高一涵成為《努力周報》的主要編輯人和撰稿人，胡適外出期間總是由他代行主編職責。在5月14日出版的《努力周報》第2期中，刊登了以蔡元培領銜並由胡適執筆的〈我們的政治主張〉，這是努力社同人共同的政治綱領。他們把自己的政治主張歸結為「我們以為國內的優秀分子……現在都應該平心降格的公認『好政府』一個目標，作為現在改革中國政治的最低限度的要求。」

〈我們的政治主張〉中所希望的「好政府」，是胡適醞釀了將近一年的概念。1921年6月18日，他在日記中寫道：「下午，汪叔潛先生（建剛）來談。他是舊國會議員，在安徽政客中要算是好的。……我對他說的話之中，有幾句話可記。我說：現在的少年人把無政府主義看作一種時髦的東西，這是大錯的。我們現在決不可亂談無政府主義；我們應談有政府主義，應談好政府主義！」

國會議員汪叔潛，是在《青年雜誌》1卷1號發表〈新舊問題〉的《新青年》元老。自從這次談話之後，「好政府主義」成為胡適的口頭禪。1921年8月5日，胡適在安慶第一中學首次演講「好政府主義」，這是他「第一次公開的談政治」。在當天日記中，他記錄了自己的主要觀點：「從此可得一個革命的原理：工具不良，修好他。修不好時，另換一件。政府不良，監督他，修正他；他不受監督，不受修正時，換掉他。一部分的不良，去了這部分；全部不良，拆開了，打倒了，重新改造一個；一切暗殺，反抗，革命，都根據於此。」

在1922年5月11日的日記中，胡適記錄了〈我們的政治主張〉撰寫發表的全過程：「做一篇〈我們的主張〉，是第一次做政論，很覺得吃力。這本是想專為《努力》做的；後來我想此文頗可用為一個公開的宣言，故半夜脫稿時，打電話與守常商議，定明日在蔡先生家會議，邀幾個『好人』加入。知行首先贊成，並擔保王伯秋亦可加入。此文中注重和會為下手的第一步，這個意思是我今天再三考慮所得，自信這是最切實的主張。」

1920年3月，右起：李大釗、胡適、蔡元培、蔣夢麟合影。

第二天上午11時，胡適等人到蔡元培家開會討論，下午3時定稿。沒有到會的高一涵、張慰慈等人於當天下午加入提議人的行列。5年之後，高一涵在〈李大釗同志略傳〉的正文後面，以見證人身份加寫了「附識」：「注意：欲知守常思想之概要與變遷，必須讀守常各時代之論著。彼之文字散見於《民彝》雜誌、《新青年》雜誌、《晨鐘報》、《甲寅》日刊、《憲法公言》、《每周評論》、《努力周刊》（〈我們

對於時局的主張〉是守常起草的，胡適之修改的）、《社會科學》季刊，及所編北大講義之中。今因手邊無此類刊物，不能詳述，又因此間同志多不知彼之歷史，故謹志其一生事跡如此。」

高一涵所說的〈我們對於時局的主張〉，其實是〈我們的政治主張〉的誤寫。所謂「守常起草的，胡適之修改的」，分明是他對於歷史事實的故意改寫。提醒別人「注意」的高一涵，偏偏以見證人的身份改寫歷史，這與《新青年》雜誌公開提倡的「民主」、「科學」是格格不入的。

五、胡適對高一涵的寬容諒解

1923年5月30日，正在南方養病的胡適在日記中寫道：「昨日洛聲信上說，一涵接了一個妓女來家做老婆。洛聲的口氣似不以為然。故我今旦寫信與冬秀，請他千萬不要看不起一涵所娶的女子，勸他善待此女。……一涵住在我家的一院，我怕冬秀不肯招呼他們，故作此信。另作一信與一涵，勸他新娶之後，戒絕賭博，多讀書，繼續學問的事業。」

遠在北京的高一涵收到胡適來信後，在6月3日的回信中深刻檢討了自己的放蕩生活：

> 適之兄：來信使我感激到十二分！我生平已經過三個垂危的時期：（一）辛亥後在安慶教育廳就事，再無讀書的志向；後來劉希平迫我到日本去，所以又走進求學的大門。（二）我在日本擬學習日文，把英文完全拋棄；後來遇著章行嚴一談，使我閉門讀了半年英文，至今才能勉強的看英文書。（三）

到北京後治政治學很有趣味，所以又稍稍的讀點政治書；這
幾年又因為放蕩的結果，差不多又把以前的讀書興趣不知不
覺的隔開了。今又遇著你的良言，或者又可以起死回生了。
我這幾年得無家庭的好處背後得到許多無家庭的壞處——打
牌和逛胡同。又從你的生活裏頭，看出讀書的興趣，可是又
感得求學的難處。我因為我的天分不及你，我的求學的基礎
不及你，我的身體不及你，所以前幾年[雖]然敢編《歐洲政
治思想史》，近來簡直又不敢執筆了。因困難而氣餒，因氣
餒而放蕩；我也知道這是宣佈自己的死刑！註19

　　胡適之所以對高一涵尋花問柳逛妓院的私德表現出充分的寬容與
諒解，一方面與他的個人修養有關，同時也與他和表妹曹誠英之間的
婚外戀情直接相關。陳獨秀於1919年離開北大的直接原因，就是湯
爾和、馬敘倫、沈尹默等浙江籍人士，針對他的嫖娼狎妓行為的集體
發難。到了1924年5月26日，因為公開散發狎妓艷詩〈贈嬌寓〉而被
《新青年》舊同人錢玄同、周作人等人大肆攻擊的吳虞，在日記中汲
取的恰恰是高一涵嫖娼狎妓的負面經驗：「張履成言，高一涵有一姑
娘，常叫至家中，絕不到班中去，此一法也。嬌玉不必遂討回，而可
常叫至家中也。如此則少煩惱免攻擊，而於經濟亦寬裕矣。」註20

　　由此可以看出，以啟蒙先驅自居的《新青年》同人陳獨秀、高
一涵、吳虞，連自己的私人道德都沒有進行完全徹底的成功改造，他
們所提出的以「改造青年之道德」為首要任務的「倫理道德革命」和
「思想革命」，無論如何都是既不可行也不可靠的。

六、高一涵的歷史回憶

1923年10月9日，胡適從上海致信高一涵、陶孟和、張慰慈、沈性仁，表示要停辦《努力周報》：「《新青年》的使命在於文學革命與思想革命。這個使命不幸中斷了，直到今日。倘使《新青年》繼續至今，六年不斷的作文學思想革命的事業，影響定然不小了。我想，我們今後的事業，在於擴充《努力》，使他直接《新青年》三年前未竟的使命，再下二十年不絕的努力，在思想文藝上給中國政治建築一個可靠的基礎。」[註21]

然而，擬議中的《努力月報》始終沒有與世人見面，反而給胡適和高一涵帶來了很不愉快的精神碰撞。1924年9月8日，胡適在寫給高一涵的私信中表示說：「久不看報，前日檢得你在《晨報副刊》上〈關於《努力月刊》的幾句話〉，我仔細讀了，實在不懂得你是什麼意思。一個人要表示清高，就不惜把一切賣文的人都罵為『文丐』，這是什麼道德？拿盡心做的文字去賣三塊至五塊錢，不算是可恥的事。……」

第二天，胡適致信《晨報副刊》，以更加嚴峻的話語替「資本家」辯護，並且把批判的矛頭直指同鄉老友陳獨秀：

> 今日政治方面需要一個獨立正直的輿論機關，那是不消說的了。即從思想方面看來，一邊是復古的混沌思想，一邊是頌揚拳匪的混沌思想，都有徹底批評的必要。近日拳匪的鬼運大亨通：六年前作「克林德碑」那篇痛罵拳匪的大文（《獨

秀文存》卷一，頁343至360）的作者，現在也在大出力頌揚拳匪
了！（「政治生活」十五）這種現象使我感覺《努力》真有急
急出版的必要。……

至於一涵先生代我作答，我自然是很感謝的。但他提及商務
印書館的一層，未免有點失實。商務印書館對於努力的關
係，並不是資本家對待「腦筋苦力」的關係，辦雜誌也不是
「掙紅利」的好法子。至於「商務印書館於是便板起資本家
的面孔說：『給你三塊錢至五塊錢一千字。』」那更是一涵
筆鋒的情感，卻不是事實。……

君子立論，宜存心忠厚；凡不知其真實動機而其事有可取
者，還應該嘉許其行為，而不當學理學家誅心的苛刻論調。
今日那班處處畏資本家的陰謀的人，同時又往往為拳匪曲說
巧辯：──這真是「翻手為雲覆手雨」，我們只好叫他做
「訟棍的行為」。（這段不是對一涵說的，因為一涵並不至於頌揚
拳匪。）註22

　　這段話中的「學理學家誅心的苛刻論調」指的是高一涵。「翻
手為雲覆手雨」的「訟棍的行為」指的是陳獨秀。對於胡適的公開批
評，高一涵在很長一段時間裏耿耿於懷。1924年10月14日，朱經農在
致胡適信中介紹說：「一涵近有信來，怨懟之意溢於言表，已由孟和
復函慰之。」註23

　　11月30日，朱經農又在另一封信中寫道：「一涵無非對於商務表
示不滿。總說商務對他太薄，因為他沒有大名氣。他總覺得商務只知

敷衍有名人物，而薄待學者。其實商務對於一涵實在不曾薄待。他所享有的權利與其他有名人物一樣。他要誤會，商務方面也只好由他，我們做朋友的也沒法解釋。一涵未免太量小一點。他若和別家書店交涉，也決不能得較優的條件。」

高一涵於1918年進入北京大學編譯處任職，一度負責與商務出版社聯絡「大學叢書」的出版事宜，此前曾於1923年在商務印書館出版過《歐洲政治思想史》上卷。他當時正在就《歐洲政治思想史》中卷的出版事宜與商務印書館洽談，該書遲至1925年才正式出版。「商務對他太薄」的所指，大概就是這些事情。

高一涵之所以對胡適產生如此巨大的精神分歧，除了「太量小一點」之外，還與他並不清晰的思想狀態直接相關。當年的〈共產主義歷史上的變遷〉一文，集中體現了高一涵作為缺乏獨立謀生能力的半新半舊的文化人，所奉行的孔門儒教「存天理、滅人欲」的或者說是重義輕利以至於仇視個人權利和私有財產的文化根性：

> 馬克思的共產主義是從「經濟的必要」一個基礎上發端的。他以為私有制度當初還有存在的理由，因為工業未發達，自耕自食，自製自賣，生產貨物都是他自己做的，所以得到的財產都應該歸他自己私有。後來行工廠制度，用不著自己去做自己去賣。分工的結果，一件東西經過許多手才製造成功，自己製造的東西不知道到什麼地方去了。……現在經濟生活已經變遷，生產和分配已經成為社會化，那麼，土地資本的私有制度，必定和從前的奴隸制一樣，一概沒有用處，

由此可以變成土地資本的共有制度。這是馬克思所以主張共產主義的原因。……

總而言之，從前的共產主義家因為看不起經濟，所以率性把經濟的問題丟開；現在的共產主義家把經濟看得很重，所以認定不解決經濟的問題，決不能解決政治的問題。從前想用政治的方法來解決經濟問題，以為只要有勞動代表加入政界便可改良經濟的生活。現在卻想把政治放在勞動者管理之下，使政治問題同經濟問題由勞動者自己一同解決。所以從前勞動界只要求參政；現在的勞動者卻想直接來管理國家。如果把國家放在勞動者的管理之下，如果國家之中沒有不勞而得的階級存在，共產主義就可以完全實現了。所以近代的共產主義所商榷的只是實行的方法的問題，至於共產制度本身可行不可行的問題，老早就用不著討論了。註24

一方面把社會化的分工認定為「馬克思所以主張共產主義的原因」，另一方面卻反其道而行之，把物質生產領域內的勞動者與管理國家的勞動者之間更加專業也更加精細的分工混為一談，甚至於把管理國家的智力勞動徹底排斥在「勞動」之外，進而把理想中的「共產主義」等同於取消社會化分工的「把政治放在勞動者管理之下」。由此可知，高一涵所理解的所謂的「共產主義」，其實是一個既反科學又反民主的理論怪圈，借用他自己1920年4月2日致胡適信中的原話，也就是「摸風捉影之談」。他對於「馬克思的共產主義」的「摸風捉影」的歪曲理解，所掩蓋的其實是最為危險的路徑選擇。基於這種

一知半解的「摸風捉影之談」，高一涵把包括自己在內的用「腦筋苦力」掙稿費的文化人認定為下賤的「文丐」，把商務印書館投資經營圖書出版的「掙紅利」認定為資本家的施捨，實際上是走上了自己激烈反對過的孔門儒教的「存天理，滅人欲」的回頭路。

1949年，作為國民政府考試院委員的高一涵選擇留在了中國大陸，並且出任南京大學的政治系主任和法學院院長。為了能夠挽留年輕一代的法學家楊兆龍，他一度表示要主動讓賢。然而，他的法學院長職位最終並沒有讓給楊兆龍，而是在1952年的院系調整中被迫「下崗」。

1957年5月16日下午，民主同盟南京市委召開知識份子座談會，號召高一涵等10位民主黨派學者「大鳴大放」。5月19日的《人民日報》，在六版頭條位置以〈南京市十位學者對撤銷南京大學法學院提出批評〉為標題，對這次座談進行了翔實報導。這其中以高一涵的發言最為大膽：「有人說南京大學重理輕文，其實，社會學、法律學更被輕視。馬列主義哲學是一切科學的指導原則，但不能代替社會學、法律學；政府的政策方針也不可以代替法律。南京有一大批搞法學工作的人，現在有很多人都改行了，還有許多人沒有工作崗位。這是否說搞舊法的就不能搞新法？但是，北京有些司法工作的領導同志也是學的舊法，難道南京有舊法觀的人是補弄那個改造的嗎？要鞏固人民民主專政，就要加強法制，但誰來訂法，現在審理案件時，法律條文上沒有，有時判錯了，有時就無法判案。記得1952年院系調整時把南大法學院取消了，領導上說：取消是國家政策要這樣。我不同意這種說法，他們還要我作檢討，但我的思想還是不通。」

當這場「大鳴大放」演變為「引蛇出洞」之後，在劫難逃的高

一涵雖然由於老資格而沒有被錯劃為「右派」，卻因此被剝奪了江蘇省司法廳長的實質權力，從此變成掛著省政協副主席和全國政協委員的官銜的一名閒散之人。在此之前和之後，晚年高一涵在〈從五四運動中看究竟誰領導革命？〉、〈回憶五四時期的李大釗同志〉、〈李大釗同志護送陳獨秀出險〉等回憶文章中，虛構捏造出了許多所謂的「歷史事實」。曾經被他奉為「起死回生」的大恩人的胡適和章士釗，在他筆下變成了一無是處的歷史罪人。註25

　　另據六安市人民政府網介紹，高一涵於1926年由李大釗、高語罕介紹加入中國共產黨，同年去武昌任中山大學教授兼法科委員會主任委員、總政治部編譯委員會主任委員。「四‧一二」政變後脫離中共組織，避居上海，任上海法政大學和吳淞中國公學教授、社會科學院院長。民國20年任國民政府監察院監察委員，民國24年任兩湖監察使，民國29年去蘭州任甘寧監察使，抗戰勝利後，回武漢復任兩湖監察使。1949年，高一涵拒絕隨國民黨政府逃往臺灣，隱居南京與中共地下黨組織秘密聯繫，和朱子帆、沈子修等民主人士一起為迎接南京解放做了不少工作。南京解放後，先後任南京大學教授、政治系主任、法學院院長、江蘇省司法廳廳長、省政協副主席、省民盟副主委和全國政協委員等職。1968年病逝，葬南京雨花臺公墓。

【註釋】

註1：吳稚暉：〈章士釗－陳獨秀－梁啟超〉，《京報副刊》第393號，1626年1月23日。

註2：高一涵：〈共和國家與青年之自覺〉（一），《新青年》1卷1號，1915年9月。

註3：《新青年》4卷3號，1918年3月。

註4：《新青年》7卷1號，1919年12月。

註5：《新青年》1卷3號，1915年11月。

註6：《新青年》2卷1號，1916年9月。

註7：《新青年》5卷6號，1918年12月。

註8：高一涵1920年4月2日致胡適信，耿雲志主編《胡適遺稿及秘藏書信》第31冊，合肥：黃山書社，1994年，第187頁。

註9：胡適：〈五十年來中國之文學〉，《胡適學術文集‧新文學運動》，北京：中華書局，1993年出版，第96頁。

註10：高一涵：〈李大釗同志略傳〉，《中央副刊》（武漢），1927年5月23日。

註11：《近代史料》，1979年第3期。

註12：高一涵：〈回憶五四時期的李大釗同志〉，《五四運動回憶錄》，北京：中華書局，1979年，第340頁。

註13：高一涵：〈李大釗同志略傳〉。高一涵在胡適、陳獨秀的推薦下進入北大任編譯員的準確時間是1918年，而不是他自己說的民國八年即1919年。

註14：章士釗：〈李大釗先生傳序〉，載張次溪著《李大釗先生傳》，北京宣文書店，1951年，第1頁。

註15：原文如此。見《胡適書信集》上卷第106頁，北京大學出版社，1996年出版。

註16：《胡適來往書信選》上冊，北京：中華書局，1979年出版，第95頁。

註17：《胡適書信集》上卷，北京大學出版社，1996年出版，第110頁。

註18： 曹伯言整理《胡適日記全編》第3卷，合肥：安徽出版社，2001年，第472頁。

註19： 曹伯言整理《胡適日記全編》第4卷，合肥：安徽出版社，2001年，第40頁。劉希平（1873－1924），原名畹蘅，字蘭香，中年自號希平，六安縣施家橋人，與高一涵為六安同鄉。民國元年（1912年）任安慶江淮大學教授，1924年8月17日病逝於南京。

註20： 《吳虞日記》下冊，成都：四川人民出版社，1984年出版，第183頁。嬌寓即嬌玉。

註21： 《努力周報》第75期，1923年10月21日。

註22： 北京《晨報副刊》，1924年9月12日。

註23： 《胡適來往書信選》上冊，北京：中華書局，1979年，第265頁。

註24： 高一涵：〈共產主義歷史上的變遷〉，《新青年》9卷2號，1921年6月。

註25： 參見張耀杰〈高一涵的誤寫歷史〉，收入《歷史背後——政學兩界的人和事》，廣西師範大學出版社，2006年。

錢玄同與胡適的真誠合作

1940年6月21日，時任駐美大使的胡適，在日記中粘貼了來自1939年2月13日《中央日報》「平明」副刊的一份剪報〈悼錢玄同先生〉，並且寫下一句旁批：「他是有血口口口的而又富有民治思想的人。」[註1]由於底本模糊難辯，胡適的原話已經難以復原。不過，有一點是可以肯定的：「富有民治思想」，既是胡適對於錢玄同的蓋棺定論，也是兩個人全程合作的根本前提，同時也為後人研究患有嚴重神經衰弱症的錢玄同常態時通情達理、公正平和，病態時極具攻擊性的雙重人格，提供了一個切入點。

一、錢玄同與《新青年》雜誌

1916年8月21日，遠在美國留學的胡適致信陳獨秀，以他特有的世界性眼光為陷入迷惘困頓之中的《新青年》雜誌，指明了一條切實可行的話語出路：

年來觀察思慮所得，以為今日欲言文學革命，須從八事入手。八事者何？

一曰，不用典。二曰，不用陳套語。三曰，不講對仗。（文當廢駢，詩當廢律）。四曰，不避俗字俗語（不嫌以白話作詩詞）。五曰，須講求文法之結構。

此皆形式上之革命也。

六曰，不作無病之呻吟。七曰，不摹仿古人，語語須有個我在。八曰，須言之有物。

此皆精神上之革命也。

此八事略具要領而已。其詳細節目，非一書所能盡，當俟諸他日再為足下詳言之。註2

這是《新青年》雜誌中第一次出現「文學革命」的字眼。陳獨秀在回信中以頗為謹慎的態度回應說：「承示文學革命八事，除五八二項，其餘六事，僕無不合十讚歎，以為今日中國之雷音。倘能詳其理由，指陳得失，衍為一文，以告當世，某業尤盛。……海內外請求改革中國文學諸君子，倘能發為宏議，以資公同討論，敢不洗耳靜聽。」

應陳獨秀的約請，胡適奮筆寫下在中國文學史上具有劃時代意義的〈文學改良芻議〉，對文學改良的八件事進行重新調整：（一）須言之有物。（二）不摹仿古人。（三）須講求文法。（四）不作無病之呻吟。（五）務去爛調套語。（六）不用典。（七）不講對仗。（八）不避俗字俗語。最後，他又在「結論」中寫道：「上述八事、

乃吾年來研思此一大問題之結果。遠在異國、既無讀書之暇晷、又不得就國中先生長者質疑問難、其所主張容有矯枉過正之處。然此八事皆文學上根本問題、一一有研究之價值。故草成此論、以為海內外留心此問題者作一草案。謂之芻議、猶云未定草也。伏惟國人同志有以匡糾是正之。」

〈文學改良芻議〉刊登於《新青年》2卷5號。這期刊物的刊頭文章是陳獨秀自己的〈再論孔教問題〉，接下來是楊昌濟的〈治生篇〉和高一涵的〈一九一七年預想之革命〉。陳獨秀當時並沒有對〈文學改良芻議〉表現出最高規格的禮遇，而是在「編者按」中遠距離地表態說：「余恒謂中國近代文學史、施曹價值、遠在歸姚之上。聞者咸大驚疑。今得胡君之論、竊喜所見不孤。白話文學、將為中國文學之正宗。余亦篤信而渴望之。吾生倘親見其成、則大幸也。元代文學美術、本蔚然可觀。余所最服膺者、為東籬。詞雋意遠。又復雄富。余嘗稱為『中國之沙克士比亞。』質之胡君、及讀者諸君以為然否。」

這裏所說的「施曹」，指的是《水滸傳》的作者施耐庵和《紅樓夢》的作者曹雪芹。「歸姚」指的是清代的古文家歸有光和姚鼐。被陳獨秀奉為「中國的莎士比亞」的「東籬」，就是元代著名的雜劇和元曲作家馬致遠。到了2卷6號中，陳獨秀才在自己寫作的刊頭文章〈文學革命論〉中，表現出對於〈文學改良芻議〉高調評估：「孔教問題，方喧呶於國中，此倫理道德革命之先聲也。文學革命之氣運，醞釀已非一日，其首舉義旗之急先鋒，則為吾友胡適。余甘冒全國學究之敵，高張『文化革命軍』大旗，以為吾友之聲援。旗上大書特書吾革命軍三大主義：曰，推倒雕琢的阿諛的貴族文學，建設平易的抒

情的國民文學;曰,推倒陳腐的鋪張的
古典文學,建設新鮮的立誠的寫實文
學;曰,推倒迂晦的艱澀的山林文學,
建設明瞭的通俗的社會文學。」

　　陳獨秀以反對孔門儒教為核心的
「倫理道德革命」,在很大程度上就是
後來由陶孟和、高一涵、周作人等人先
後談論的「思想革命」。相對於不具備
可操作性的「倫理道德革命」和「思想
革命」來說,由胡適率先提出的以白話
文替代文言文的「文學革命」,才真正
為《新青年》雜誌找到了通過變換話語
工具來直接掌握公共話語主導權進而開
啟新文化運動的突破口。當年的陳獨秀
還不具備這樣的覺悟,他之所以陡然間
亢奮起來與讀者來信的積極反饋有直接
關係。

　　在同一期《新青年》的通信欄裏,
集中刊登了陳獨秀與程演生、陳丹崖、
錢玄同等人關於「文學革命」的來往通
信,其中以錢玄同的來信最為著名:
「獨秀先生左右:頃見六號《新青年》
胡適之先生〈文學芻議〉,極為佩服。

錢玄同。

其斥駢文不通之句，及主張白話體文學，説最精闢。公前疑其所謂文法之結構為講求Grammar，今知其為修辭學，當亦深以為然也。具此識力，而言改良文藝，其結果必佳良無疑。惟選學妖孽，桐城謬種，見此又不知若何咒罵。雖然，得此輩多咒罵一聲，便是價值增加一分也。」

這裏的「六號《新青年》」，是2卷5號的誤寫。「選學妖孽」指的是西元六世紀初年梁代昭明太子從古代詩文中選編的《文選》，以及仿效昭明太子精選八股文的歷代文人。桐城是陳獨秀的家鄉安徽安慶的一個山區小縣，清朝時期先後出現過三位古文大家方苞、劉大櫆、姚鼐，號稱「桐城派」。直到《新青年》時代，「桐城派」在中國文壇依然佔有著最大份額的影響力。應該説，中國文學史上的「選學」派和「桐城」派儘管存在著很大的弊端，卻遠沒有嚴重到「妖孽」、「謬種」的地步。錢玄同因言定罪或者説是「欲加其罪」的罵人有理，其實是中國傳統刀筆吏動不動就要「以理殺人」的專制劣根性的極端表現，與現代文明社會的「疑罪從無」和「無罪推定」格格不入。

話又説回來，錢玄同通過假定對方罵人來證明自己罵人有理的誅心之論，恰好投合陳獨秀不容置疑地推行「倫理道德革命」的路徑選擇和思維定勢。正是由於這一原因，陳獨秀熱烈響應道：「以先生之聲韻訓詁學大家，而提倡通俗的新文學，何憂全國不景從也。可為文學界浮一大白。」

早在陳獨秀於1917年1月到北京大學任文科學長之前，錢玄同就一直在關注《新青年》雜誌的相關言論。1916年10月14日，他在日

記中寫道：「訪幼漁即在其家晚餐。……《新青年》第二年第二卷出版，中有吳稚暉〈青年與工具〉一首，陳義極正。」

1917年1月1日，他又在日記中寫道：「往訪尹默，與談應用文字改革之法。余謂文學之文，當世哲人如陳仲甫、胡適之二君均倡改革之論。二君邃於歐西文學，必能於中國文學界開新紀元。余則素乏文學智識，於此事全屬門外漢，不能贊一辭，而應用文之改革，則二君所未措意。其實應用文之弊，始於韓、柳，至八家之文興，桐城之派倡，而文章一道，遂至混沌。晚唐以後，至於今日，其間能撇去此等申申夭夭之醜文字者，惟宋明先哲之語錄耳。今日願圖改良，首須與文學之文劃清，不可存絲毫美術之觀念，而古人文字之疵病，雖見於六藝者，亦不當效。」

同年1月3日，錢玄同在日記中再一次談到胡適：「季剛所編《文心雕龍》章句篇札記，余從尹默處借觀，覺其無甚精彩，其立說過於陳舊，不但《馬氏文通》分句、讀、頓為三之說彼不謂然，即自來句讀之說亦所不取。說句讀一義二名，皆原於一字，故不可析而為二。此說已不免膠柱鼓瑟。又說句讀有繫於文義與繫於音節之異，故如〈關雎〉首章論文義止二句，而毛公以為四句，據此以為句讀不分之證。吾謂句讀之學本亦中國古人所知，……黃君此說與胡適之之〈論文字句讀及符號〉，直不可同年而語。」

1月7日，他又一次在日記中寫道：「至尹默處，攜胡適之〈論文字句讀及符號〉一文（見《科學》第二卷第一期）往。因客冬尹默與幼漁及我，選有關於中國古今學術升降之文百餘篇，擬由學校出資排印，尹默意欲用西文點句之法及加施種種符號，將以胡文所論供參

考。此意我極謂然。……尹默誠能將此學術文錄盡用西文點句之法行之，其於學生文辭之進步必大有裨助也。」^{註3}

黃季剛（侃）是章太炎的大弟子，時任北京大學教授。〈論文字句讀及符號〉是胡適的〈論句讀及文字符號〉一文的誤寫，完成於1915年8月2日，是中國文字史上最早提倡新式標點符號的一篇文章。刊登這篇文章的《科學》雜誌，是中國最早採用新式標點符號和橫行排版的自然科學雜誌。錢玄同不顧自己與黃季剛同門加同事的私人情誼而承認胡適此文的學術地位和應用價值，顯然是出於公正之心。

二、錢玄同與胡適的精神互動

遠在美國的胡適收到《新青年》2卷6號後，於1917年4月9日給陳獨秀寫信：「中惟錢玄同先生一書，乃已見第五號之文而作者，此後或尚有繼錢先生而討論適所主張八事及足下所主張之三大主義者。此事之是非，非一朝一夕所能定，亦非一二人所能定。甚願國中人士能平心靜氣與吾輩同力研究此問題，討論既熟則非自明。吾輩已張革命之旗，雖不容退縮，然亦決不敢以吾輩所主張為必是而不容他人之匡正也。」

陳獨秀在回信中斷然表示說：「改良文學之聲，已起於國中，贊成反對者各居其半。鄙意容納異議，自由討論，固為學術發達之原則；獨至改良中國文學，當以白話為文學正宗之說，其是非甚明，必不容反對者有討論之餘地，必以吾輩所主張者為絕對之是，而不容他人之匡正也。」

胡適與陳獨秀的來往通信，以〈文學革命〉為標題刊登在《新青年》3卷3號的通信欄中。這是胡適第一次提到錢玄同的名字，兩個人

一唱一合的精神互動由此開始。在美國親身體驗過自由民主的生活方式的胡適，與還沒有真正走出中國傳統儒教文化「存天理，滅人欲」的思維模式的陳獨秀、錢玄同等人的精神分歧，正是在他們的精神互動中逐漸暴露出來的。

在〈文學改良芻議〉中，胡適通過高調評價《水滸傳》、《紅樓夢》、《儒林外史》以及吳趼人、李伯元、劉鶚等人的白話小説，為「白話文學之為中國文學之正宗」尋找文獻依據：「吾每謂今日之文學，其足以與世界『第一流』文學比較而無愧色者，獨有白話小説。」錢玄同對此提出了自己的商榷意見：「總之小説、戲劇，皆文學之正宗，論其理固然。而返觀中國之小説、戲劇，與歐洲殆不可同年而語。……小説之有價值者，不過施耐庵之《水滸》、曹雪芹之《紅樓夢》、吳敬梓之《儒林外史》三書耳。」錢玄同在寫給陳獨秀的第二封讀者來信中，對此提出了自己的不同意見：「胡適之君之〈文學改良芻議〉，其陳義之精美，前已為公言之矣。茲反復細讀，竊有私見數端，願與公商榷之。倘得借雜誌餘幅，以就教於胡君，尤所私幸。」註4

錢玄同的這封讀者來信刊登在《新青年》3卷1號中。針對錢玄同的不同意見，胡適在1917年5月10日致陳獨秀信中回應説：「通信欄中有錢玄同先生一書，讀之尤喜。適之改良文學一論雖積思於數年而文成於半日，故其中多可指摘之處。今得錢先生一一指出之，適受賜多矣。……適於錢先生所論，亦偶有未敢苟同之處。」

胡適的「未敢苟同」，主要體現在對於一些文學作品的具體評價方面。錢玄同認為《聊齋志異》「全篇不通」；胡適認為「此言似乎

太過」。錢玄同視《西遊記》為「神怪不經」；胡適認為「其妙處在於荒唐而有情思，詼諧而有莊意」，其中寫孫悟空歷史的八回，「在世界神話小說中實為不可多得之作」。錢玄同視《七俠五義》為「誨盜之作」；胡適認為「其書似亦有深意」。在錢玄同眼裏，《三國演義》與《說岳》之類的通俗小說，都是以「迂謬之見，解造前代之野史」；胡適認為《三國演義》為世界歷史小說中「有數的名著」，並且特別讚美了該書吸引讀者的「魔力」。

錢玄同閱讀〈文學改良芻議〉之後，一直想撰寫一篇〈論應用之文亟宜改良〉，由於授課太多而一再擱置。於是，他再一次採用通信方式，把「改革之大綱十三事」函告陳獨秀。陳獨秀接信後，以〈應用文改良〉為標題發表在3卷5號的通信欄中：

> 此十三事之中，第一事自然是根本之改革。惟弟於第六事尤為注意。弟以為今日作文，無論深淺高下，總要叫別人看得懂。故老老實實講話，最佳。其借物比似者，若一看可懂，尚屬勉強可用。如胡先生所舉「發聲振聵」、「無病呻吟」、「負弩先驅」之類，此類縱不知其出處，然可望文知義。若「自相矛盾」、「退避三舍」之類，苟不知「以子之矛攻子之盾」之義，便有些看不明白。雖照字義言，「矛」是刺人之物，「盾」是擋刺之物，「自相矛盾」四字，可以因此想出自己同自己相反，有類梁任公之「以今日之我與昔日之我挑戰」，然終覺說時費力得很。……今後童子入學，讀的是教科書，其中材料，不外乎歷史上重大之事件，科學

上切要之智識，以及共和國民對於國家之觀念、政治法律之大概而已。即國文一科，雖可選讀古人文章，亦必取其說理精粹，行文平易者。……惟選學妖孽所尊崇之六朝文，桐城謬種所尊崇之唐宋文，則實在不必選讀。

除第一事「用國語為之」和第六事「絕對不用典」之外，錢玄同還列舉了無論何種文章都必須加標點符號、數位一律採用阿拉伯符號、凡紀年都改用世界通行的耶穌紀元、改右行直下的豎排形式為從左到右的橫排形式等「改革」方案。然而，就是在這封通信中，明確主張「絕對不用典」的錢玄同，偏偏在使用著他自己製造的「選學妖孽」、「桐城謬種」的罵人典故，從而凸現出這位患有嚴重神經衰弱症的北大教授真誠坦蕩卻又不能夠自圓其說的自相矛盾。

1917年7月2日，錢玄同給胡適鄭重寫下第一封書信，這是錢、胡二人直接聯絡的開端：

胡適之先生：玄同年來深慨於吾國文言之不合一，致令青年學子不能以三五年之歲月通順其文理以適於應用，而彼選學妖孽與桐城謬種方欲以不通之典故與肉麻之句調戕賊青年，因之時興改革文學之思；以未獲同志，無從質證。去春讀《科學》二卷一號，有大著〈論句讀及文字符號〉一篇，欽佩無似！嗣又於《新青年》二卷中讀先生論改良文學諸著，益為神往。頃聞獨秀先生道及先生不日便將返國，秋後且有來京之說，是此後奉教之日正長。文學革命之盛業，得賢者

首舉義旗，而陳獨秀、劉半農兩先生同時響應，不才如玄同者，亦得出其一知半解，道聽塗說之議論就正於有道，忻忭之情，莫可名狀。日前由獨秀先生見示五月十日先生致獨秀先生之書，對於《新青年》三卷一號玄同之通信有所獎飾，有所規正。玄同當時之作此通信，不過偶然想到，瞎寫幾句。先生之獎飾，殊足令我慚愧。而於規正之語，今具答如左，願先生再教之也！註5

　　針對胡適的「規正之語」，錢玄同糾正了自己的一些偏見：《聊齋志異》一書「尚不能算一無足取」，「其對於當時齷齪社會，頗具憤慨之念，於肉食者流，鄙夷訕笑者甚至」。《西遊記》一書，確實可以與《水滸》、《儒林外史》、《紅樓夢》並列為第一流小說，「前次通信與《封神傳》同列，乃玄同之疏於鑒別也。」

　　在談到《三國演義》時，錢玄同依然堅持自己的觀點：「實未知其佳處。」他從「文學上之價值」上立論說：「其思想既迂謬，文才亦笨拙」，「蓋曹操固然是壞人，然劉備何嘗是好人？……帝蜀寇魏之論，原極可笑。」從「歷史上之價值」立論，他認為《說岳》尚在《三國演義》之上：「明清兩代，社會上所景仰之古人，就是孔丘、關羽二位。這個孔丘，便是《儒林外史》上馬二先生對蘧公孫說的那個孔丘，（他說道：『就是夫子在而今，也要念文章，做舉業，斷不講那言寡尤，行寡悔的話。何也？就日日講究言寡尤，行寡悔，哪個給你官做。』）這個關羽，便是常常拿著大刀顯聖的那個關羽；其心傳正宗，便是康有為、張勳二人。而且不但愚夫愚婦信仰『關老爺』，即

文人學士亦崇拜『關夫子』。此等謬見，今後亟應掃蕩無疑。玄同之不以《三國演義》為佳著者此也。」

在這封信中，錢玄同還以「同抱文學革命之志」的同人身份，直截了當地表白了自己與胡適的同中之異：

> 先生「自誓三年之內專作白話詩詞，欲借此實地試驗，以觀白話之是否可為韻文之利器」，此意甚盛。玄同對於用白話說理抒情，最贊成獨秀先生之說，亦以為「其是非甚明，必不容反對者有討論之餘地，必以吾輩所主張者為絕對之是，而不容他人之匡正」。此等調論，雖若過悍，然對於迂謬不化之選學妖孽與桐城謬種，實不能不以如此嚴厲面目加之；因此輩對於文學之見解，正與反對開學堂，反對剪辮子，說「洋鬼子腳直，跌倒爬不起」者其見解相同；知識如此幼稚，尚有何種商量文學之話可說乎！

對於「同抱文學革命之志」的胡適，錢玄同是可以披肝瀝膽「逐一商酌」的。對於並不「同抱文學革命之志」的「選學妖孽與桐城謬種」，他所表現出的卻是與陳獨秀高度一致的既要「匡正」卻又「不容他人之匡正」的話語霸權。然而，即使是沒有生命的簡單物體，遭受作用力時也要產生機械性的反作用力，陳獨秀、錢玄同等人強加於「選學妖孽與桐城謬種」之上的，卻是只能單方面被動挨打而不能雙方面良性互動或相互反動的專制態度。這種只想通過捆綁對方的手腳、封殺對方的喉舌來證明自己絕對正確的罵人有理和強詞奪理，在

幾十年後的文化大革命中，一度演變為中國社會最為強悍也最為極端或者說是登峰造極的主旋律。就連從美國學成歸來的胡適，當年也曾經被陳獨秀、錢玄同、劉半農等人的話語霸權所「悍」化：

> 我在民國七年四月發表〈建設的文學革命論〉，把文學革命的目標化零為整，歸結到「國語的文學，文學的國語」十個大字……這時候，我們一班朋友聚在一處，獨秀、玄同、半農諸人都和我站在一條路線上，我們的自信心更強了。……我受了他們的「悍」化，也更自信了。在那篇文章裏，我也武斷地說：「這二千年的文人所做的文學都是死的，都是用已經死了的語言文字做的。死文字決不能產出活文學。所以中國這二千年只有死文學，只有些沒有價值的死文學。……中國若想有活文學，必須用白話，必須用國語，必須做國語的文學。」註6

胡適是1917年9月10日抵達北京就任北大文科教授的。9月12日，蔡元培在六味齋設宴接風，出席作陪的共有七人：蔣竹莊、湯爾和、陶孟和、沈尹默、沈兼士、馬幼漁、錢玄同。這是錢玄同與胡適第一次見面，兩天後，錢玄同到文科教員預備室即「卯字號」拜訪，沒有能夠見到胡適。9月19日他再一次拜訪，兩個人一見如故、暢談甚歡。錢玄同在當天的日記中以「此說可謂極精」的評語，記錄了胡適關於傳統「儒學」的意見：

午至中西旅館訪獨秀，午後至大學訪適之，暢談甚樂。適之說自漢至唐之儒學，以《孝經》為主，自宋至明之儒學，以《大學》為主。以《孝經》為主者，自天子以至庶人，均因我為我父之子，故不能不做好人，我之身但為我父之附屬品而已。此種學說，完全沒有個「我」。以《大學》為主，必先誠意、正心、修身，而後能齊家、治國、平天下，此乃以「我」為主者，故陸、王之學均能以「我」為主。如陸九淵所言，我雖不識一字，亦須堂堂做一個人是也。註7

接著這番話，錢玄同還談到胡適關於古書的真偽判斷：「古書偽者甚多。然無論何書，未有句句皆具本來面目者，讀書貴能自擇，不可為古人所欺。」

9月25日，第三次到北大拜訪胡適的錢玄同，在日記中記錄說：「現在之白話，其文法極為整齊。凡文言中止詞為代名詞者，每倒在語詞上，如不己知、莫我知、莫余毒、不吾欺、不汝理、我詐爾虞之類，在白話則不倒置，略一修飾，便成絕好之文句。」與此同時，他還對胡適打算編輯《白話文典》表示「極以為然」。

1917年10月2日，錢玄同見到浙江同鄉、北京大學歷史系主任朱希祖，盛讚胡適的《墨經新詁》「做得非常之好」。應該說，胡適能夠在浙江人特別是章太炎、蔡元培的門生故舊佔據壓倒性優勢的北京大學站穩腳跟，與錢玄同的極力捧場大有關係。

三、錢玄同的「小批評大捧場」

魯迅晚年對包括錢玄同、陳獨秀、胡適、劉半農、周作人在內的《新青年》同人基本上是持否定態度的，卻偏偏對錢玄同發明的新典故「選學妖孽，桐城謬種」情有獨鍾：「五四時代的所謂『桐城謬種』和『選學妖孽』，是指做『載飛載鳴』的文章和抱住《文選》尋字彙的人們的，而某一種人，確也是這一流，形容愜當，所以這名目的流傳，也較為永久。除此之外，恐怕也沒有什麼還留在大家的記憶裏了。」[註8]

晚年胡適對於錢玄同當年的表現，也給出過最高規格的激情禮贊：

> 錢氏原為國學大師章太炎（炳麟）的門人。他對這篇由一位留學生執筆討論中國文學改良問題的文章，大為賞識，倒使我受寵若驚。錢教授[後來]告訴我，他曾與陳教授討論到有關我這些建議的重要性。……錢玄同教授則沒有寫什麼文章，但是他卻向獨秀和我寫了些小批評大捧場的長信，支持我們的觀點。這些信也在《新青年》上發表了。錢教授是位古文大家，他居然也對我們有如此同情的反應，實在使我們聲勢一振。……我們這些文章——特別是陳、錢二人的作品和通信——都哄傳一時。陳獨秀竟然把大批古文宗師一棒打成「十八妖魔」。錢玄同也提出了流傳一時的名句「選學妖孽」和「桐城謬種」。……這幾句口號一時遠近流傳，因而它們也為文學革命找到了革命的對象。[註9]

北大教授胡適的工作照。

錢玄同對於胡適的「小批評大捧場」，集中體現在關於白話詩文的反復討論中。1917年10月22日，胡適把《嘗試集》的手稿本交給錢玄同，錢玄同在日記中寫道：「適之此集，是他白話詩的成績，我看了覺得還不甚滿意，總嫌他太文一點，其中有幾首簡直沒有白話的影子。我曾勸他，既有革新文藝的弘願，便該儘量用白話去做才是。此時初做，寧失之俗，毋失之文。」

10月31日，錢玄同寫信勸告胡適：「現在我們著手改革的初期，應該儘量用白話去做才是。倘使稍懷顧忌，對於文的一部分不能完全捨去，那麼便不免存留舊污，於進行方面很有阻礙。」註10

11月20日，胡適專門給錢玄同寫下公開信，與錢玄同的回信一起以〈論小說及白話文韻文〉為標題刊登在《新青年》4卷1號的通信欄中。該信前半部分是回答錢玄同寫於「二十世紀第十七年七月二日」的長信的。關於《三

國演義》，胡適指出錢玄同的「誤會處」：「平心而論，《三國演義》之褒劉而貶曹，不過是承習鑿齒、朱熹的議論，替他推波助瀾，並非獨抒己見。」後人應該從「時代之不同，風尚之互異」來理解和評估《三國演義》的歷史地位和文學價值。

有趣的是，在談到錢玄同和陳獨秀對於《金瓶梅》及蘇曼殊的言情小說的正面肯定時，還沒有婚姻經歷的胡適再也不能「平心而論」：「我以為今日中國人所謂男女情愛，尚全是獸性的肉欲。……文學之一要素，在於『美感』。請問先生讀《金瓶梅》，作何美感？又先生屢稱蘇曼殊所著小說。吾在上海時，特取而細讀之，實不能知其好處。〈絳紗記〉所記，全是獸性的肉欲。其中又硬拉入幾段絕無關係的材料，以湊篇幅，蓋受今日幾塊錢一千字之惡俗之影響者也。〈焚劍記〉直是一篇胡說，其書尚不可比《聊齋志異》之百一，有何價值可言耶？」

該信的下半部分主要談白話新詩的寫作：「先生論吾所作白話詩，以為『未能脫盡文言窠臼』。此等諍言，最不易得。」錢玄同在回信中表現出的依然是「小批評大捧場」：

> 我個人的意見：以為《三國演義》所以具這樣的大魔力者，並不在乎文筆之優，實緣社會心理迂謬所致。……我現在要再說幾句話：中國今日以前的小說，都該退居到歷史的地位；從今日以後，要講有價值的小說，第一步是譯，第二步是新做。先生以為然否？
>
> 論填詞一節，先生最後之結論，也是歸到「長短無定之韻

文」，是吾二人對於此事，持論全同，可以不必再辯。……
總而言之，今後當以「白話詩」為正體（此「白話」，是廣義
的，凡近乎言語之自然者皆是。此「詩」，亦是廣義的，凡韻文皆
是）。其他古體之詩及詞曲，偶一為之，固無不可，然不可
以為韻文正宗也。

　　錢玄同寫於1918年1月10日的〈《嘗試集》序〉，既是關於白話
詩的綱領性文獻，也是對於胡適「小批評大捧場」的代表之作：

　　　適之是現在第一個提倡新文學的人。我以前看見他做的一篇
　　〈文學改良芻議〉，主張用俗語俗字入文；現在又看見這本
　　《嘗試集》，居然就採用俗語俗字，並且有通篇用白話做
　　的。「知」了就「行」，以身作則，做社會的先導。我對於
　　適之這番舉動，非常佩服，非常贊成。
　　　但是有人說：現在中華的國語，還未曾制定，白話沒有一定
　　的標準，各人做的白話詩文，用字造句，不能相同，或且採
　　用方言土語，和離文言太遠的句調。這種情形，卻也不好。
　　我以為這一層，可以不必過慮。因為做白話韻文，和制定國
　　語，是兩個問題。制定國語，自然應該折衷於白話文言之
　　間，做成一種「言文一致」的合法語言。至於現在用白話做
　　韻文，是有兩層緣故：①用今語達今人的情感，最為自然；
　　不比那用古語的，無論做得怎樣好，終不免有雕琢硬砌的毛
　　病。②為除舊佈新計，非把舊文學的腔套全數刪除不可。至

於各人所用的白話不能相同，方言不能盡袪，這一層在文學
上是沒有什麼妨礙的；並且有時候，非用方言不能傳神；不
但方言，就是外來語，也可採用。……所以我又和適之說：
我們現在做白話文章，寧可失之於俗，不要失之於文。適之
對於我這兩句話，很說不錯。

在結束語中，錢玄同總結說：「現在我們認定白話是文學的正
宗，正是要用質樸的文章，去剷除階級制度裏的野蠻款式；正是要用
老實的文章，去表明文章是人人會做的，做文章是直寫自己腦筋裏的
思想，或直敘外面的事物，並沒有什麼一定的格式。對於那些腐臭的
舊文學，應該極端驅除，淘汰淨盡，才能使新基礎穩固。」[註11]然而，
既然要「剷除階級制度裏的野蠻款式」；既然「做文章是直寫自己腦
筋裏的思想，或直敘外面的事物，並沒有什麼一定的格式」；在文學
與思想領域，就只有以人為本、自由民主的多元化，而不需要以文言
文為所謂的「正宗」，更不需要「認定白話是文學的正宗」。胡適、
陳獨秀、錢玄同等人在高度多元化的現代社會裏，偏偏要以一種新
「正宗」替代另一種舊「正宗」，恰恰是他們以專制思維反對思維專
制、以科學名義誤入反科學歧途的集中表現。

1918年1月12日，正在安徽績溪與江冬秀舉辦婚禮的胡適，在寫
給錢玄同的書信中依然談論的是白話新詩：「玄同先生：得十二月
三十日手書，感謝感謝！曾有小詩一首奉寄，想已收到了。此次新
婚，曾做了幾首雜詩，大都記述家事，不足以示外人。只有一首是切
本題的，寫出來請先生和尹默、仲甫諸位先生指教指教罷！……你老

先生的〈《嘗試集》序〉想早已脫稿，可惜我還沒有讀過。我大概能於一月廿日左右（老實說個『後』字罷！）動身來京，所以，你若不曾把序稿寄下，請你就不必寄吧！」[註12]

錢玄同本人並不從事白話新詩的創作，卻是白話新詩最為積極的提倡者和推動者。胡適在〈五十年來中國之文學〉中談到文學革命的建設性貢獻時指出：「胡適在美洲做的白話詩還不過是刷洗過的文言詩；這是因為他還不能拋棄那五言七言的格式，故不能儘量表現白話的長處。錢玄同指出這種缺點來，胡適方才放手去做那長短無定的白話詩。同時沈尹默、周作人、劉復等也加入白話詩的試驗。這一年的作品雖不很好，但技術上的訓練是很重要的。」[註13]

四、胡適與錢玄同的精神分歧

1918年1月2日，正在編輯《新青年》4卷2號的錢玄同，在日記中談到對於胡適的另一種看法：「午後至獨秀處，檢得《新青年》存稿。因四卷二期歸我編輯，本月五日須編稿，十五日須寄出也。與獨秀談，移時叔雅來，即在獨秀處晚餐。同座者為獨秀夫婦、叔雅夫婦及獨秀之兒女。叔雅亦為『紅老』之學者，與余辯論，實與尹默多同情。其實即適之亦似漸有『老』學氣象。然我終不以此種主張為然。」[註14]

所謂「紅老」，就是《紅樓夢》和老子、莊子的哲學散文，其中貫穿著消極無為和虛無幻滅的玄學觀念。在錢玄同的心目中，胡適當時的種種表現與研究「紅老」的沈尹默、劉文典（叔雅）一樣不夠積極。在胡適的心目中，自己是被《新青年》同人中的陳獨秀、錢玄

同、劉半農等人嚴重「悍」化了。兩個當事人這種心理上的極大反差，透露出的恰恰是直接體驗過歐美現代文明的胡適，與神往於歐美現代文明卻沒有真正體驗過歐美現代文明的陳獨秀、錢玄同、劉半農等人之間，在思維習慣和價值判斷上的本質區別。

錢玄同與胡適之間精神分歧的深化，源於他化名王敬軒與劉半農之間罵人有理的雙簧通信〈文學革命之反響〉。胡適對於「雙簧信」的寫作是知情的，只是沒有及時加以反對和勸阻。到了1918年9月5日，遠在美國留學的任鴻雋在致胡適信中寫道：「王敬軒之信，雋不信為偽造者，一以為『君等無暇作此』，二則以為為保《新青年》信用計，亦不宜出此。莎菲曾云此為對外軍略，似亦無妨。然使外間知《新青年》中之來信有偽造者，其後即有真正好信，誰復信之？又君等文字之價值雖能如舊，而信用必且因之減省，此可為改良文學前途危者也（雋已戒經農、莎菲勿張揚其事）。」註15

同年11月3日，從美國歸來的任鴻雋，在致胡適信中再次規勸說：

> 兄等議論，往往好以略相近而尤下流之兩事作形容以為詆誣，此易犯名學上比擬之病。如老兄論我說的古詩體，竟扯上纏足、八股、專制政體等事，其實纏足、八股、專制政體等如何能與詩體比例？……再錢玄同先生罵張某的戲評也挪出保存辮髮、小腳等事，似乎有點過甚其辭。戲本之能否除舊佈新，不過視一般人之美術思想（文學更說不到）如何，何必挪出那死心塌地為惡的保存辮髮、小腳為比。至用到「尊屁」美號，更覺有傷風雅。……吾愛北京大學，尤愛兄等，

故敢進逆耳之言，願兄等勿專騖眼前攻擊之勤，而忘永久建
設之計，則幸甚。

任鴻雋所說的「罵張某的戲評」，指的是《新青年》5卷2號以
〈今之所謂「評劇家」〉為標題刊登的劉半農與錢玄同的來往通信。
錢玄同針對北大學生張厚載的相關言論表示說：「我記得十年前上海
某旬報中有一篇文章，題目叫做〈尊屁篇〉，文章的內容，我是忘記
了。但就這題目斷章取義，實在可以概括一班『鸚鵡派讀書人』的大
見識大學問。」

在此之前，由陳獨秀負責編輯的《新青年》5卷1號以〈讀《新青
年》〉為標題，刊登了正在美國哥倫比亞大學留學的汪懋祖與胡適之
間的來往通信。胡適在寫給這位老同學的回信中表白說：

> 蒓潭學兄：來書說，「兩黨討論是非，各有其所持之理由。
> 不務以真理爭勝，而徒相目以妖，則是滔滔者妖滿國中
> 也」。又說本報「如村嫗潑罵，似不容人以討論者，其何以
> 折服人心？」此種諍言，具見足下之愛本報，故肯進此忠
> 言。從前我在美國時，也曾寫信與獨秀先生，提及此理。那
> 時獨秀先生答書說文學革命一事，是「天經地義」，不容更
> 有異議。我如今想來，這話似乎太偏執了。我主張歡迎反對
> 的言論，並非我不信文學革命是「天經地義」。我若不信這
> 是「天經地義」，我也不來提倡了。但是人類的見解有個先
> 後遲早的區別。我們深信這是「天經地義」了，旁人還不信

這是「天經地義」。我們有我們的「天經地義」，他們有他們的「天經地義」。輿論家的手段，全在用明白的文學，充足的理由，誠懇的精神，要使那些反對我們的人不能不取消他們的「天經地義」，來信仰我們的「天經地義」。所以本報將來的政策，主張儘管趨於極端，議論定須平心靜氣，一切有理由的反對，本報一定歡迎，決不致「不容人以討論」。

胡適所謂的「本報將來的政策」，其實只是他的個人意見，最多也只能加上與他同為「英美派」的《新青年》編輯陶孟和的意見，在《新青年》編輯部中並不具備代表性。在同一期的通信欄中，另有以「駁王敬軒君信之反動」為標題的來往通信，其中有錢玄同以「記者」名義反駁署名戴主一的讀者來信的一段話：「本志易卜生號之通信欄中，有獨秀君答某君之語，請足下看看，便可知道半農君答王敬軒君如此措辭的緣故。來書中如『胡言亂語』、『狂妄』、『肆無忌憚』、『狂徒』、『顏之最矣』諸語，是否不算罵人？……若對於什麼『為本朝平髮逆之中興名將曾文正公』，便欲自卑而尊之，則本志同人尚有腦筋，尚有良心，尚不敢這樣的下作無恥！」

所謂「獨秀君答某君之語」，指的是陳獨秀在《新青年》4卷6號中對於「崇拜王敬軒者」的強硬答覆：「本志自發刊以來，對於反對之言論，非不歡迎；而答詞之敬慢，略分三等：立論精到，足以正社論之失者，記者理應虛心受教。其次則是非未定者，苟反對者能言之成理，記者雖未敢苟同，亦必尊重討論學理之自由虛心請益。其不屑

與辯者，則為世界學者業已公同辯明之常識，妄人尚復閉眼胡說，則唯有痛罵之一法。討論學理之自由，乃神聖自由也；倘對於毫無學理毫無常識之妄言，而濫用此神聖自由，致是非不明，真理隱晦，是曰『學願』；『學願』者，真理之賊也。」

用陳獨秀「唯有痛罵之一法」的話語標準衡量胡適的「本報將來的政策」，完全可以給胡適扣上一個「濫用此神聖自由」的「學願」和「真理之賊」的罪名。錢玄同、陳獨秀等人與胡適之間最具根本性的精神分歧，就在於一方堅持罵人有理、強詞奪理的「痛罵之一法」；另一方卻傾向於「議論定須平心靜氣，一切有理由的反對，本報一定歡迎」的平等對話與自由辯論。

五、錢玄同的追悔反思

1918年5月29日，胡適針對錢玄同為提倡世界語（Esperanto）而主張「廢漢文」的極端態度，以私人信件的方式規勸說：

> 中國文字問題，我本不配開口，但我仔細想來，總覺得這件事不是簡單的事，須有十二分的耐性，十二分細心，方才可望稍稍找得出一個頭緒出來。若此時想「抄近路」，無論那條「近路」是世界語，還是英文，不但斷斷辦不到，還恐怕挑起許多無謂之紛爭，反把這問題的真相弄糊塗了。……老兄千萬不可疑心我又來「首鼠兩端」了。我不怕人家攻擊我們，只怕人家說我們不值得攻擊。……我這封信，並不是打官司的。我的意思以為國中學者能像老兄這樣關心這個問題

的，實在不多；這些學者在今日但該做一點耐性的工夫，研究出一些「補救」的改良方法；不該存一個偷懶的心，——我老實說這種主張是偷懶的主張！——要想尋一條「近路」。老兄以為這話有一分道理嗎？[註16]

8月20日，胡適又在致錢玄同信中寫道：「適意吾輩不當罵人，亂罵人實在無益於事。……至於老兄以為若我看得起張繆子，老兄便要脫離《新青年》，也未免太生氣了。……我以為這種材料，無論如何，總比憑空閉戶造出一個王敬軒的材料要值得辯論些。老兄肯造王敬軒，卻不許我找張繆子做文章，未免太不公了。老兄請想想我這話對不對。」[註17]

錢玄同則在回信中寫道：「老兄的思想，我原是很佩服的。然而我卻有一點不以為然之處：即對於千年積腐的舊社會，未免太同他周旋了。平日對外的議論，很該旗幟鮮明，不必和那些腐臭的人去周旋。老兄可知道外面罵胡適之的人很多嗎？你無論如何敷衍他們，他們還是很罵你，又何必低首下心，去受他們的氣呢？我這是對於同志的真心話，不知道老兄以為怎樣？」針對錢玄同的批評指責，胡適回信說：

至於老兄說我「對於千年積腐的舊社會，未免太同他周旋了」，我用不著替自己辯護。我所有的主張，目的並不止於「主張」，乃在「實行這主張」。故我不屑「立異以為高」。我「立異」並不「以為高」。我要人知道我為什麼要

「立異」。換言之，我的「立異」的目的在於使人「同」於我的「異」。（老兄的目的，惟恐人「同」於我們的「異」；老兄以為凡贊成我們的都是「假意」而非「真心」的。）故老兄便疑心我「低首下心去受他們的氣」。但老兄說「你無論如何敷衍他們，他們還是很罵你」。老兄似乎疑心我的「與他們周旋」是要想「免罵」的！這句話是老兄的失言，恕不駁回了。註18

與錢玄同用「疑罪從有」的誅心思維證明自己的罵人有理相比較，胡適從來不把「千年積腐的舊社會」看成是勢不兩立、你死我活的異類天敵，而是把「舊社會」中的「人」看作是大同人類中既存小異更求大同的一分子。基於這一點，胡適把創新「立異」的大目標限定於造福全社會或全人類的「使人『同』於我的『異』」，而不是像錢玄同、陳獨秀等人那樣，總想用自己一方的正確力量去排斥壓倒另一方的錯誤力量。這其實是《新青年》時代的胡適與錢玄同、陳獨秀等人最具根本性的精神分歧。

到了1919年10月5日，錢玄同在日記中寫道：「至胡適之處。因仲甫邀約《新青年》同仁在適之家中商量七卷以後之辦法，結果仍歸仲甫一人編輯，即在適之家中吃晚飯。」註19

隨著陳獨秀把《新青年》編輯部遷回上海，此前站在陳獨秀「必以吾輩所主張者為絕對之是，而不容他人之匡正」的極端立場上，絕對排斥林紓、張厚載、宋春舫等人的錢玄同，從此面臨著被新任編輯強行改稿的待遇，並且以此為契機朝著更加民主也更加科學的現代文

明位移轉變。1920年9月25日，鑒於周作人一再替陳獨秀催討稿件，錢玄同在回信中反省說：

> 你勸我做的那幾件事，我都以為然，很感謝你規勸我的好意。但我對於做〈隨感錄〉，未免還有些遲疑；並非決不做，但不能不出之以審慎。因為我近來很覺得兩年前在《新青年》雜誌上做的那些文章，太沒有意思。……仔細想來，我們實在中孔老爹「學術思想專制」之毒太深，所以對於主張不同的論調，往往有孔老爹罵宰我，孟二哥罵楊、墨，罵盆成括之風。其實我們對於主張不同之論調，如其對方所主張，也是20世紀所可有，我們總該平心靜氣和他辯論。我近來很覺得拿王敬軒的態度來罵人，縱使所主張新到極點，終之不脫「聖人之徒」的惡習，所以頗憚於下筆撰文。[註20]

1920年12月16日，錢玄同在致周作人信中乾脆仿效胡適的做法，捍衛起自己連同周作人的「用字自由權」：

> 邵力子、陳望道、沈玄廬諸公把《覺悟》底通信都要改過，已覺不合。現在彼底潮流，又由國民黨底報紙侵入進步黨底報紙了。彼侵入不侵入和我們固然無關，但有此兩頭政府來剝奪我們底「用字權」，我想你似乎可以仿勹，乞丐去乞底聲明「我不贊成『他』字下面注『女』字底辦法」底辦法，聲明「此等稿件如有願轉載者，請勿更改原文」。我現在對

於陳望道編輯《新青年》，要看他編輯的出了一期，再定撰文與否。如他不將他人底稿改用彼等——「哪」、「佢」……——字樣，那就不說什麼；否則簡直非提出抗議不可了。註21

1921年6月12日，錢玄同在致周作人信中表示說：蘇聯人的布爾什維克「頗不適用於中國」，原因是「社會壓迫個人太甚，……中國人無論賢不肖，以眾暴寡的思想，是很發達的。易卜生《國民公敵》中之老醫生，放在中國，即賢者亦必殺之矣。」

1922年4月8日，面對「中國列寧」陳獨秀關於「非宗教同盟運動」的極端表態，錢玄同在致周作人信中反思說：「我近來覺得改變中國人的思想真是唯一要義。中國人『專制』『一尊』的思想，用來講孔教，講皇帝，講倫常，……固然是要不得，但用它來講德謨克拉西，講布爾什維克，講馬克思主義，講安那其主義，講賽因斯，……還是一樣的要不得。反之，用科學的精神（分析條理的精神），容納的態度來講東西，講德先生和賽先生等固佳，即講孔教，講倫常，只是說明他們的真相，也豈不甚好。……我們以後，不要再用那『務以吾輩所主張者為絕對之是而不容他人之匡正』的態度來作『訑訑』之相了。前幾年那種排斥孔教，排斥舊文學的態度很應改變。若有人肯研究孔教與舊文學，鰓理而整治之，這是求之不可得的事。即使那整理的人，佩服孔教與舊文學，只要所佩服的確是它們的精髓的一部分，也是很正當，很應該的。但即使盲目的崇拜孔教與舊文學，只要是他一個人的信仰，不波及社會——涉及社會，亦當以有害於社會為界——

─，也應該聽其自由。此意你以為然否？」[註23]

六、錢玄同的「偏謬精神」

作為一名神經衰弱症患者和還沒有真正養成自由民主的思維習慣及生活方式的半新半舊的過渡性人物，錢玄同此後的思想一直處於從一個極端到另一個極端的反復搖擺之中。儘管如此，對於「民治思想」即自由民主思想的共同追求，一直是他與胡適之間從事公私合作的共同底線。在發表於《新青年》5卷3號的〈隨感錄二十八〉中，錢玄同集中闡述了自己的民主觀念：

> 既然叫做共和政體，既然叫做中華民國，那麼有幾句簡單的話要奉告我國民。
> 民國的主體是國民，決不是官，決不是總統。總統是國民的公僕，不能叫做「元首」。
> 國民既是主體，則國民的利益，須要自己在社會上費了腦筋費了體力去換來。公僕固然不該殃民殘民，卻也不該仁民愛民。公僕就是有時僭妄起來，不自揣量，施其仁愛，但是做國民的決不該受他的仁愛。──什麼叫做仁民愛民呢？像貓主人養了一隻貓，天天買魚腥給他吃。這就是仁民愛民的模型。
> 既在二十世紀建立民國便該把法國美國做榜樣，一切「聖功、王道」和「修、齊、治、平」的鬼話，斷斷用不著再說。中華民國既然推翻了自五帝以迄滿清四千年的帝制，便該把四千年的「國粹」也同時推翻。因為這都是與帝制有關係的

東西。

民國人民，一律平等；彼此相待，止有博愛，斷斷沒有什麼「忠、孝、節、義」之可言。

1923年1月12日，為了利用《國語月刊》出版《漢字改革號》，錢玄同專門致信正在生病的胡適，請他寫作聲援文章。胡適第二天便把〈《國語月刊》「漢字改革號」卷頭言〉寄給錢玄同，他在文章中所宣揚的依然是自己在《新青年》時代就言行一致的民主與科學精神：

> 我是有歷史癖的；我深信語言是一種極守舊的東西，語言文字的改革決不是一朝一夕能做到的。但我研究語言文字的歷史，曾發現一條通則：
>
> 在語言文字的沿革史上，往往小百姓是革新家而學者文人卻是頑固黨。
>
> 從這條通則上，又可得一條附則：
>
> 促進語言文字的革新，須要學者文人明白他們的職務是觀察小百姓語言的趨勢，選擇他們的改革案，給他們正式的承認。
>
> 這兩條原則，是我五年來關於國語問題一切論著的基本原理，所以我不須舉例來證明了。

關於錢玄同和黎錦熙聯名提出的《減省現行漢字的筆劃案》，胡

適充分肯定說：「他們覺得這些破體的
『新字』不是小百姓印曲本灘簧的專用
品，乃是全國人的公用利器。所以他們
現在以言語學家的資格，十分鄭重的對
全國人民提出他們審查的報告，要求全
國人採用這幾千個合理又合用的簡筆新
字來代替那些繁難不適用的舊字。這雖
不是徹底的改革，但確然是很需要而且
應該有的一樁過渡的改革。」

　　同年1月20日，錢玄同應邀在國語
研究所演講「漢字革命」，主張用「羅
馬字母式的字母拼音」來代替中國的方
塊漢字，並且採用自己一貫的極端話
語，把「漢字革命」形容為「漢字之根
本改革的根本改革」。開講之前，有人
勸告錢玄同說：「革命」兩個字太駭人
聽聞了，不如換一個較為平和的字眼。
錢玄同不僅不予接受，反而以逆反性的
極端態度故意說了幾句「激烈」話：
「說的時候，自己覺得臉上熱烘烘的，
我想，鼓吹漢字改革，難道就會槍斃
嗎？何以他竟會嚇得如此？若果因此事
而被槍斃，這真是為主義而犧牲，是最

1921年錢玄同在北大工作室。

光榮的犧牲，是最值得的。」[註24]

2月3日，有人在宴會上詢問胡適：「聽說北大有提倡過激主義之說，信否？」胡適回答說：「人數到了三千，自然形形色色的都有，這是不稀奇的。北大有提倡過激主義的，也有主張復辟的。……北大的人提倡過激主義倒不稀奇，讀八股和信道教這才稀奇哩！」對於胡適的理性智慧，錢玄同在日記中肯定說：「這句話說得真妙！」

1923年7月1日是張勳復辟六周年的紀念日，錢玄同在致周作人信中，採用「新衛道」的概念重新肯定了自己《新青年》時代的極端情緒：「我近來很動感情，覺得二千年來的國粹，不但科學沒有，哲學也玄得利害，理智的方面毫無可滿足之點，……我近來很有『新衛道』的心理，覺得彼等實在不宜於現在的青年，實在也是一種『受戒的文學』。」

7月9日，錢玄同又在致周作人信中談到自己與周氏兄弟當年在「紹興會館的某院子中槐樹底下所談的偏激話的精神」，即「燒毀中國書之偏謬精神」。[註25]正是懷著這份偏謬精神，錢玄同在8月19日致周作人信中，再一次對胡適表示異議：

> 我近來廢漢文漢語的心又起了，明知廢漢文容有希望，而廢漢語則不可能的。但我總想去做。……我近來覺得這幾年來的真正優秀分子之中，思想最明白的人卻只有二人：①吳敬恒，②陳獨秀是也。雖然他倆在其他種種主張上我們不表同意的也有——或者也很多。但就「將東方化連根拔去，將西方化全盤採用」這一點上，我是覺得他倆最可佩服的。關於

這一點上，梁啟超固然最昏亂，蔡元培也欠高明，胡適比較的明白，但思想雖清楚，而態度則不逮吳、陳二公之堅決明瞭，故也略遜一籌。註26

同樣是懷著這份「偏謬精神」，錢玄同在1925年5月10日致胡適信中，又對自己的恩師章太炎所主編的《華國》第38期加以攻擊，並且希望胡適挺身而出充當「思想界之醫生」，為思想界打些「防毒針和消毒針」。與《新青年》時代稍有不同的是，此時的錢玄同多了一份自知之明，不再充當衝鋒陷陣的前沿角色：「錢玄同是『銀樣蠟槍頭』，心有餘而力沒有（還配不上說『不足』），儘管叫囂跳突，發一陣子牢騷，不過贏得一班豬玀冷笑幾聲而已，所以不得不希望思想、學問都狠優越的人們來幹一下子。」註27

七、錢玄同與胡適的真誠合作

錢玄同復活「偏謬精神」並且直接從事「新衛道」事業的結果，是自覺不自覺地捲入了國民黨極力推行「黨化教育」的女師大風潮之中，與國民黨內部的英美派人士王世杰、石瑛、唐有壬、陳翰笙、高仁山以及沒有黨籍的胡適、陳源、徐志摩等人自由組合的「現代評論派」形成尖銳對立，進而導致1926年3月18日「三・一八」慘案的發生，以及原本由孫中山的國民黨、張作霖的東北軍以及馮玉祥的國民軍共同支撐的段祺瑞執政府的徹底垮臺。儘管如此，錢玄同在公開發表的〈回語堂的信〉中，還是給胡適以充分肯定：「我以為若一定要找中國人做模範，與其找孔丘、墨翟等人，不如找孫文、吳敬恒、胡

適、蔡元培等人。」[註28]

到了1933年，胡適在〈福建的大變局〉中專門引述國民黨元老徐謙對蔡元培說過的一番話，來形容包括錢玄同在內的一代中國人的極「左」情緒：「我本來不想左傾。不過到了演說臺上，偶然說了兩句左傾的話，就有許多人拍掌。我不知不覺的就說得更左一點，台下拍掌的更多更熱烈了。他們越熱烈得拍掌，我就越說越左了。」[註29]

徐謙的「越說越左」，指的是他在女師大學潮和因孫中山逝世而引發的黨派鬥爭中的諸多表現。同樣是在「越說越左」中走向極端，錢玄同在《新青年》時代及1925年的北京學潮中所遭受的外部刺激，主要不是來自「台下拍掌」，而是來自同為「某籍某系」的沈尹默、沈兼士、馬幼漁以及學生輩的孫伏園、章廷謙等人的推波助瀾。關於這一點，孫伏園在〈呈疑古玄同先生〉中介紹說：「疑古玄同先生在《新青年》上著論，以為凡四十歲以上的人都可以槍斃的了，那時胡適之先生同他訂約，說『到你四十歲生日，我將贈你一首新詩，題曰手槍。』……疑古先生所致力的學問是再專門不過的，與人生日用可以說是絕少關係，但在這學問中也要表示他那極端的思想。……他時時刻刻防備舊勢力的發展，時時刻刻擔心新勢力之薄弱，所以他的目標幾乎完全是對付舊勢力的，最先的一步功夫就是把舊訓成俗所早經安排妥當了的東西壓根兒搗亂，這就完成了沈先生送他的標語『端午吃月餅，中秋吃粽子。』」[註30]

孫伏園所說的錢玄同在《新青年》上發表文章，「以為凡四十歲以上的人都可以槍斃的了」，只是他的以訛傳訛。查閱《新青年》雜

誌，錢玄同並沒有正式發表相關言論，「以為凡四十歲以上的人都可以槍斃的了」的原始出處，其實是日本古僧吉田兼好的《徒然草》上卷第七章：「觀夫受命於天之生物，其生命未有長於人者。若蜉蝣之朝生而夕死者有之，若夏蟬之不知春秋者有之。以舒緩之心度日，則一年亦覺悠悠無盡；以貪著之心度日，縱千年之久，更何異一夜之夢！於不得常住之世，而待老醜之必至，果何為哉！壽則多辱。至遲四十以前合當瞑目，此誠佳事也。」

這段譯文出自周作人的〈《徒然草》抄〉，文載1925年4月13日出版的《語絲》週刊第22期。然而，早在7、8年前的《新青年》時代，吉田兼好的相關言論，已經成為錢玄同與周氏兄弟在紹興會館的槐樹底下談偏激話的口頭禪。關於這一點，周作人在〈中年〉一文中感慨說：

錢玄同為胡適題寫《四十自述》

孔子曰，「四十而不惑。」吾友某君則云，人到了四十歲便

可以槍斃。兩樣相反的話，實在原是盾的兩面。合而言之，若曰，四十可以不惑，但也可以不不惑，那麼，那時就是槍斃了也不足惜云爾。……

世間稱四十左右曰危險時期，對於名利，特別是色，時常露出好些醜態，這是人類的弱點，也有可以容忍的地方。但是可容忍與可佩服是絕不相同的事情，尤其是無慚愧地，得意似地那樣做，還彷彿是我們的模範似地那樣做，那麼容忍也還是我們從數十年的世故中來最大的應許，若鼓吹護持似乎可以無須了罷。……

無如人這動物是會說話的，可以自稱什麼家或主唱某主義等，這都是別的眾生所沒有的。我們如有閒一點兒，免不得要注意及此。譬如普通男女私情我們可以不管，但如見一個社會棟樑高談女權或社會改革，卻照例納妾等等，那有如無產首領浸在高貴的溫泉裏命令大眾衝鋒，未免可笑，覺得這動物有點變質了。我想文明社會上道德的管束應該很寬，但應該要求誠實，言行不一致是一種大欺詐，大家應該留心不要上當。我想，我們與其偽善還不如真惡，真惡還是要負責任，冒危險。註31

「吾友某君」就是錢玄同，周作人所要攻擊的主要目標，卻是他自己的同胞兄長、已經成為「左聯」盟主的魯迅。

到了1933年4月17日，48歲的周作人為了《周作人書信》的出版，在寫給李小峰的「序信」中再一次借用吉田兼好的話頭攻擊魯迅

及其《兩地書》道：「沒有辦法，這原不是情書，不會有什麼好看的。這又不是宣言書，別無什麼新鮮話可講。反正只是幾封給朋友的信，現在不過附在這集裏再給未知的朋友們看看罷了。……兼好法師嘗說人們活過了四十歲，便將忘記自己的老醜，想在人群中胡混，私欲益深，人情物理都不復瞭解。行年五十，不免為兼好所訶，只是深願尚不忘記老醜，並不以老醜賣錢耳。」[註32]

有趣的是，魯迅一方也在用同樣的話題（「人到了四十歲便可以槍斃」）和同樣的理由（「言行不一致是一種大欺詐」）在斥責《新青年》時代的好友錢玄同：「作法不自斃，悠然過四十。何妨賭肥頭，抵當辯證法。」[註33]

魯迅這首詩寫於已經與錢玄同決裂之後的1932年。在此之前的1930年2月22日，魯迅致章廷謙信中，對錢玄同的「言行不一致是一種大欺詐」之類的私德另有指責：「疑古玄同，據我看來，和他的令兄一樣的性質，好空談而不做實事，是一個極能取巧的人，他的罵詈，也是空談，恐怕連他自己也不相信他自己的話。」

相比之下，胡適與錢玄同之間圍繞著同一個話題，卻留下了善意互動的一段佳話。

1926年9月12日是錢玄同的40大壽，由於「三‧一八」慘案的爆發，北京政學兩界的著名人士紛紛南下，錢玄同自然沒有心情拿自己的40大壽大做文章，遠在國外的胡適也沒有閒暇寫作他的〈手槍〉詩。到了第二年，錢玄同在周作人、孫伏園等人的鼓動下，要在《語絲》週刊舉辦「成仁紀念」。遠在上海的胡適收到錢玄同來信，奮筆寫下一首〈亡友錢玄同先生成仁周年紀念歌〉：

該死的錢玄同，怎會至今未死！

一生專殺古人，去年輪著自己。

可惜刀子不快，又嫌投水可恥。

這樣那樣遲疑，過了九月十二。

可惜我不在場，不曾來監斬你。

今年忽然來信，要作「成仁紀念」。

這個倒也不難，請先讀《封神傳》。

回家先挖一坑，好好睡在裏面，

用草蓋在身上，腳前點燈一盞，

草上再撒把米，瞞得閻王鬼判，

瞞得四方學者，哀悼成仁大典。

今年九月十二，到處念經拜懺，

度你早早升天，免在地獄搗亂。 註34

　　1930年12月4日，被免除教育部長職務的蔣夢麟，在蔡元培、胡適、傅斯年、丁文江等人的強力支持下，被任命為北大校長。胡適隨後也返回北平，再一次與錢玄同、周作人、劉半農等《新青年》同人成為北大同事。晚年錢玄同與胡適之間最為重要的合作，是1933年12月執筆書寫由胡適為大青山「抗日陣亡將士公墓」撰稿的白話碑文〈中華民國華北軍第七軍團第五十九軍抗日戰死將士墓碑〉，這是中國近現代歷史上第一塊採用新式標點符號分段刻寫的白話碑文，其中寫道：「這裏長眠的是二百零三個中國好男子！他們把他們的生命獻

給了他們的祖國！我們和我們的子孫來這裏憑弔敬禮的！要想想我們應該用什麼報答他們的血！」

1937年，身患神經衰弱、高血壓、血管硬化、視網膜炎等多種病症的錢玄同，在國難當頭的形勢下致信胡適，請教佛學中的幾個問題。胡適在回信中表示：佛教雖然是一種消極的人生觀，積極的人卻可以從中找出積極的人生觀，「尊恙正需一種弘毅的人生觀作抵抗力，切不可存一『苟延殘喘』的悲觀。」註35

幾個月後，胡適遠赴美國履行國難大使的歷史使命和愛國職責，從此與既精神歧異又精誠合作的錢玄同生離死別。1939年1月17日，錢玄同因右腦部溢血逝世於北京家中，終年53歲。無論錢玄同身上存在多少的欠缺，無論由《新青年》雜誌所開啟的新文化運動有多少過失，中國大陸現行的白話文、中文拼音、簡體字及標點符號，大都源於錢玄同等人的大力提倡。錢玄同對於中國社會的文化普及是功不可沒的，他對於民主與科學的精神追求也一直是堅持不懈、終生不渝的。

註1：曹伯言整理《胡適日記全編》第4卷，合肥：安徽教育出版社，2001年，第566頁。

註2：《新青年》2卷2號，1916年10月。

註3：《錢玄同日記》第3卷，福州：福建教育出版社，2002年，第1440、1480、1484、1495頁。

註4：《新青年》3卷1號，1917年3月出版。

註5：《新青年》3卷6號，1917年8月出版。

註6：胡適：《中國新文學大系·建設理論集·導言》，上海良友圖書印刷公司，1935年，第23頁。

註7：《錢玄同日記》第3卷，第1598頁。

註8：〈五論「文人相輕」──明術〉，《魯迅全集》第6卷，北京：人民文學出版社，1981年，第381頁。

註9：唐德剛注譯《胡適口述自傳》，合肥：安徽教育出版社，1999年，第176、177頁。

註10：原信佚失，引自胡適〈答錢玄同書〉，歐陽哲生編《胡適文集》第2冊，北京大學出版社，1998年，第35頁。

註11：錢玄同〈《嘗試詩》序〉，《新青年》4卷2號，1918年2月。

註12：《中國現代文藝資料叢刊》第5輯，上海文藝出版社，1980年，第293頁。

註13：歐陽哲生編《胡適文集》第3冊，北京大學出版社，1998年，第256頁。

註14：《錢玄同日記》第3卷，第1645頁。

註15：《胡適來往書信選》上冊，北京：中華書局，1979年，第14頁。

註16：《中國現代文藝資料叢刊》第5輯，第294頁。與胡適批評錢玄同的說法相印證，吳稚暉在〈章士釗──陳獨秀──梁啟超〉一文中，也談到過陳獨秀等人急功近利的路線圖：「他們都要不費吹灰之力，把中國很容易的弄好。他們認定中華民國成功了十四年，還糟到如此，一定是世界上不曾有過的大損失辦法。（這也是算是全中國人的共通

觀念。）他們眼看著這位東方病夫先生在床上睡得太久，終要想個切合的方法，救正那種大損失的醫治，免把病人誤了。於是疑心本來無病，都是吃藥吃壞的，止要清心寡欲，自然慢慢的會起來，就是章先生。斷定痞積不少，十四年中現象更顯，止要巴豆大黃，一貼即愈，就是陳先生。以為原氣本來不足，吃藥又吃得不對，所以鬧到這個田地，還要用黃芪黨參，依我『陸仲安』的老手段，『克利醫生』不也能不讓步，又就是梁先生。……就是梁先生隱羨日本的容易，陳先生憤慨俄羅斯的爽脆，也未免有點刻舟求劍。雖然盼望中國的得救，愈快愈好，我不能不表三位先生的同意。但是陳先生走得太快，尚且還應斟酌，章梁兩先生索性退了回去，那就真是倒看千里鏡，要愈弄愈遠了呀。不要若喪考妣的嫌十四年太多，反弄到希奇古怪的加二十八年也不夠。」《中國新文學大系・文學論爭集》，上海良友圖書印刷公司，1935年，第235、243頁。

註17：《胡適來往信選》上冊，第24頁，此信的寫作時間是1918年8月20日夜。該書錄入此信時，錯誤地在「廿夜」的落款前面，加上了「二月」，特此糾正。

註18：《胡適來往書信選》，上冊，第27頁，該書錄入此信時，錯誤地認定「此信約寫於1919年2月下旬」，特此糾正。

註19：《錢玄同日記》第4卷，第1815頁。本書在行文過程中把「同仁」二字統一為「同人」。

註20：《中國現代文藝資料叢刊》第5輯，第322頁。

註21：《中國現代文藝資料叢刊》第5輯，第329頁，乞丂亏亡即博士，指胡適。

註22：黃世暉記〈蔡元培口述傳略〉，原載《蔡孑民先生言行錄》，北京大學新潮社編輯出版，1920年10月。

註23：《魯迅研究資料》第9輯，天津人民出版社，1982年。該刊把這封信的寫作時間錯誤地認定為1932年，特此說明。

註24：《錢玄同日記》第5卷，第2500頁。

註25：引自周作人〈錢玄同的復古與反復古〉，《文史資料選輯》第94輯，政協文史資料研究委員會編，北京：文史資料出版社，1984年。

註26：《中國現代文藝資料叢刊》第5輯，第346頁。與錢玄同的說法相印證，胡適自己也在1923年12月19日的日記中檢討說：「此次北大二十五周年紀念的紀念刊，有黃日葵的〈在中國近代思想史演進中的北大〉一篇，中有一段，說『五四』的前年，學生方面有兩大傾向：一是哲學文學方面，以《新潮》為代表，一是政治社會方面，以《國民雜誌》為代表。前者趨向國故的整理，從事於根本的改造運動；後者漸趨向於實際的社會革命運動。前者隱然以胡適之為首領，後者隱然以陳獨秀為首領。……最近又有『足以支配一時代的大分化在北大孕育出來了』。一派是梁漱溟，一派是胡適之；前者是徹頭徹尾的國粹的人生觀，後者是歐化的人生觀；前者是唯心論，後者是唯物論；前者是眷戀玄學者，後者是崇拜科學的。這種旁觀的觀察，——也可說是身歷其境，身受其影響的人的觀察，——是很有趣的。我在這兩個大分化裏，可惜只有從容漫步，一方面不能有獨秀那樣狠幹，一方面又沒有漱溟那樣蠻幹！所以我是很慚愧的。」胡適的「慚愧」在很大程度上依然是他被黃日葵等人短暫「悍」化的表現，歷史事實充分證明：只有在憲政民主前提下「從容漫步」的循序漸進，才是人類社會以人為本、和諧發展的最為文明的路線圖。

註27：耿雲志主編《胡適遺稿及秘藏書信》第40冊，合肥：黃山書社，1994年，第352頁。

註28：《語絲》第23期，1925年4月20日。

註29：胡適：〈福建的大變局〉，《獨立評論》第79號，第3頁，1933年12月3日。

註30：《京報副刊》第287號，1925年10月2日。「沈先生」就是有「鬼谷子」和「陰謀家」之稱的北大教授、國民黨人士沈尹默。

註31：周作人：〈中年〉，《看雲集》，河北教育出版社，2002年，第52，53頁。

註32：《周作人書信‧序信》，河北教育出版社，2002年，第2頁。

註33：魯迅：〈教授雜詠〉四首之一。《魯迅全集》第7卷，人民文學出版社，1981年，第435頁。據《魯迅日記》1932年12月29日：「午後為夢禪及白頻寫〈教授雜詠〉各一首，其一云：『作法不自斃，……。』其二云：『可憐織女星，……。』」

註34：錄自胡適1927年8月11日致錢玄同信，耿雲志、歐陽哲生編《胡適書信集》（上），北京大學出版社，1996年，396頁。

註35：耿雲志、歐陽哲生編《胡適書信集》，中冊，北京大學出版社，1996年，第720頁。

劉半農與胡適的善始善終

劉半農去世後，圍繞著他與胡適等《新青年》同人之間的公私恩怨引出了許多的是是非非。這其中最為惡劣的是晚年周作人以當事人和見證人的身份，把劉半農與胡適之間善始善終的公私交往，曲筆改寫為胡適等人對於劉半農的「看不起，明嘲暗諷」。這種嚴重違背歷史事實的說法，迄今為止依然在以訛傳訛地廣為流傳，致使《新青年》同人團隊的整體面貌被塗改得模糊不清、混亂不堪。

一、「辯冤白謗為第一天理」

> 「斜陽古柳趙家莊，負鼓盲翁正作場。死後是非誰管得，滿村聽說蔡中郎。」

這是南宋文人陸游，在七言絕句〈劍南詩稿・小舟遊近村舍舟步行〉中留下的千古絕唱。詩中描述的「負鼓盲翁正作場」，指

的是民間盲藝人演出的南戲《趙貞女與蔡二郎》。據明代文人徐渭在《南詞敘錄》中介紹，「南戲始於宋光宗朝，永嘉人所作之《趙貞女蔡二郎》、《王魁》二種實首之。」《趙貞女與蔡二郎》「即舊伯喈棄親背婦為暴雷震死，里俗妄作也，實為戲文之首。」

　　陸遊詩中的蔡中郎，就是東漢文人蔡邕（西元前132－192年），字伯喈。蔡伯喈是陳留國即今天的河南杞縣人，東漢靈帝時為議郎，因上書議論朝政而觸怒宦黨，被流放到北方。遇赦之後，他懼怕再次遭受宦黨陷害，亡命江湖十多年，直到董卓篡權殺死十大宦官之後，才回歸朝廷任侍御史，官至左中郎將。王允發動宮廷政變殺死董卓後，蔡伯喈再一次被捕入獄。他在獄中請求黥首刖足以完成《漢史》，最終還是被處以死刑。

　　蔡伯喈通經史、音律、天文，善辭賦，工書法，傳統書法中的「飛白」，就是由他首創的。蔡伯喈的女兒蔡文姬在軍閥混戰中被擄往匈奴，後來被他早年的學生曹操用黃金千兩、白璧一雙贖回中原，從而為後世留下了一個千古佳話。據正史《後漢書·蔡邕列傳》記載，蔡伯喈其實是一名孝子，他的母親生病的時候，他「未嘗解襟，不寢者七旬」。蔡伯喈被處死之後，上層社會曾經把他奉為道德楷模，甚至於「畫像而領焉」。到了南宋時代的民間戲曲中，蔡伯喈卻被改寫成因忘恩負義而天誅地滅遭雷劈的反面形象。明朝初年的高則誠，雖然在他的《琵琶記》中把「馬踏趙五娘，雷擊蔡伯喈」的宗教罰罪，改造成為「教忠教孝」的正面宣傳，蔡伯喈依然是一名中狀元後另娶丞相之女的負心漢，只是在前妻趙五娘和後妻牛小姐的雙重感召下痛改前非，才贏得了一夫二妻的美滿婚姻。

面對民間戲曲膾炙人口的「里俗妄作」，陸遊採取的是「死後是非誰管得」的「事不關己，高高掛起」的超然達觀的態度。然而，在中國歷史上另有一種以「辯冤白謗」為「第一天理」的文化傳統。1952年12月9日，胡適在臺北的國民黨監察院的歡迎會上，以〈辯冤白謗為第一天理〉為標題發表演講，其中就有這樣一段話：

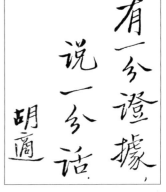

胡適題字「有一分證據，說一分話」。

> 明朝有一個很有名望的御史，名叫呂坤（號新吾，河南人）的，曾經在他那本《呻吟語》中說過一句話：「辯冤白謗，為第一天理。」這句話，我個人讀了非常感動，並且覺得值得我們各位都教爺時常引用的。……所謂「冤」，包括人民的生命財產權利的損失，「謗」就是代表聲譽的損失。我們「都老爺」有「風聞言事」的權力，可以幫助老百姓，至少在某些地方，可以喚起各方面的注意。[註1]

胡適生前一直在替別人「辯冤白謗」，為了替清代先賢戴震辯誣，他花費了晚年大部分的時間和精力，以至於影響到《中國思想史》的寫作。替去世後的胡適和劉半農「辯冤白謗」，正是筆者所要實現的第一目標。

二、《新青年》的四大「台柱」

劉半農（1891－1934）原名壽彭，改名復，初字半儂，後改半農，江蘇江陰人。1901年，11歲的劉半農進入他的父親劉寶珊與同鄉楊繩武等人聯合創辦的翰墨林小學讀書。按照劉半農的事後回憶，這是一個「似是而非的小學堂，……上半天是全讀中文，要熟讀《三蘇策論》或《古文觀止》中的文章一、二篇，要看《綱鑑易知錄》十頁；下半天是英文和算學各兩點鍾，所讀的英文是《華英進階》和《英文初範》、《英文法程》，算學所用的書，是《九數通考》、《數理精蘊》、《代數術》；晚上還要看些《西學大成》、《泰西新史攬要》、《四書味根錄》、《五經備旨》，以備三八文期上抄襲之用……」[註2]

正是在這所半新半舊的小學校裏，劉半農極其難得地接觸到了來自歐美各國的先進文化，從而為日後成長為學貫中西的博學通才打下了基礎。該校國文教師劉步洲自定標點符號的大膽嘗試，也為劉半農在《新青年》時代積極參與制訂新式標點符號埋下了伏筆。

1907年，17歲的劉半農以江陰考生第一名的成績就讀常州府中學堂，同學中有後來的國學大師錢穆、創辦《國故》月刊的張壽昆以及

中國共產黨的領袖人物瞿秋白。1911年，劉半農、錢穆、張壽昆、瞿秋白等人因參與學潮被開除學籍，劉半農只好回到自己的母校翰墨林小學任小學教員。辛亥革命爆發後，劉半農先與二弟劉天華一起加入本地的青年團回應革命，隨後又離家赴清江地區參加革命軍，在一個作戰旅擔任文書和英文翻譯。戰爭結束後，21歲的劉半農脫離軍隊回到故鄉，不久又帶著從妻弟朱組綏家裏借到的五塊大洋，與二弟劉天華一起來到上海。1912年初，劉氏兄弟加盟李君磐創辦的開明劇社，劉半農任編劇兼演員，劉天華任音樂指導。

由於辛亥革命爆發而盛極一時的文明戲，當時已經進入衰退時期。兄弟二人辛苦所得只能免於饑而不能免於寒。到了冬天，兄弟二人只有一件棉袍，一個人穿著出門，另一個人就只能躲在被窩裏取暖。給貧困中的劉半農帶來第一縷希望的，是著名劇作家、上海《時事新報》編輯徐半梅。有一天，由劉半農編劇的《好事多磨》在上海大新街中華大戲院首演，徐半梅應邀到後臺參觀，「李君磐便領了一個十七、八歲的大孩子，到我面前說：『這一個頑童，請你給他化一化妝吧！』我便接受下來，給他畫了一副頑皮的面孔。我打聽他姓什麼，他說：『姓劉，江陰人。』」註3

一個多月後，劉半農在《時事新報》看到由徐半梅翻譯的托爾斯泰小說，便寄去自己翻譯的幾篇外國小說表示請教。徐半梅把其中一篇刊登在自己編輯的《時事新報》，另一篇推薦給中華書局的《小說界》。劉半農從此開始了將近6年的賣文生涯。

1912年夏天，經徐半梅推薦，劉半農擔任了上海《中華新報》特約編輯。開明劇社解散後，徐半梅又介紹他到中華書局任編譯員。

1913年10月13日，劉半農在《時事新報‧雜俎》發表一篇百字小說〈秋聲〉，以精致的構思揭露了「辮帥」張勳鎮壓二次革命及禍國殃民的罪行，榮獲該報第33次徵文一等獎。

1914年7月1日，劉半農發表在《中華小說界》的〈洋迷小影〉，是安徒生童話〈皇帝的新裝〉的第一個中文版本。1916年5月，由劉半農、嚴獨鶴、程小青、陳小蝶、天虛我生、周瘦鵑、陳霆銳、天侔、常覺、漁火等人共同翻譯的《福爾摩斯探案全集》，由中華書局出版。同時出版的還有劉半農的另一部著名譯作《乾隆英使覲見記》。

給劉半農的賣文生涯帶來根本性轉機的，是《新青年》主編陳獨秀。1916年10月，《新青年》2卷2號發表以劉半儂署名的〈靈霞館筆記〉，其中收錄了愛爾蘭詩人的愛國詩歌，包括約瑟‧柏倫克德的〈火焰詩七首〉和〈悲天行三首〉、麥克頓那的〈詠愛國詩人三首〉、皮亞士的〈割愛六首〉和〈絕命詞兩章〉。接下來，《新青年》以

《新青年》時代的北大教授劉半農。

〈靈霞館筆記〉為標題，連載了由劉半農翻譯的一系列詩歌和散文，與該刊連載的胡適日記〈藏暉室札記〉相得益彰。

1917年5月，《新青年》3卷3號又以劉半儂的署名發表〈我之文學改良觀〉，其中寫道：「文學改良之議，既由胡君適之提倡之於前，復由陳君獨秀、錢君玄同贊成之於後。不佞學識譾陋，固亦為立志研究文學之一人。除於胡君所舉八種改良、陳君所揭三大主義，及錢君所指舊文學種種弊端，絕端表示同意外，復舉平時意中所欲者，拉雜書之，草為此文，幸三君及世之留意文學改良者有以指正之。」

在這篇文章中，劉半農就韻文、散文及標點符號等諸多方面提出了自己的建設性意見，並且檢討了自己此前創作的「鴛鴦蝴蝶派」的小説戲劇：「余居上海六年，除不可免之應酬外，未嘗一入皮黃戲館，而Lyceum Theater之Amateur Dramatic Club，每有新編之戲開演，余必到館觀之。是余之喜白話之劇而不喜歌劇，固與錢君所謂『舊戲如駢文，新戲如白話小説』同一見解。只以現今白話文學尚在幼稚時代，白話之戲曲，尤屬完全未經發見（上海之白話新戲，想錢君亦未必認為有文學價值之戲也）。故不得不借此易於著手之已成之局而改良之，以應目前之急。至將來白話文學昌明之後，現今之所改良之皮黃，固亦當與昆劇同處於歷史的藝術之地位。……余贊成小説為文學之大主腦，而不認今日流行之紅男綠女之小説為文學（不佞亦此中之一人，小説家幸勿動氣）。」

「Lyceum Theater之Amateur Dramatic Club」，即上海蘭心劇院的業餘戲劇俱樂部。蘭心劇院是由外國人在上海租界區建造的第一家現代化劇院，當年的愛美戲劇即業餘話劇的演出，大都是在這裏進

行的。陳獨秀在為劉半農的這篇文章加寫的「編者按」中鄭重表示：「劉君此文，最足喚起文學界注意者二事：一曰改造新韻，一曰以今語作曲。至於劉君所定文字與文學之界說，似與鄙見不甚相遠。……質之劉君及讀者諸君以為如何？」

1917年7月，《新青年》3卷5號發表劉半農的〈詩與小說精神上之革新〉，針對文壇中的「假詩世界」，正面提出「作詩本意，只須將思想中最真的一點，用自然音響節奏寫將出來便算了事，便算極好」的革新觀念，積極回應胡適率先提倡的白話新詩：

> 近來易順鼎、樊增祥等人，拼命使著爛污筆墨，替劉喜奎、梅蘭芳、王克琴等做斯文奴隸，尤屬喪卻人格，半錢不值，而世人竟奉為一代詩宗。又康有為作「開歲忽六十」一詩，長至二百五十韻，自以為前無古人，報紙雜誌，傳載極廣。據我看來，即置字句之不通，押韻之牽強於不問，單就全詩命意而論，亦恍如此老已經死了，兒女們替他發了通哀啟。又如鄉下姑娘進了城，回家向大伯小叔擺闊。胡適之先生說，仿古文章，便做到極好，亦不過在古物院中，添上幾件「逼真價鼎」。我說此等沒價值詩，尚無進古物院資格，只合拋在垃圾桶裏。

正是基於觀念上的一致，北京大學校長蔡元培和文科學長陳獨秀，破格錄用了連中學都沒有正式畢業的劉半農。1917年9月，劉半農隻身來到北京任北大預科教授，同時積極投入已經陷入停頓的《新

青年》雜誌的復刊工作。1917年10月16日，他在寫給錢玄同的回信中表示説：「文學改良的話，我們已鑼鼓喧天的鬧了一鬧；若從此陰乾，恐怕不但人家要説我們是程咬金的三大斧，便是自己問問自己，也有些説不過去罷！……比如做戲，你，我，獨秀，適之，四人，當自認為『台柱』，另外再多請名角幫忙，方能『壓得住座』；『當仁不讓』，是毀是譽，也不管他，你説對不對呢？」註4

　　這是有據可查的關於組建《新青年》編輯部及同人團隊的最早動議。正是在陳獨秀、胡適、錢玄同、劉半農四大「台柱」的聯合推動之下，由陳獨秀一個人主編的《新青年》，從1918年1月出版的4卷1號開始，轉變為中國現代出版史上由6名北大教授輪流編輯的最為輝煌的同人刊物。

三、淡出《新青年》的劉半農

　　1918年的《新青年》第四、第五兩卷，分別由6位同人輪流編輯，第四卷的編輯依次為陳獨秀、錢玄同、劉半農、陶孟和、沈尹默、胡適。第五卷的編輯依次為：陳獨秀、錢玄同、劉半農、胡適、沈尹默、陶孟和。其中的4卷5號和5卷5號實際上是錢玄同、劉半農代替沈尹默編輯的。在這兩卷共12號中，劉半農是最為多產的作者之一。除由胡適編輯的5卷4號即「戲劇改良號」之外，每一期中都刊登有劉半農或創作或翻譯的詩歌、論文、雜文以及通信。這其中最為著名的就是發表在4卷3號的「雙簧信」，也就是以〈文學革命之反響〉為標題刊登的「王敬軒」與劉半農的來往書信。「王敬軒」是《新青年》另一編輯錢玄同的化名。

在1919年1月出版的《新青年》6卷1號中，以「本志編輯部」名義公開發表的「分期編輯表」，把各期編輯調整為陳獨秀、錢玄同、高一涵、胡適、李大釗、沈尹默。其中的高一涵和李大釗，頂替的是預備出國的陶孟和、劉半農留下的空缺。在此之前的1918年6月6日，《北京大學日刊》第156號刊登〈教育部訓令第三三四號〉：「令北京大學：案查派遣各直轄學校教員出洋留學一案，前經本部規定專額，自今年起視缺額及需要情形每年酌派一次，……旋具各校分別開單呈送前來，茲特案照缺額酌量分配，派北京大學朱教授家驊、劉教授復，工業專門學校梁教員引年，高等師範學校鄧教員[萃]英，女子師範學校楊教員蔭榆、沈教員葆德出洋留學，……」

在同一天的《北京大學日刊》中，還有一篇〈派遣教員出洋之經過情形〉：「教育部因派各國立學校教員出洋留學，前曾通令各校開呈名單以便分配。本校接部令後，即在日刊宣佈，請教員願意留學者報名。當時報名者人數甚多，遂開學長會議審查一次，按本校教務上之需要及志願者之素養，擇其尤為急需而較為適宜者八人，開單呈部，計朱家驊教授（願往瑞士研究地質學）、劉復教授（願往瑞士研究言語學）、陳大齊教授（願往美國研究實驗心理學）、周作人教授（願往俄國研究東歐近代文學）、丁緒寶助教（願往美國研究實驗物理學）、李續祖教授（願往美國研究植物學）、張崧年助教（願往美國研究圖書館管理法）、李芳助教（願往美國研究工商管理法）。現朱、劉二教授已蒙派定，其餘六人如再出有缺額，聞亦有被派之希望云。」

1918年4月26日，周作人在日記中寫道：「晴，上午往校訪蔡先生，說明年往俄事，下午風。……晚玄同來談，十二時半去。」^{註5}另

據1925年7月31日《吳虞日記》介紹：
「林公鐸來談，極言劉半儂之無恥無
學，任教授一年半，因學生不上渠課，
尹默乃運助出洋，實非例也。夷初任師
大教授，月薪200元，北大則夷初、夷
乘均講師。守瑕昨言羅振玉可跪地求差
事，……學界鄙人，如出一轍。」[註6]

　　由此可知，當年的留學名額是十分
搶手的。令人奇怪的是，劉半農得到名
額後並不急於出國留學。1919年8月2
日，教育部為此事專門下發第293號訓
令：「劉復留校現已一年期滿，該員
本年是否定期出發，仰即迅速據實呈
復，以憑核辦。」[註7]劉半農才著手安排
出國事宜。直到1920年2月7日，他才
偕妻子朱蕙和長女小蕙從上海啟程赴
歐洲留學。

　　劉半農自1919年1月退出《新青
年》編輯部之後，一年之內只在該刊發
表過一篇〈什麼話〉和三首白話詩，前
者刊登於陳獨秀編輯的6卷1號，後者
刊登於錢玄同代替沈尹默編輯的6卷6
號。與此同時，他在其他報刊卻發表了

劉半農與妻子朱惠合影。

各類作品10多篇。關於劉半農的逐漸淡出最具權威性的第一手資料，是直到2002年才公開出版的《錢玄同日記》。

1918年11月23日，胡適的母親馮順弟去世，他和江冬秀於25日啟程回安徽績溪奔喪。1919年1月22日，錢玄同在日記中記錄了胡適的思想動向：「適之此次來京，路過南京、上海，不知怎樣，捱了人家的罵，一到就和獨秀說，有人勸我，為什麼要同這班人合在一起，……」[註8]

這則日記沒有寫完就被塗抹。兩天後的1月24日，錢玄同又在日記中寫道：「午後三時半農來說，已與《新青年》脫離關係，其故因適之與他有意見，他又不久將往歐洲去，因此不復在《新青年》上撰稿。」接著這段話，錢玄同介紹了劉半農的精神面貌：

> 半農初來時專從事於新學。自從去年八月以來頗變往昔態度，專為在故紙堆裏討生活，今秋赴法擬學言語學。照半農的性質實不宜於研究言語學等等沈悶之學。獨秀勸他去研究小說、戲劇，我與尹默也很以為然。日前曾微勸之，豫才也是這樣的說。
>
> 他今日談及此事頗為我等之說所動。四時頃逖先來，逖先也勸半農從事文學。逖先自己擬明秋赴法，也是想研究文學。……逖先問我究竟怎樣的志願。我年來神經衰弱精力委頓，……向上之心雖未消滅而進行之象毫無表現。然平日亦未嘗不有一種打算，萬一身子漸漸好起來，則必漸漸實行。今日即以此志願告逖先——大學教授滿五年有出洋考察的資格。我必靜候取得此資格之時方始出洋。[註9]

在此之前的1918年12月11日，錢玄同在致魯迅即周樹人（豫才）信中，用一頓到底的標點符號寫道：「你那天同我談的烏龜身上的字、有許多的新發明……祈將已經見到的、隨便寫出一點、給我看看。千萬不要不寫！因為我近來要編輯講義、關於字形一部分、頗要換點新法兒也。兼士處、亦去函詢。你如其不願標榜、則不說明大名亦可。但請『不吝賜教』為幸。」[註10]

1919年1月4日，錢玄同又在日記中談到，劉半農在一本舊雜誌中查出太平天國的許多書目是「給那大盜曾國藩給燒了的」，錢玄同因此「勸半農把這目錄抄他出來登在大學月刊上」。在隨後的2月20日，錢玄同又在日記中寫道：「半農做了一篇考居庸關文字古物文章，今日脫稿，別錄副本請我代為校對。晚上到他家裏替他校對。」

與錢玄同日記中的上述記錄相印證，周作人在〈曲庵的尺牘〉中談到劉半農以陰曆1918年12月3日落款的一封來信，以及附寄的總標題為〈唐風樓金石文字跋尾補——上虞羅振玉稿本〉的「新著二篇」。其中的第一篇是〈錢玄同賀年柬跋〉，也就是仿照羅振玉研究金石甲骨文字的筆法，為錢玄同的賀年片戲作的考古文字：

此片新從直隸鬼門關出土，原本已為法人夏君樊納攜去。余從廠肆中得西法攝景本一枚，察其文字雅秀，柬式詼詭，知為錢氏真本無疑。考諸家筆記，均謂錢精通小學，壬子以後變節維新，主以注音字母救文字之暫，以愛世語濟漢字之窮，其言怪誕，足滋疑駭，而時人如劉復、唐俟、周作等頗

信之。……柬中有八年字樣，論者每謂是奉宣統正朔，余考錢氏行狀，定為民國紀元，惟錢氏向用景教紀元，而書以天方文字，此用民國，蓋創例也。又考民國史新黨列傳，錢嘗謂劉復：「我是急進，實古今中外派耳。」

此片縱漢尺三寸，橫四寸許，字除注音字母外僅一十有三，而古今中外之神情畢現，可寶也。註11

　　第二篇〈徐婠貞名刺跋〉，是劉半農為錢玄同的妻子徐婠貞的名片戲作的考古文字：「刺亦新出土，長二寸許，寬寸許，白紙金緣，如西洋制。文曰：徐婠貞，浙江紹興錢玄同之妻。……錢氏嘗與唐俟、周作、胡適輩力持廢滅貞節之議，……」

　　周作人在〈曲庵的尺牘〉中略去了上述原文。天津人民出版社出版並由魯迅博物館專業人員負責編輯的《魯迅研究資料》第5集，和沈永寶編選的《錢玄同五四時期言論集》，雖然錄入了原文，卻把劉半農寄給周作人的這兩篇遊戲文字誤認為錢玄同寄給魯迅的「賀年柬」。

　　陰曆1918年12月3日即西元1919年1月4日，胡適還在安徽老家奔喪，劉半農把胡適與自己及錢玄同、魯迅（唐俟）、周作人（周作）相提並論，足以證明他與胡適之間此前並不存在要「脫離關係」的精神分歧。劉半農自1918年8月「頗變往昔態度，專為在故紙堆裏討生活」的主要原因，首先是接受了章太炎學派的魯迅、周作人、錢玄同、馬幼漁、沈兼士、朱逖先（希祖）、沈尹默、馬敘倫等人的影響，同時也是以胡適為代表的《新青年》同人積極從事「整理國故」的一種表現。

在《新青年》同人團隊中，因為與胡適發生分歧而宣佈「脫離關係」的第一人，並不是劉半農而是錢玄同。在此之前，胡適在致錢玄同信中專門提到這件事情：

> 適意吾輩不當罵人，亂罵人實在無益於事。……至於老兄以為若我看得起張鏐子，老兄便要脫離《新青年》，也未免太生氣了。我以為這個人也受了多做日報文字和少年得意的流毒，故我頗想挽救他，使他轉為吾輩所用。若他真不可救，我也只好聽他，也決不痛罵他的。我請他做文章，也不過是替我自己找做文的材料。我以為這種材料，無論如何，總比憑空閉戶造出一個王敬軒的材料要值得辯論些。老兄肯造王敬軒，卻不許我找張鏐子做文章，未免太不公了。老兄請想想我這話對不對。——我說到這裏，又想起老兄是個多疑的人，或者又疑我有意「挖苦」。其實我的意思只要大家說個明明白白，不要使我們內部有意見就是了。註12

需要特別指出的是，劉半農與錢玄同一樣，並沒有因為與胡適有不同意見而「與《新青年》脫離關係」。劉半農、錢玄同、胡適之間的後續交往，更是《新青年》舊同人中間善始善終的一個範例。

四、劉半農與胡適的後續交往

關於胡適與劉半農之間的精神歧異，錢玄同在1920年9月19日致周作人信中介紹說：

擺倫生平有一種惡習：就是沒有屹然自立的雄心，處處要依賴人。我以為我們應該服膺聖訓「君子和而不同」一語。譬如朋友氣味相合，「以文會友，以友輔仁」，這是很好的。要是有依賴他人的行為，有結黨成群的意味，別說幹壞事，就是幹好事亦是不足取。勸壽前此屢說「我們幾個謬種」，屢遭尹默之匡正，我以為尹默是不錯的。即如「雙簧」等行為，偶爾興到，做他一次，尚無妨事，然不可因此便生結黨成群之心理。……所以我以為勸壽要和Dr打筆墨官司，似乎有點無謂。要是他再依賴我們，叫我們替他搖旗吶喊，那就更無聊了。您以為然否？「讀水滸」，我是有些不願「附驥尾」的。

　　9月25日，錢玄同又在下一封信中寫道：「擺倫的〈讀水滸〉一文，也收到了。我尚未將該文拜讀。但拜讀之後，仍擬寄還給您，請您寄去給獨秀。因為胡適之那篇考證之中，有駁我說金聖歎偽造『古本』之語，偏偏半翁此文之中，也有和我『膚同調』之語，若由我寄去，則Dr將疑我為借半翁為典韋所持之兩人矣。（此典均見石印《繡像三國志演義》中。）我對於這種不要緊的事，說過就算，實不高興多辯。即使要辯，也必和Dr直接辯論，不願蒙典韋之嫌疑也。若由你寄去，則半翁此文，本是寄給你的，Dr又沒有送《水滸》給你，他那考證中又無駁你的話，可以全無嫌疑也。故所以我也寄還給你也。」註13

　　這裏的「擺倫」、「勳壽」、「半翁」，指的是正在英國留學的劉半農。Dr就是支持亞東圖書館的汪原放採用新式標點符號點校《水滸傳》、並且為新版《水滸傳》寫作長篇序言的胡適。查1920年9月18日《周作人日記》，其中有「晚得半農八月九日函，並〈讀水滸〉稿一份」的記錄。9月19日有「寄玄同函」的記錄。9月22日有「得玄同函並《水滸》四冊」的記錄。9月25日有「得玄同寄三函」的記錄。10月4日項下有「上午寄仲甫稿一卷」的記錄。

　　查閱《新青年》雜誌，劉半農與胡適「打筆墨官司」的〈讀水滸〉並沒有公開發表。不過，陳獨秀倒是在同年10月的8卷2號中發表了劉半農以劉復署名的白話詩〈牧羊兒的悲哀〉、〈地中海〉、〈登香港太平山〉。在1921年5月的9卷1號中，又發表了劉半農的白話詩〈倫敦（一首昏亂的詩）〉。在1921年8月的《新青年》9卷4號中，還發表了劉半農的白話詩〈奶娘〉、〈一個小農家的暮〉、〈稻棚〉、〈回聲〉、〈夏天的黎明〉。有趣的是，在寫作與胡適「打筆墨官司」的〈讀水滸〉的同時，劉半農還於1920年9月25日致信胡適，頗為誠懇地談論了白話新詩：

　　　　適之兄：我們有九個多月不見了。想到我在北京時，常常和你討論（有時是爭論）詩。所以我現在寫這封信，雖然是問問好，卻不說「辰維⋯⋯為慰」，仍舊是說詩。我希望我們通一次信，便和我們見面談一回天一樣。⋯⋯上面說了許多話，其實只說得一句，便是請你「多做」。尹默是個懶鬼（鬼者，鬼谷子之省文）。除非他自己做，你便用鞭子打，他

也不做。起孟本來不專心做詩；不過偶然興到，做一兩首，卻很好，很別致。所以尹默是催也沒用，起孟是無需催得，惟有你，既是「榨機」，又是白話詩的發難者，卻不可聽你懶。註14

接下來，劉半農一邊要求胡適寄贈《嘗試集》和《國語講義》兩本著作，一邊以同人身份對於「《新青年》已經收回自辦」的「辦法」表示關切，同時還對周作人（起孟）和錢玄同等人的不肯回信表示「氣悶」。

到了1921年9月15日，劉半農又從巴黎給胡適寄來一封信，說是「六月前接到你寄的《新青年》，直到今天才能寫信說聲『多謝』，也就荒唐極了。但自此以後，更沒有見過《新青年》的面。」

由此可以見出，幾乎所有的《新青年》同人，對於遠在異國的劉半農都沒有表現出足夠的關心和重視。正是由於這個原因，劉半農在來信中哀求說：「我近來的情形真是不得了！天天鬧的是斷炊！……（這是件不得了的事，另有詳信在夷初處，請你向他要了看一看，救救我罷！）」註15

查《胡適日記》，其中並沒有留下他對於劉半農來信加以處理的記錄，反而在此前的1921年7月7日，詳細說明了自己和陳獨秀、蔣夢麟、陶孟和、顧孟餘、王星拱（撫五）等人在北京學界的「索薪」運動中，與「某籍某系」的馬敘倫（夷初）等人的尖銳對立：「仲甫來一長信，大罵我們——三孟、撫五、我，——為飯碗問題鬧了一年的風潮，如何對得起我們自己的良心！我覺得他罵的句句都對。這一年

半，北京學界鬧的，確是飯碗風潮。此風潮起於八年十月十日——國慶日。那時我在山西，到我回來時，教職員的代表——馬敘倫等——已在進行了。到十二月中，他們宣告罷課，我那時一個人出來反對罷課，質問代表雖有全權與政府交涉，但無權替我們大家辭職罷課。那時夷初因為我對於代表權限提出質問，便聲明辭職不幹了。那天的大會怕飯碗打破，以大多數的表決維持代表的全權；從此以後，代表就有全權替我們辭職了。後來我就不過問這件事。……總之，我這一年半以來，太『不好事』了。因為太不好事，故我們竟讓馬夷初帶著大家亂跑，跑向地獄裏去！我記此一段，表示自己的懺悔。」

馬敘倫等人的「索薪」運動荒廢了學生一年半的學業，卻沒有替教職員工索到足夠的薪水，他自己還被軍警打得頭破血流。在此後的幾年裏，遠在歐洲的劉半農及其一家五口由於得不到屬於自己的一份留學經費，更是沈淪掙扎在饑寒交迫之中。1925年9月劉半農留學歸來，與胡適、周作人、錢玄同等人繼續在北大共事。1926年8月4日，赴倫敦接洽英國庚款的胡適，在Ostende（奧斯坦德）候船時，遇到在倫敦大學研究語言學的印度學者Siddeshwat Varna（S·瓦爾納），交談過程中曾涉及劉半農：「他說倫敦大學的教授批評劉半農的論文，說他沒有充分的耐心。」

事實上，由於得不到來自北大的留學經費，劉半農在饑寒交迫中能夠在法國得到博士學位，已經是很不容易的一件事情。Siddeshwat Varna和胡適以「沒有充分的耐心」要求於劉半農，就顯得過於苛刻了一些。

五、劉半農與胡適的善始善終

在此後的歲月，劉半農和胡適雖然分屬北京學界相互對立的兩個敵對陣營——以國民黨元老李石曾為首、以「某籍某系」為骨幹的法日派和以胡適為精神領袖的英美派即「現代評論」派——兩個人之間的公私交往卻從來沒有中斷過。1934年6月19日，為完成瑞典地理學會紀念考古學家斯文赫定七十誕辰的徵文，同時也為自己的《四聲新譜》和《中國方言地圖》收集資料，劉半農率助手白滌洲、沈仲章、周殿福和工友梅玉，赴西北地區考察方言，因感染回歸熱於7月10日返回北平。他先被中醫施今墨誤診為重感冒，又被首善醫院院長方石珊診斷為黃疸病，後經協和醫院董事、北京大學文學院院長胡適出面，才於7月14日上午住進協和醫院並被確診為回歸熱。

在7月14日的日記中，胡適寫道：「早起得半農夫人電話，說半農從綏遠回來，發熱不退，昨日下午方石珊來診，說是黃疸病，勸他進協和醫院。半農最恨協和，沒有去。今天病似更重了，所以她要我去看看。……我送他到醫院，因家中約了一位德國神父，所以我趕回去了，請樊逵羽陪他進去。」

下午3點鐘，胡適接到醫院打來的電話，得知劉半農已經病逝：「我大驚，打電話告知夢麟，坐車去邀他同去。到醫院時，他們已把半農屍體搬到冰室去了。劉夫人母女號咷，見了我們，跪下去慟哭。我們都很傷心。好容易先把她們送回去。北大庶務組人來了，購買棺木等事都有人料理了。我們就在醫院聚談：幼漁、鄭穎孫、逵羽都在座。……冬秀常勸我莫薦醫生，我終不忍不薦。今天半農夫人與其弟

都對我責怪協和，我安然受之，不與計較。」[註16]

在此之前的1934年3月8日，劉半農在日記中專門談到胡適的為人：「上午續編中小字典。下午到北大上課。去冬為研究所事，達羽來談，曾言及適之為人陰險，余與適之相交在十五年以上，知其人倔強自用則有之，指為陰險，當是達羽挑撥之言。曾以語孟真，孟真告之孟鄰。今日孟鄰面詰達羽，不應如是胡說。達羽大窘，來向余責問。余笑慰之。」[註17]

「孟真」就是胡適的學生、中央研究院語言歷史研究所所長兼北京大學教授傅斯年。「孟鄰」即北京大學校長蔣夢麟。「達羽」就是受胡適委託一直在協和醫院陪伴劉半農的北大教務主任樊際昌，他的後半生一直作為得力助手追隨蔣夢麟，到臺灣後曾任農復會秘書長兼總務處長。

1934年5月12日，劉半農又在日記中留下「晚，蕙英請尹默、幼漁、兼士、適之、君哲、玄同、麟伯諸夫人來家小敘」的記錄，足以見出劉半農一家與胡適一家的親密關係。劉半農逝世後，胡適主編的《獨立評論》於第一時間刊登白滌洲的〈悼劉半農先生〉，並在「編輯後記」中寫道：

> 七月十四日北大教授劉復先生死在北平協和醫院。他的病是「回歸熱」，加上黃疸病，又因心臟不強，就至於無救。回歸熱的病菌，在內蒙古一帶，往往由蝨虱傳染，土人稱此病為「蒙古傷寒」。劉先生此次冒大暑熱，到綏遠調查方言，搜集歌謠，直到百靈廟，途中得病，他還扶病工作，可說是

為學術盡瘁而死。我們感謝他的旅伴白滌洲先生（北大研究院語音實驗室的助教）在百忙中給《獨立評論》寫這篇哀悼的文字。劉復先生，號半農，江陰人，生於一八九一年，巴黎大學文學博士，死時年僅四十四歲。他的著述甚多，最近編《半農雜文》第一集已印成，日內在北平出版，他已不及見了。註18

一周後，胡適在《獨立評論》第111號刊登魏建功的〈我對於劉半農先生的回憶〉，並且在「編輯後記」中介紹說：「魏建功先生是北京大學中國文學系的副教授，他這篇回憶劉半農先生的文字，可以和上期白滌洲先生的〈悼劉半農先生〉參看。」

1934年10月14日，北京大學在景山東街二院大禮堂隆重舉行劉半農追悼會，由北大校長蔣夢麟主祭，胡適、周作人、錢玄同、魏建功先後介紹劉半農的生平事迹，並由劉北茂致答謝詞。胡適在追悼會上回憶說：

> 我與半農為以前「卯字號」人物，至今回憶起這段故事，令人無限悲傷，緣半農與陳獨秀、林損及我皆為卯年生，我們常和陳獨秀、錢玄同先生等在二院西面一間屋裏談天說笑，因此被人叫做「卯字號」人物。「屬兔」，陳獨秀先生比我們大十二歲，即是比我們大一個卯字，他們叫他做「老兔子」，叫我和半農、林損諸人為「小兔子」。現在我們「小兔子」的隊伍，逐漸凋零了。註19

據當事人回憶，當胡適談到劉半農的學術成就和病死經過時，在場師生失聲痛哭。而在胡適贈送的輓詞中，也極其深情地表白道：「守常慘死，獨秀幽囚，新青年舊日同夥又少一個。拼命精神，打油風趣，老朋友當中無人不念半農。」

20年代的苦雨齋聚會，左起：沈士遠、周作人、劉半農、沈尹默、馬幼漁、沈兼士、徐祖正、蘇民生、錢玄同。

1935年1月2日，出國講學的胡適在哈里生總統船上以〈1934年的回憶〉為標題為上年度的日記寫作總結時，再一次談到劉半農：「劉半農之死，是很可惜的，半農的早年訓練太不好，半途出家，努力做學問，總算是很有成績的。他的風格（taste）不高，有時不免有低級風趣，而不自覺。他努力做雅事，而人但覺其更俗氣。但他是一個時時刻刻有長進的人，其努力不斷最不易得。一個『勤』字足蓋百種短處。」[註20]

與此相印證，劉半農自己也曾經在〈留別北大學生的演說〉中表示說：「我到本校擔任教科，已有三年了。因

為我自己，限於境遇，沒有能受到正確的、完備的教育，稍微有一點知識，也是不成篇段，沒有系統的，所以自從到校以來，時時慚愧，時時自問有許多辜負諸位同學的地方。所以我第一句話，就是要請諸位同學，承受我這很誠懇的道歉。……我此番出去留學，不過是為希望能盡職起見，為希望我的工作做得圓滿起見，所取的一種相當的手續，並不是把留學當做充滿個人欲望的一種工具。」註21

關於劉半農在北京大學和《新青年》團隊中的真實地位和實際影響，既是《新青年》同人又是《新潮》編輯的羅家倫回憶說：「（劉半農）本來是在上海做無聊小說的，後來陳獨秀請他到預科教國文。當時大家很看他不上，不過慢慢地他也走上正路了。……當時陳獨秀提出文學革命的時候，大家已經嚇得目瞪口呆了，而錢玄同更加提出廢除漢字的主張，所以許多人更目之為怪誕。他們因為要找一個反對的人做罵的物件，所以錢玄同便寫一封假名的信，用『王敬軒』的假名字，這封信是特地用舊派口吻，反對文學革命的，當時劉半農就做了一篇什麼連刁劉氏鮮靈芝都包括進去的一封復信，狗血噴頭地把這位錢玄同先生的化身王敬軒罵一頓。這封信措辭輕薄，惹引了不少的反感。後來新青年社中人，亦甚感懊喪。劉半農還有一篇〈作揖主義〉也是同樣的輕薄口吻的文字，所以大家都看不大起。……以後北京大學派他到法國研究音韻學對於他乃是一種很大的幫助。」註22

六、劉半農的死後是非

劉半農去世後，已經與他斷絕關係的魯迅在〈憶劉半農君〉中寫道：「我已經忘記了怎麼和他初次會面，以及他怎麼能到了北京。他

到北京，恐怕是在《新青年》投稿之後，由蔡子民先生或陳獨秀先生去請來的，到了之後，當然更是《新青年》裏的一個戰士。他活潑，勇敢，很打了幾次大仗。……幾乎有一年多，他沒有消失掉從上海帶來的才子必有『紅袖添香夜讀書』的豔福的思想，好容易才給我們罵掉了。但他好像到處都這麼的亂說，使有些『學者』皺眉。有時候，連到《新青年》投稿都被排斥。他很勇於寫稿，但試去看舊報去，很有幾期是沒有他的。那些人們批評他的為人，是：淺。……但這些背後的批評，大約是很傷了半農的心的，他的到法國留學，我疑心大半就為此。」註23

〈憶劉半農君〉的落款時間是1934年8月1日。魯迅在前一天寫給李小峰的回信中表示說：「關於半農，我可以寫幾句，不過不見得是好話，但也未必是壞話。」

除了上述的「好話」與「壞話」，魯迅對於劉半農另有「漸漸的據了要津」、「從去年來，又看見他不斷的做打油詩，弄爛古文」的「壞話」。隨後，魯迅在〈趨時和復古〉一文中，針對林語堂等人紀念劉半農的文章，又把「拉車屁股向後」的「壞話」加在劉半農身上，認為劉半農「已經快要被封為復古的先賢，可用他的神主來打『趨時』的人們了」。註24

作為中國左翼作家聯盟（簡稱「左聯」）的精神領袖，魯迅批評劉半農的「好話」與「壞話」，主要是基於當時的政治形勢和政治需要的「政治表態」，他所要反對的其實是以胡適、周作人、林語堂、梁實秋等人為代表的「右」派文人。針對魯迅及其他左翼人士的相關評論，遠在北平的周作人於同年11月30日寫下〈半農紀念〉，借著魯迅

文革期間被砸爛的香山玉皇頂劉半農墓碑。

「相逢一笑泯恩仇」的話頭惡毒攻擊道：「漫云一死恩仇泯，海上微聞有笑聲。空向刀山長作揖，阿旁牛首太猙獰。」

到了1949年的〈劉半農與禮拜六派〉中，周作人的態度開始發生微妙變化：「劉君初到北大還是號半農，友人們對他開玩笑，說儂字很有《禮拜六》氣，他就將人旁去了。可是在英美派學者中還有人譏笑他的出身，他很受了一點刺激，所以在民八之後他決心往歐洲遊學……」註25

接下來，周作人又在1958年5月17日《羊城晚報》發表〈劉半農〉一文，直接點出了胡適的名字：「不過劉半農在北大，並不是一帆風順的。他在預科教國文和文法概論，但他沒有學歷，為胡適輩所看不起，對他態度很不好，他很受刺激，於是在『五四』之後，要求到歐洲去留學。」

到了應曹聚仁邀約為香港報刊寫作的《知堂回想錄》中，周作人進一步回憶說：

上邊說陳仲甫的事，有一半是關係胡適之的，現在要講劉半農，這也與胡適之有關，因為他之成為法國博士，乃是胡適之促成的。我們普通稱胡適之為胡博士，也叫劉半農為劉博士，但是很有區別，劉的博士是被動的，多半含有同情和憐憫的性質，胡的博士是能動的，純粹是出於嘲諷的了。劉半農當初在上海賣文為活，寫「禮拜六」派的文章，但是回應了《新青年》的號召，成為文學革命的戰士，確有不可及的地方。來到北大以後，我往預科宿舍去訪問他，承他出示所作〈靈霞館筆記〉的資料，原是些極普通的東西，但經過他的安排組織，卻成為很可誦讀的散文，當時就很佩服他的聰明才力。可是英美派的紳士很看不起，明嘲暗諷，使他不安於位，遂想往外國留學，民九乃以公費赴法國。留學六年，終於獲得博士學位，而這學位乃是國家授予的，與別國的由私立大學所授的不同，他屢自稱國家博士，雖然有點可笑，但這是很可原諒的。他最初參加《新青年》，出力奮鬥，頂重要的是和錢玄同合唱「雙簧」，由玄同扮作舊派文人，化名王敬軒，寫信抗議，半農主持答復，痛加反擊，這些都做得有些幼稚，在當時卻是很有振聾發聵的作用的。他不曾與聞《每周評論》，在「五四」時卻主持高等學校教職聯合會事務，後來歸國加入《語絲》，作文十分勇健，最能嚇破紳士派的苦膽。註26

以上文字出自〈卯字號的名人三〉，到了〈三沈二馬下〉，周作人再一次談到劉半農和胡適：「馬幼漁性甚和易，對人很是謙恭，……但有時跡近戲弄的也不贊成，有一次劉半農才到北京不久，也同老朋友一樣和他開玩笑，在寫信給他的時候，信面上寫作『鄞縣馬廄』，主人見了怫然不悅，這其實要怪劉博士的過於輕率的。……當初劉半農從上海來北京，雖然有志革新，但有些古代傳來的『才子佳人』的思想還是存在，時常在談話中間要透露出來，彷彿有羨慕『紅袖添香』的口氣，我便同了玄同加以諷刺，將他的號改為龔孝拱的『半倫』，……半農禁不起朋友們的攻擊，逐漸放棄了這種舊感情和思想，後來出洋留學，受了西歐尊重女性的教訓，更是顯著的有了轉變了。……劉、胡二博士雖是品質不一樣，但是在不忘故劍這一點上，卻是足以令人欽佩的，胡適之尚健在，若是劉半農則已蓋棺論定的了。」

　　曾經與劉半農同時擔任《新青年》編輯的沈尹默，在落款時間為1966年1月的〈我和北大〉中，提供了比周作人更加離奇的說法：「《新青年》在北京出版後，曾發生一件事：錢玄同、劉半農化名寫文章在《新青年》發表，駁林琴南復古謬論，玄同、半農的文筆犀利，諷刺挖苦（當時，打倒孔家店的口號已提出來），胡適大加反對，認為『化名寫這種遊戲文章，不是正人君子做的』，並且不許半農再編《新青年》，由他一個人獨編。我對胡適說：『你不要這樣做，要麼我們大家都不編，還是給獨秀一個人編吧。』二周兄弟（樹人、作人）對胡適這種態度也大加反對，他們對胡適說：『你來編，我們都不投稿。』胡乃縮手。」[註27]

　　事實上，胡適本人從一開始就是劉半農與錢玄同的「雙簧信」的知情者，他當時並沒有加以反對和阻止，事後也沒有「不許半農再編《新青年》，由他一個人獨編」。就在劉半農、錢玄同、陳獨秀、沈尹默、魯迅、周作人等人參與策劃「雙簧信」的1918年2月10日即舊曆除夕，胡適在寫給母親馮順弟的家信中介紹說：

> 今天起得很早，天未亮便醒了。……廚子（名閬海）已出去了。因為昨夜我叫他今天午飯辦幾樣菜，為同居的高先生送行，所以他一早便出去買菜去了。……十點鐘時，同高先生出去看了兩家朋友。回來吃午飯，也沒有外客，就是我陪高先生喝了兩杯酒，聰兒也在座。
> 吃過飯便有客來，……客去之後，我也叫車出門，先到大學法科去尋一位朋友，談了一刻鐘，又到大學文科去辦了一點事。
> 五點半鐘到一位陶孟和先生家去吃夜飯。陶先生也是大學的教授，是在英國畢業的，學問極好。他和兩位嚴氏兄弟同住。這兩位嚴先生是前清學部侍郎嚴修的兒子，一個是醫生，一個是畫家。吃飯時，還有一位韓先生，也是一個醫生。註28

　　這裏的「高先生」就是與胡適同住的《新青年》同人高一涵。住在北大法科的「一位朋友」就是北大預科教授、《新青年》編輯劉半農。胡適「談了一刻鐘」的主要內容顯然與劉半農正在組稿的《新青

年》4卷3號直接相關。1918年3月出版的《新青年》4卷3號中，除了劉半農與錢玄同以〈文學革命之反響〉為標題的「雙簧信」之外，還刊載有四首以〈除夕〉為題的白話詩，作者依次是沈尹默、胡適、陳獨秀和劉半農。胡適在詩中寫道：「除夕過了六七日，／忽然有人來討除夕詩！／除夕『一去不復返』，／如今回想未免已太遲！／那天孟和請我吃年飯，／……若問談的什麼事，／這個更不容易記。／像是易卜生和白里歐，／這本戲和那本戲。／……」

由此看來，在除夕這一天，胡適與《新青年》編輯劉半農、陶孟和、陳獨秀、沈尹默、錢玄同，以及並不是正式編輯的魯迅、周作人等人，不僅基本上確定了由劉半農負責編輯的4卷3號的內容，而且初步設計了由胡適編輯的4卷6號即「易卜生號」的內容。換言之，至少在以〈文學革命之反響〉為標題的「雙簧信」發表前後，《新青年》同人之間是和諧融洽、親密無間的。

至於劉半農隨後的出洋留學，原本是周作人求之不得的學習機會和人生轉機。等到劉半農去世之後，周作人反而把劉半農主動爭取的留學機會改寫成為胡適等人「看不起，明嘲暗諷」的結果。這種「反覆顛倒無所不可」的「紹興師爺」註29的刀筆手段，無論如何是不能成立的，借用劉半農的話說：「余與適之相交在十五年以上，知其人倔強自用則有之，指為陰險，當是逢羽挑撥之言。」

歸結了說，胡適和劉半農都是擁有缺點、盲點和局限性的平常人，要想指正他們的缺點、盲點和局限性，就必須以既有的歷史事實作為立論的依據，而不應該像周作人那樣違背現代文明社會「疑罪從無」和「無罪推定」的普世法理，反過來採用「紹興師爺」的「反覆

顛倒無所不可」的舊思維和舊手段。

劉半農逝世後，被安葬在北京西郊的香山玉皇頂大木坨。整個墓地由時任北京市務局長的汪申伯規劃設計，漢白玉墓塚的正面有劉半農的浮雕頭像，雕像下方是黃賓虹書寫的篆字「劉半農先生貌像」，左右側雕是劉半農生前創制的「聲調推斷尺」和仿西漢的「日晷」圖像。墓碑由蔡元培、章太炎、吳稚暉、錢玄同、沈兼士、周作人、魏建功、馬衡等人合作完成。

到了所謂史無前例的「文化大革命」期間，被魯迅認定為「拉車屁股向後」的劉半農，自然變成了歷史罪人，他的墓碑遭受破壞，直到1982年才得以重新修復。與被拋棄在新墓碑不遠處的舊墓碑殘片相比，新墓碑永遠喪失了舊墓碑精雕細刻的韻味和魅力。

2006年1月張耀杰拜掃香山玉皇頂劉半農墓。

【注釋】

註1：歐陽哲生編《再讀胡適》，北京：大眾文藝出版社，2001年6月，第222頁。

註2：劉半農：〈南歸雜話〉，《新青年》5卷2號，1918年8月。

註3：徐半梅：《話劇創始期回憶錄》，北京：中國戲劇出版社1957年出版。

註4：《劉半農散文經典》，北京：印刷工業出版社，2001年3月，第232頁。

註5：《周作人日記》上冊，鄭州：大象出版社，1996年，第746頁。

註6：《吳虞日記》下冊，成都：四川人民出版社，1984年，第274頁。

註7：徐瑞岳編著《劉半農年譜》，北京：中國礦業大學出版社，1989年，第65頁。

註8：《錢玄同日記》第4卷，福州：福建教育出版社，2002年，第1749頁。

註9：《錢玄同日記》第4卷，第1751頁。此段話的後半部分即「續一月廿四」，誤編為第1739頁。

註10：沈永寶編《錢玄同五四時期言論集》，上海：東方出版中心，1998年10月，第119頁。

註11：周作人：《過去的工作》，石家莊：河北教育出版社，2002年，第73頁。「注音字母」是中文拼音之前所採用的一種拼音字母，「愛世語」即世界語，「劉復、唐俟、周作」即劉半農、魯迅、周作人。「景教紀元」即基督教世界所採用的西元紀年。

註12：《胡適來往書信選》上冊，北京：中華書局，1979年，第24頁。這封信的落款是「廿夜」，《胡適來往書信選》把寫作日期認定為1919年2月20日，北京大學出版社的《胡適書信集》，又把寫作日期認定為1919年的「7、8月間」。而在實際上，該信的寫作時間是1918年8月20日。

註13：《中國現代文藝資料叢刊》第5輯，上海文藝出版社，1980年4月，第319、第322頁。

註14：劉小蕙：《父親劉半農》，上海人民出版社，2000年，第218頁。信中的起孟即周作人（啟明）。

註15：《胡適來往書信選》上冊，第132頁。「夷初」即北大教授馬敘倫。

註16：曹伯言整理《胡適日記全編》第6卷，合肥：安徽教育出版社，2001年，第402頁。

註17：劉小蕙：《父親劉半農》，第253頁，1934年3月8日《劉半農日記》。

註18：《獨立評論》第110號，1934年7月22日出版。轉引自程巢父著《思想時代》北京：華夏出版社，2004年，第197頁。

註19：胡不歸：《胡適之先生傳》，轉引自程巢父著《思想時代》，第198頁。

註20：《胡適日記全編》第6卷，第424頁。

註21：北京《晨報副刊》，1919年12月20日。收入《劉半農散文經典》，第294頁。

註22：羅家倫：〈蔡元培時代的北京大學與五四運動〉，落款日期為1931年8月26日，原載臺灣出版的《傳記文學》第54卷第5期，1978年5月。引自《五四運動親歷記》，中國人民政治協商會議全國委員會文史資料委員會編，中國文史出版社，1999年。

註23：魯迅：〈憶劉半農君〉，《魯迅全集》第6卷，北京：人民文學出版社，1981年，第71頁。

註24：魯迅：〈趨時和復古〉，《魯迅全集》第5卷，第535頁。

註25：文載《自由論壇晚報》，1949年3月22日。

註26：周作人：《知堂回想錄》下卷，石家莊：河北教育出版社，2002年，第411頁。

註27：沈尹默：〈我和北大〉，《文史資料選輯》第61輯，北京：中華書局出版，1979年。

註28：耿雲志、歐陽哲生編《胡適書信集》上冊，北京大學出版社，1996年，第126頁。

註29：周作人：〈關於紹興師爺〉，1949年4月5日《自由論壇晚報》。

北大教授與徐世昌

在**1919**年「五四」運動前後，中華民國大總統徐世昌，曾經通過官方渠道間接干涉過《新青年》編輯部及其所在的北京大學。北大教授特別是《新青年》同人團隊，對於掌握最高權力的徐世昌，也一直採取針鋒相對甚至於嬉笑怒罵的批評態度。

一、高一涵教訓徐世昌

1918年11月24日，新任大總統徐世昌發佈〈大總統令〉，其中充斥著「天地君親師」之類政教合一的神道觀念，高一涵在〈非「君師主義」〉中毫不含糊地批駁說：

> 這幾個月來，我是不談政治的，是不讀「總統命令」的。一則因為中國現在無舉國公認的政府，無舉國愛戴的總統；二則因為我們所講求的是法治不是人治，所研究的是法律不是命令。所以就是總統合法的命令，

也不大理會他，何況這種總統的「上諭」呢！然我看見十一月二十四日的「大總統令」中有一大堆「道德」的話頭，謂：「牖民成俗，是惟道德，……西哲有言，道德為共和國之元氣，……亟當……揭櫫道德以為群倫之表率。……」又有什麼「教條」，又有什麼「檢束身心以為律度」，又有什麼「各秉至誠以回末俗」，又有什麼「教育事業……著教育部通飭京外學校於修身學科，認真教授，並酌擇往哲嘉言懿行，編為淺說，頒行講演，以資啟迪……」云云。我讀了一遍，覺得這種「天地君親師」的總統觀念，在中國是狠印入人心的，絕不止徐世昌一人獨懷這種意思。[註1]

接下來，高一涵先引用前輩文化人嚴復說過的一段話：「蓋西國之王者，其事專於作君而已。而中國帝王，作君而外，兼以作師。且其社會，固宗法之社會也，故又曰元後作民父母。夫彼專為君，故所重在兵刑。而禮樂、宗教、營造、樹畜、工商，乃至教育、文字之事，皆可放任其民使自為之。中國帝王下至宰守，皆以其身兼天、地、君、親、師之眾責，……使後而仁，其視民也，猶兒子耳；使後而暴，其遇民也，猶奴虜矣。為兒子、奴虜異，而其於國也，無尺寸之治柄，無絲毫應有必不可奪之權利，則同。由是觀之，是中西政教之各立，蓋自炎黃、堯舜以來，其為道莫有同者……」之後便正面提出了「思想革命」的概念：

嚴氏論事，多執己見，獨這一段實寫中國君後觀念，卻無一字虛構的。所以這種「神聖的」總統，「元后的」總統，

「家長的」總統,「師傅的」總統思想,在中國社會上狠占勢力。惟其為「神聖的」總統,所以能定「教條」;惟其為「元後的」總統,所以能「一正心而天下定」;惟其為「家長的」總統,所以云「在下則當父詔兄勉,以孝悌為輔世之方」;惟其為「師傅的」總統,所以「教育」、「修身」,皆得由彼「酌擇」。然則這次「大總統令」,實為中國舊思想之結晶,所以不得輕易看過去的。我以為這種「天地君親師」的總統觀念,所以發生的原因有二:①是缺乏歷史進化的觀念。②是行制度革命而不行思想革命的壞處。

作為結論,高一涵進一步寫道:「中國革命是以種族思想爭來的,不是以共和思想爭來的。所以皇帝雖退位,而人人腦中的皇帝尚未退位。所以入民國以來,總統行為,幾無一處不摹仿皇帝。皇帝祀天,總統亦祀天;皇帝尊孔,總統亦尊孔;皇帝出來地下敷黃土,總統出來地下也敷黃土;皇帝正心,總統亦要正心;皇帝『身兼天地君親師之眾責』,總統也想『身兼天地君親師之眾責』。這就是制度革命思想不革命的鐵證。……我的意見,不是說道德是不必要的,是說道德不能由國家干涉的;不是說共和國家不必尚道德的,是說主人的道德,須由主人自己培養,不能聽人指揮,養成奴性道德的;也不是說現在社會道德是不壞的,是說就是壞到極點,也不能因我們大總統下一道『上諭』的命令,就可以立刻挽回的;更不是說道德不該有人倡導的,是說總統偶吃一次齋,萬不能使人人戒殺;偶沐一回浴,萬不能使人人滌面洗心;偶正一刻心,亦萬不能使人人的心皆放在正

中，而永遠不歪的。所以道德必須由我們自己修養，以我們自己的良知為標準，國家是不能攢入精神界去干涉我們的。此外尚有一個理由，就是國家待人民，要看作能自立、自動，具有人格的大人；萬不要看作奴隸，看作俘虜，看作赤子，看作沒有人格的小人。共和國的總統是公僕，不是『民之父母』；共和國的人民，是要當作主人待遇，不能當作『兒子』待遇，不能當作『奴虜』待遇的。」

撇開「思想革命」的是非功過不談，可以把高一涵的觀點變得更加通俗一點：中華民國的大總統徐世昌，所擁有的只是執政的權力而不是教化本國公民的權利。他只是全中國人民用納稅錢供養的一名專門為本國公民提供公共服務的「公僕」，而不是也不應該是全中國人民的精神導師。他的職責只是依法行政特別是依法管制掌握公共權力的行政官員以及地方軍閥，而不是「攢入精神界去干涉我們」的精神自由、道德修養和宗教信仰。在辛亥革命之後已經初步實現憲政民主制度的中華民國，作為大總統的徐世昌，偏偏連這麼一點文明常識都不具備，反而恬不知恥地扮演「作君而外，兼以作師」的「中國帝王」的角色，實在是國人的奇恥大辱！

二、錢玄同謾罵大總統

比起高一涵，錢玄同的相關言論就顯得更加直白、更加透徹也更加極端。他在發表於《新青年》5卷3號的〈隨感錄二十八〉中寫道：

> 既然叫做共和政體，既然叫做中華民國，那麼有幾句簡單的話要奉告我國民。民國的主體是國民，決不是官，決不是總

統。總統是國民的公僕，不能叫做「元首」。國民既是主體，則國民的利益，須要自己在社會上費了腦筋費了體力去換來。公僕固然不該殃民殘民，卻也不該仁民愛民。公僕就是有時僭妄起來，不自揣量，施其仁愛，但是做國民的決不該受他的仁愛。——什麼叫做仁民愛民呢？像貓主人養了一隻貓，天天買魚腥給他吃。這就是仁民愛民的模型。既在二十世紀建立民國便該把法國美國做榜樣，一切「聖功、王道」和「修、齊、治、平」的鬼話，斷斷用不著再說。中華民國既然推翻了自五帝以迄滿清四千年的帝制，便該把四千年的「國粹」也同時推翻。因為這都是與帝制有關係的東西。民國人民，一律平等；彼此相待，止有博愛，斷斷沒有什麼「忠、孝、節、義」之可言。

在《錢玄同日記》中，另有針對徐世昌的私下謾罵。1919年1月5日，教育部秘書徐森玉在聚會時告訴沈尹默、錢玄同等人，有人請徐世昌出面讓北京大學「改換學長整頓文科」。錢玄同因此大發牢騷：「這幾天徐世昌在那裏下什麼祈天神！什麼『股肱以膂』！什麼『祈天永命』！什麼『吏治』！什麼『孔道』的狗屁上諭，這才是你們的原形真相呢。」[註2]

第二天，錢玄同在日記中記錄了自己與教育部僉事陳頌平之間的對話：「頌平示我以山西督軍閻錫山給國語研究會的信。信中很主張國文改為國語。並閱閻氏在山西出臺白話告示，編國語讀本，提倡注音字母。國民學校的國語讀本已經編了四五本了。這樣的督軍現在總

要算是好官了。即使是沽名釣譽也該恭維他的。請問別的官肯如此沽名釣譽嗎？他知道這是有名譽的事，則其知識比起那……『祈天永命』的徐總統來無疑大有天壤之別麼？」

第三天，錢玄同又在日記中記錄了教育部僉事周豫才即魯迅，對於自號「東海」的徐世昌的評論：「和半農同訪周氏兄弟。豫才說如其大東海國大皇帝竟下了吃孔教的上諭，我們唯有逃入耶穌教之一法。豫才說用耶教來抵禦中國舊教，我本來是不贊成的，但彼等如竟要叫大家吃孔教、來研究那狗屁三綱五常，則我們為自衛計惟有此法而已。頌平說他入耶穌教全為反對喪禮，這是和豫才一樣的意思。」

作為公共人物的徐世昌在就任大總統之前和之後，一直是主要由北大教授所組成的《新青年》同人談論諷刺的對象。在著名的雙簧信〈文學革命之反響〉中，劉半農答復王敬軒即錢玄同的回信，就曾經採用調侃的筆調點出了徐世昌的名字：「又當代名士張柏楨，

中華民國大總統徐世昌。

——此公即是自以為與康南海徐東海並稱『三海不出，如蒼生何！』的『張滄海先生』——文集裏有一篇文章，是送給一位朋友的祖父母的『重圓花燭序』，有兩聯道，『馬齒長而童心猶在，徐娘老而風韻依然！』敬軒先生，你既愛駢文，請速即打起調子，吊高喉嚨，把這幾段妙文拜讀幾千百遍；如有不明白之處，盡可到佩文韻府上去查查。」註3

徐世昌剛剛當上大總統，國民黨元老吳稚暉（敬恆）就在《新青年》5卷5號發表〈補救中國文字之方法若何？〉，其中寫道：「先把一笑話說明：倘有人問，『徐錫麟的革命，力量夠不夠？』竟在安慶校場殺頭，形似不夠；但畢竟做總統的還是徐世昌。總之成了有姓徐的做總統的民國，決不再是有姓愛新覺羅的做皇上的帝國。……這好比一家同是姓徐，那揸拳攘臂，做出暴徒的行徑，止好苦徐錫麟不著；那徐世昌先生，總得要到了制禮作樂的時候，才好垂紳縉笏的請他出場的。所以Esperanto是還不曾開了牛津大學的課堂，戴著博士帽子，天天教授。熱心贊成的，多半是那些中下流的人物。」

在此之前，胡適已經率先在《新青年》5卷4號開闢〈什麼話？〉欄目，他所收集的「或可使人肉麻，或可使人歎氣，或可使人冷笑，或可使人大笑」的六項報刊資料中，有三項涉及新任大總統徐世昌：

其一、「王揖唐覆徐世昌函，有一段說，『抑又聞之，總統之名義，考之臘丁原文，為伯理璽天德。伯理云者勇於事也。璽天德云者，安於位也。』」

其二、「林傳甲上徐世昌『治安三策』原電中有云：『在野知人民公意，有治安三策。第一策：本美國總統減定大總統年俸歲十五萬

元節存三十三萬以立北京武昌廣州三大學。黎宋卿不用此策致失位辱身。第二策，國會議員照英例取無給主義，則南北皆無所爭。另選議員不致行賄。……總統議員不要錢，軍人誰敢不用命？」林君之意以為爭總統的只爭三十三萬的年俸，爭議員的只爭每月現洋四成票洋六成的月俸。可謂陋儒的『要錢主義』了！」

其三、「徐世昌就總統職宣言書中，有句云，『惟是事變紛紜，趨於極軌，我國民之所企望者，亦冀能解決時局，促進治平耳。而昌之所慮，不在弭亂之近功而在經邦之本計；不僅囿於國家自身之計畫；而必具有將來世界之眼光。』」

在由劉半農收集整理的〈什麼話？〉之二中，另有這樣的話語：「一九一八年十一月，歐戰終止，北京學界在天安門外開慶祝大會。過了幾天，某小學校教員問學生道，『你們可知道前幾天我們幹麼要排了隊到天安門去？我現在告訴你們，這是因為我們中國打勝了德國呀！』同年某日，徐世昌開放三海讓學校裏的人進去玩玩。有一間屋子裏放了幾盤點心，一個小學校的教員和幾個學生看見了，都搶著去吃。第二天，學生上課，那個搶吃的教員便罵道，『你們也太不懂規矩了。搶大總統府裏的點心吃，還成個什麼樣子？』說的時候，『大總統府裏的』六個字說得特別響一點。」

在沒有署名的〈什麼話？〉之五中，還有這樣的介紹：「北京《時事評論》上有一條評論，其文曰：『東海壽辰，停止慶賀，仰見民胞物與體恤小民無微不至之苦心。然而飲酒吟詩，亦及時行樂之一法，東海壽日，其有意於此乎？』」

由此可以看出，《新青年》時代的中國公民，是可以在公共媒體

上公開批評大總統徐世昌的。遭受批評的徐世昌，儘管對《新青年》
及《新潮》雜誌有所干涉，卻不是因為該雜誌觸犯了他個人，他所採
取的也不再是專制皇帝大興文學獄的野蠻方式。

三、徐世昌與北大教授

　　徐世昌，字卜五，號菊人，又號東海，原籍直隸天津，出生於
河南省汲縣。光緒八年即1882年，他在袁世凱的資助下進京應順天
府鄉試，與出生於天津鹽商之家的嚴修（範孫）同住在北京橫街圓通
觀，兩個人因同吃同住同應試而結為「金蘭之好」。考試結果是徐世
昌中第154名舉人，嚴範孫中第191名舉人。兩個人隨後又分別考中了
進士。

　　1901年袁世凱任直隸總督，徐世昌負責文案處理。1908年11月
宣統繼位，攝政王載灃當權。袁世凱於第二年被罷官，嚴範孫也因為
替袁世凱申辯而辭職。老於世故的徐世昌雖然因為與袁世凱關係密切
而受到牽連，但他仍然能夠施展官僚手段贏得攝政王載灃的信任。
1911年辛亥革命爆發，徐世昌極力主張起用袁世凱。1914年5月，他
接受袁世凱的邀請出任國務卿。1915年，他窺測出袁世凱稱帝可能會
引起政局動盪，便辭職回到河南輝縣的水竹村。1916年11月，徐世昌
以北洋元老的資格應邀到京，參與調解總統黎洪元和總理段祺瑞之間
的權力之爭，事後移居天津。1918年8月12日，馮國璋通電辭職，皖
系首領段祺瑞認為徐世昌是易於操縱的文人，便指使由安福系主導的
國會選舉其為大總統。1918年10月10日，徐世昌繼任大總統，他一方
面利用北洋軍閥內部的派系鬥爭維持自己的政治地位，一方面致力於

樹立和平總統的道德形象。1922年第一次直奉戰爭後,北京政府成為直系軍閥的天下,徐世昌被迫離職。從1931年到1939年6月去世,日本當局幾次設法爭取徐世昌的合作,都被他堅決拒絕。

徐世昌在位期間最值得稱道的一件事,就是鼎力支援嚴修(範孫)和張伯苓創辦中國著名的私立南開大學。1918年12月底,他專門約請赴美國考察歸來的嚴修交流看法。1919年2月7日,他又特約嚴修和張伯苓到北京與教育部長傅增湘、次長袁希濤協商「為南開大學立案」之事,並且帶頭慷慨解囊,同時號召他的北洋部屬及各社團、各銀行、公私企業、各基金會捐款助學。資助周恩來到法國留學的「嚴範孫獎學基金」,就是在徐世昌、朱啟鈐等人的大力支持下才得以設立的。

1919年1月9日,錢玄同在日記中寫道:「午後到大學晤半農、幼漁、叔平、百年、秩陵、孟和、尹默諸人。孟和說嚴範孫很說《新青年》好,但不贊成我罵『桐城謬種』、『選學妖孽』。這真是可笑萬

大總統徐世昌接見各國使節。

分。我做《新青年》，嚴範孫有什麼資格跑來管我，況且文章的價值是怎樣的，難道他又懂得嗎？」

北大教授、《新青年》輪值編輯陶孟和，是張伯苓在嚴修的私塾家館培養出的第一批優秀人才，當時正和他的連襟、同盟會元老黃郛（膺白）等人替徐世昌執筆寫作〈歐戰後之中國〉。他所傳達的嚴修的意見，在某種程度上也就是徐世昌的意見。1919年2月8日，嚴修和張伯苓再一次來到北京商洽南開大學之事，陶孟和專門在六味齋設宴招待兩位恩師，出席作陪的是正是北京大學的蔡元培、胡適等人。

事實上，針對北京大學及《新青年》雜誌的最為直接的敗壞，並不是來自大總統徐世昌，而主要是來自與陳獨秀、胡適同為安徽籍的國務總理段祺瑞的安福系。1919年3月18日，安福系的機關報《公言報》刊載林紓（琴南）致蔡元培的公開信，並且專門配發了社評〈請看北京大學思潮變遷之近狀〉，其中有這樣一段話：「日前宣傳教育部有訓令達大學，令其將陳、錢、胡等三人辭退。但經記者之詳細調查，則知尚無其事。唯陳、胡等對於新文學之提倡。不第舊文學一筆抹殺，而且絕對的菲棄舊道德，毀斥倫常，詆排孔孟，並且有主張廢國語而以法蘭西文字為國語之議。其鹵莽滅裂，實亦太過。」

教育部令陳獨秀、錢玄同、胡適三人辭退的「訓令」雖然並不存在，教育部長傅增湘迫於包括大總統徐世昌、國務總理段祺瑞在內的高層壓力，曾經於1919年3月26日給蔡元培寄來一封勸告函：「自《新潮》出版，輦下耆宿，對於在事員生，不無微詞，比承過從，獲讅尊旨，良用釋然。……近頃所慮，乃在因批評而起辨難，因辨難而涉意氣，倘稍逾學術範圍之外，將益啟黨派新舊之爭，此則不能不引

為隱憂耳。……凡事過於銳進，或大反乎恒情之所習，末有不立蹶者。」[註4]

另據1919年4月1日《申報》報道，這件事的直接動因是安福系參議員張元奇認為鼓吹新思潮的北大教員、學生「實為綱常名教之罪人」，專門到教育部「請教育總長加以取締，當時攜去《新青年》、《新潮》等雜誌為證。如教育總長無相當之制裁，則將由新國會提出彈劾教育總長案，並彈劾大學校長蔡元培氏。」

到了五四運動爆發和蔡元培辭職南下之後的1919年6月6日，徐世昌曾經簽發大總統令阻止蔡元培回北大復職：「任命胡仁源署北京大學校長。」不過，此舉顯然是限定在法律程式之內的依法行政，並不存在凌駕於憲法和法律之上玩弄專制權術的嫌疑。前北大教授、蔡元培在上海南洋公學栽培過的優等生胡仁源，由於害怕北大師生的堅決拒絕，並沒有到校就職。

另據蕭超然介紹，1919年6月28日晚8點左右，大總統徐世昌請北京各校的請願代表進總統府對話。面對代表們一直反對在巴黎和約上簽字的要求，徐世昌很不情願地順應了民意：「政府當然接……接受民意，不……不簽字就是了。你們好好回去安心讀書吧！」代表們立即說：「大總統既然答應拒絕簽字，請立即擬好電文拍發出去。我們回去也好向同胞交代。」徐世昌萬分無奈，不得不令秘書當場擬好電文發往巴黎，命令出席和會的中國代表顧維鈞、王正廷拒絕簽署巴黎和約。[註5]

1933年，劉半農在〈初期白話詩稿序目〉中回憶說：「黃侃先生還只是空口鬧鬧而已，衛道的林琴南先生卻要於作文反對之外，借

助於實力——就是他的『荊生將軍』，而我們稱為小徐的徐樹錚。這樣，文字獄的黑影就漸漸的向我們頭上壓迫而來，我們就無日不在栗栗危懼之中過活。」

而在事實上，當年的大總統徐世昌以及國務總理段祺瑞的得力幹將徐樹錚，都沒有過分為難「凡事過於銳進，或大反乎恒情之所習」的北大教授及《新青年》同人。陳獨秀被免除文科學長職務，以及《新青年》同人的分道揚鑣，並不是由於「稱為小徐的徐樹錚」所製造的「文字獄」，反而是由於「無日不在栗栗危懼之中過活」的《新青年》同人的內部爭鬥，也就是浙江籍的蔡元培、湯爾和、馬敘倫、沈尹默等人，對於安徽籍的陳獨秀的暗箱排斥。由徐世昌任大總統的中華民國政府，基本上是容忍了北大教授及《新青年》雜誌的自由言論。

【注釋】

註1：《新青年》5卷6號，1918年12月。

註2：《錢玄同日記》第3卷，福州：福建教育出版社，2002年，第1711頁。

註3：《新青年》4卷3號，1918年3月。

註4：《蔡元培書信集》上冊，浙江教育出版社，2000年，第403頁。

註5：蕭超然：《北京大學與五四運動》，北京大學出版社，1986年，第242頁。

遭遇「包圍」的蔡元培

沈尹默在〈我和北大〉中寫道:「蔡先生的書生氣很重,一生受人包圍,……到北大初期受我們包圍(我們,包括馬幼漁、叔平兄弟,周樹人、作人兄弟,沈尹默、兼士兄弟,錢玄同,劉半農等,亦即魯迅先生作品中引所謂正人君子口中的某籍某系);以後直至中央研究院時代,受胡適之、傅斯年等人包圍,死而後已。」[註1]這段話語所透露的「某籍某系」與蔡元培之間的「包圍」與被「包圍」的資訊,直接關係著新文化運動的發展路徑及中國教育文化史的整體走向。

一、「某籍某系」的由來

1925年5月7日,被學生驅逐出校的國立北京女子師範大學校長楊蔭榆在臨時租用辦公的西安飯店召集評議會,決定開除學生自治會職員蒲振聲、張平江、鄭德音、劉和珍、許廣平、姜伯諦的學籍。5月27日,由魯迅撰稿,並由魯迅以周樹人本名與馬裕藻、

沈尹默、李泰棻、錢玄同、沈兼士、周作人共同簽署的〈對於北京女子師範大學風潮的宣言〉在《京報》發表。

這一天恰好是星期三，是北京大學英文系教授陳源以西瀅署名寫作「閒話」的日子。於是，在5月30日出版的《現代評論》「閒話」欄中，出現了這樣一段話：「閒話正要付印的時候，我們在報紙上看見女師大七教員的宣言。以前我們常常聽說女師大的風潮，有在北京教育界占最大勢力的某籍某系的人在暗中鼓動，可是我們總不敢相信。這個宣言語氣措辭，我們看來，未免過於偏袒一方，不大公允，看文中最精彩的幾句就知道了。……這是很可惜的。我們自然還是不信我們平素所很尊敬的人會暗中挑剔風潮，但是這篇宣言一出，免不了流言更加傳佈得厲害了。」

針對陳源的「閒話」，魯迅當天寫出反駁文章〈並非閒話〉，其中有這樣一段話：「凡事無論大小，只要和自己有些相干，便不免格外警覺。即如這一回女子師範大學的風潮，我因為在那裏擔任一點鐘功課，也就感到震動，而且就發了幾句感慨，……」^{註2}

不過，魯迅與女師大的「相干」程度，並不限於「擔任一點鐘功課」。在此之前，許廣平在5月27日致魯迅信中，已經把7人「宣言」記在了自己頭上：「今日──廿七──見報上發表的宣言，『站出來說話的人』已有了，而且七個之多。……誠恐熱心的師長，又多一件麻煩，思之一喜一懼。」^{註3}

6月1日，〈並非閒話〉在孫伏園編輯的《京報副刊》公開發表。6月2日，魯迅又寫作〈我的「籍」和「系」〉，三天之後發表在他自己編輯的《莽原》周刊第7期。在這篇文章裏，從《新青年》時代一

直採用化名寫作的魯迅即教育部僉事周樹人，第一次公開了自己的「籍」和「系」：「因為應付某國某君的囑託，我正寫了一點自己的履歷，第一句是『我於一八八一年生在浙江省紹興府城裏一家姓周的家裏』，這裏就說明了我的『籍』。但自從到了『可惜』的地位之後，我便又在末尾添上一句道，『近幾年我又兼做北京大學，師範大學，女子師範大學的國文系講師』，這大概就是我的『系』了。我真不料我竟成了這樣的一個『系』。」

「某籍某系」的周作人、馬幼漁、錢玄同、沈士遠、朱希祖、沈兼士、許壽裳。

　　陳源所說的「某籍某系」其實是一個模糊概念，並不限於魯迅所說的浙江籍國文系，在更大程度上是指以河北籍的國民黨元老李石曾為首領、以浙江籍的北大教員為骨幹的法日派。1927年2月，顧頡剛在日記中寫道：「兼士先生與我相處三年，而處處疑忌我為胡適之派，我反對伏園、川島全是為公，而彼對人揚言，以為是黨爭。可見他之拉我，非能知我，乃徒思用我耳。」[註4]到了1950年，顧頡剛進一步回憶說：

蔡先生組織教授會，定出教授治校的辦法，因此教授就有了權。權之所在成了爭奪的目標，於是馬上分成英美派和法日派兩大系，用團體的力量做鬥爭的工作。……法日派的後臺乃是李石曾。……他當時辦有中法大學，又辦有孔德學校，適值北京政府積欠學校薪水，北大同人無法存活的時候，凡是接近他的人都要插在他的學校裏，所以他的勢力就逐漸大起來。他不搶北大，因為知道英美派人多，他搶到手也是麻煩；他專搶北京的各專科學校，搶的辦法就是把原來的校長罵倒，或利用學生要求「改大」，而後他介紹新校長給政府，這個學校就成他的了。最明顯的一個例，就是他利用魯迅、周作人在報上攻擊女師大校長楊蔭榆，而後他介紹易培基為該校校長。現在《魯迅全集》具在，請大家看看，楊蔭榆果有何種不可恕的劣迹。李石曾這人很會撥弄人，使人在不知不覺間給他用了。如魯迅、周作人，我相信他們決不會幫李氏搶地盤的，只因他們會寫文章，李氏就叫人激動他們，使他們自己覺得發於正義感而攻擊楊蔭榆了。……當時北大有「三沈」、「二馬」之號，三沈是沈士遠、沈尹默、沈兼士兄弟；二馬是馬裕藻、馬衡兄弟。他們是法日派的中堅，魯迅、周作人所以常寫罵人文章就是由他們去刺激的。其中沈尹默尤能策劃，所以他的綽號是「鬼谷子」。陳獨秀辦《新青年》時，他本來也是寫文章的一個。他的新詩很有名，但他看著陳、胡的勢力日張，安徽人壓倒浙江人（三沈二馬均浙江籍），總覺得受不了，所以他發動北大取消「分科

制」，校長直接管各系，這案通過，文科學長陳獨秀就不得
不去職了。因為他能策劃，所以李石曾特別器重他，託他主
持孔德學校，後來又主持中法庚款。[註5]

與顧頡剛的一面之辭相印證，周作人也在《知堂回想錄》中回
憶說：「沈尹默與馬幼漁很早就進了北大，還在蔡子民長北大之前，
所以資格較老，勢力也比較的大。實際上兩個人有些不同，馬君年紀
要大幾歲，人卻很是老實，容易發脾氣，沈君則更沉著有思慮，因此
雖凡事退後，實在卻很起帶頭作用。朋友們送他一個徽號叫『鬼谷
子』，他也便欣然承受，……但就是不這樣說，人家也總是覺得北大
的中國文學系裏是浙江人專權，因為沈是吳興人，馬是寧波人，所以
『某籍某系』的謠言，雖是『查無實據』，卻也是『事出有因』；但
是這經過閒話大家陳源的運用，移轉過來說紹興人，可以說是不虞之
譽了。我們紹興人在『正人君子』看來，雖然都是紹興師爺一流人，
性好舞文弄墨，但是在國文系裏我們是實在毫不足輕重的。」[註6]

為了證明自己在「某籍某系」中「不足輕重」，周作人接下來表
白說：「1922年3月4日，我應了適之的邀約，到了他的住處，和燕
京大學校長司徒雷登與劉廷芳相見，說定從下學年起擔任該校新文學
系主任事。……但是據所謂『某籍某系』的人看來，這似乎是一種策
略，彷彿是調虎離山的意思，……（我）在某系中只可算得是個幫閒
罷了，又因為沒有力量辦事，有許多事情都沒有能夠參加，如溥儀出
宮以後，清查故宮的時候，我也沒有與聞，其實以前平民不能進去的
宮禁情形我倒是願得一見的。」[註7]

應該說，沈尹默把「周樹人、作人兄弟」歸入「包圍」蔡元培的「某籍某系」之中，是對於魯迅即周樹人的嚴重誤解。道理很簡單，魯迅對於「包圍」在「猛人」身邊的「永是這一夥」的「包圍者」，歷來都是深惡痛絕的。

二、魯迅筆下的「包圍新論」

與「某籍某系」一樣，「包圍」是在北京政學兩界廣泛流行的「口頭禪」。1927年9月15日，魯迅把「包圍」二字寫進了他的〈扣絲雜感〉：

> 無論是何等樣人，一成為猛人，則不問其「猛」之大小，我覺得他的身邊便總有幾個包圍的人們，圍得水泄不透。那結果，在內，是使該猛人逐漸變成昏庸，有近乎傀儡的趨勢。在外，是使別人所看見的並非該猛人的本相，而是經過了包圍者的曲折而顯現的幻形。……我曾經想做過一篇〈包圍新論〉，先論包圍之方法，次論中國之所以永是走老路，原因即在包圍，因為猛人雖有起仆興亡，而包圍者永是這一夥。次更論猛人倘能脫離包圍，中國就有五成得救。結末是包圍脫離法。——然而終於想不出好的辦法來，所以這新論也還沒有敢動筆。愛國志士和革命青年幸勿以我為懶於籌畫，只開目錄而沒有文章。我思索是也在思索的，曾經想到兩樣法子，但反復一想，都無用。一，是猛人自己出去看看外面的情形，不要先「清道」。然而雖不「清道」，大家一遇猛人，大抵也會先

就改變了本然的情形，再也看不出真模樣。二，是廣接各樣的人物，不為一定的若干人所包圍。然而久而久之，也終於有一群制勝，而這最後勝利者的包圍力則最強大，歸根結蒂，也還是古已有之的運命：龍馭上賓於天。[註8]

　　魯迅關於中國社會的宿命結論是：「世事也還是像螺旋。」作為實證，他專門提到正在幫助蔣介石「清黨」的「猛人」、國民黨元老吳稚暉：「『打倒……打倒……嚴辦……嚴辦……』，固然是他老先生親筆的話，未免有些責任，但有許多動作卻並非他的手腳了。在中國，凡是猛人（這是廣州常用的話，其中可以包括名人，能人，闊人三種），都有這種的運命。」

　　接下來，魯迅舉出的第二個「猛人」是袁世凱：「凡知道一點北京掌故的，該還記得袁世凱做皇帝時候的事罷。要看日報，包圍者連報紙都會特印了給他看，民意全部擁戴，輿論一致贊成。直要待到蔡松坡雲南起義，這才阿呀一聲，連一連吃了二十多個饅頭都自己不知道。但這一出戲也就閉幕，袁公的龍馭上賓於天了。包圍者便離開了這一株已倒的大樹，去尋求別一個新猛人。」

　　魯迅認為，比起袁世凱、吳稚暉之類主宰中國社會的「猛人」，更應該承擔歷史罪責的是「永是這一夥」的「包圍者」。這其中的邏輯，與他早年在〈文化偏至論〉中所提倡的尼采式的「超人之說」一脈相承：「不若用庸眾為犧牲，以冀一二天才之出世，遞天才出而社會之活動亦以萌。……是非不可公於眾，公之則果不誠，政事不可公於眾，公之則治不郅。惟超人出，世乃太平。」[註9]

1936年10月19日魯迅逝世，周作人在接受《大晚報》記者採訪時也介紹說：魯迅的思想，「最起初可以説是受了尼采的影響很深，就是樹立個人主義，希望超人的實現。可以最近又有點轉到虛無主義上去了，因此，他對一切事，彷彿都很悲觀，……」[註10]

三、「包圍」失敗的周作人

　　與沈尹默相比，自視甚高的周作人其實是「某籍某系」中最為失敗的「包圍者」。1932年1月19日，魯迅在致許廣平信中寫道説：「周啟明頗昏，不知外事。廢名是他薦為大學講師的，所以無怪攻擊我，狗能不為其主人吠乎？劉復之笑話不少，大家都和他不對，因為他捧住李石曾之後，早不理大家了。……現在這裏是『現代』派拜帥了，劉博士已投入其麾下，聞彼一作校長，其夫人即不理二太太，因二老爺不過為一教員而已云。」[註11]

　　「周啟明」即周作人，「劉復」、「劉博士」即劉半農，「廢名」即馮文炳，「二太太」即「二老爺」周作人的日本妻子羽太信子。「現代」派拜帥，指的是被國民黨元老李石曾、張靜江、吳稚暉等人排擠下臺的前教育部長蔣夢麟，被任命為北京大學校長。蔣夢麟上任之後，在蔡元培、胡適、傅斯年、丁文江等人的支援下，採取一系列措施振興北大，「現代評論」派的前北大教授紛紛表現出回歸意向。時任國立北平大學女子文理學院院長的劉半農，也於1931年8月19日主動辭職，與周作人、馬敘倫、徐志摩等人一道專任北大文學院的研究教授。一直主導北大文科的「某籍某系」核心人物沈尹默、朱希祖等人，卻不得不先後離開北大講壇。

　　由於在日本留學期間沒有接受過正規系統的高等教育，周作人進入北大後很長時間找不到自己的立腳點，只好處於被動打雜的劣勢地位。但是，他並不從自己身上尋找根源，偏偏把罪責推卸到了前輩同鄉蔡元培的身上。1917年4月5日。周作人在日記中寫道：「上午蔡先生來訪，功課殊無著，下午睡良久，……」的記錄。4月10日又有「午至益昌同大哥午飯，下午乘車至大學謁蔡先生辭國文事，又告南行，見陳獨秀、沈君默二君，又回教育部一談……」[註12]

　　蔡元培聘請周作人到北大任教，難免有假公濟私的嫌疑。清高自傲的周作人反而因為得不到重用而懷恨在心。蔡元培逝世後，他在〈記蔡孑民先生的事〉中回憶說：「當初他叫我擔任希臘羅馬及歐洲文學史、古英文，但見面之後說只有美學需人，別的功課中途不能開設，此外教點預科國文吧，這些都非我所能勝任，本想回家，卻又不好意思，當時國史館剛由北京大學接收，改為國史編纂處，蔡先生就派我為編纂員之一，與沈兼士先生二人分管英日文的資料，這樣我算進了北京大學了。」[註13]

　　在《知堂回想錄》中，周作人還專門闢出一節「東方文學系」，介紹自己在北大的遭遇：「我到北京大學裏來，到底也不知道是幹什麼來的？最初是講歐洲文學史，不過這件事並不是我所能擔任的，所以不久隨即放下了。1922年至燕京大學擔任現代文學組的主任，1925年答應沈尹默去教孔德學校中學十年級的國文，即是初來北京時所堅決不肯擔任的國文功課，想起來覺得十分可笑的。隨後還在北大染指於國文系的功課，講明清散文稱曰『近代散文』，至1936年則添一門曰『六朝散文』，……但是在那個中間，有一個時期卻很致力於

北大教授、書法家沈尹默。

東方文學系的開設，這時間是1925年至1937年，大約有十年的光景。……經過好些商議和等待之後，在顧孟餘任教務長的時代，乃叫我做籌備主任，於1925年成立東方文學系，從預科辦起。那時我們預備在這系裏教書的共有三人，即是張鳳舉，徐耀辰和我，……」[註14]

1923年1月，蔡元培為抗議前同盟會元老、教育總長彭允彝的徇私枉法而憤然離職，直到1926年2月3日才應北京政府的要求從歐洲回到上海。在此期間，沈尹默等人已經把「包圍」對象轉移到了另一位元國民黨元老李石曾的身上。

在此之前的1921年8月，孫中山致信俄國外交部長齊卓鱗（Georgii V. Chicherin），表示對蘇俄政府的組織機構、軍隊和教育很感興趣。兩年後的1923年10月，大批俄國軍政人員跟隨鮑羅廷（Michael Borodin）來到廣州，幫助孫中山開展「黨化」運動。其中包括「黨化公務人員」、「黨化司法」、

「黨化軍隊」、「黨化教育」等等。1925年1月，北京教育部代理部務的國民黨籍次長馬敘倫，在汪精衛、李石曾、吳稚暉、楊杏佛、易培基等人的支持下免除郭秉文的東南大學校長職務，從而開創了國民黨借著第一大黨的強勢地位在廣東省之外推行「黨化教育」的先例。北京女子師範大學的一部分學生驅逐校長楊蔭榆的深層原因，就是李石曾等人打算讓易培基接替楊蔭榆的校長職位，以便推行「黨化教育」。隨著國民黨的「黨化教育」在北京學界全面展開，以李石曾、吳稚暉、顧孟餘、易培基、馬敘倫、沈尹默、沈兼士、馬幼漁、馬廉等人為代表的法日派，與以胡適、蔣夢麟、王世杰、石瑛、陳源、周鯁生、徐志摩、張歆海、唐有壬、丁西林、李四光等人為代表的英美派之間，一度形成勢不兩立的公開對抗，其直接後果是1926年3月18日「三‧一八」慘案的發生，以及段祺瑞執政府的徹底垮臺和張作霖安國軍對於北方地區的武力統治。

由於段祺瑞執政府行將垮臺和北大內部四分五裂，加上國民黨廣東政府正在蘇俄支援下籌備北伐戰爭，蔡元培便以國民黨元老的身份滯留南方。隨著李石曾、顧孟餘等國民黨要人紛紛南下，北大代理校長蔣夢麟以缺乏經費為由撤消東方文學系，周作人因此陷入無法安身的尷尬境地，只好把自己的前途命運再一次寄託在前輩同鄉蔡元培身上。於是便有了他4月25日致蔡元培的公開信：「先生此次返校後，即使政治如何暗濁，北大當不至再滾入漩渦中，於先生亦當別無危險。……『教授治校』，此為北大之特長，使校長不妨暫離之原因。但以個人觀之，成績未可樂觀，如教務長與總務長不能兼任，載在章程，最近改選教務長，乃即由現任總務長當選兼任，該項章程，在此

次選舉，似已不發生效力，故北大法治之精神，實已有疑問。不得望先生之來而加以補救者也。」

　　周作人的公開信於4月30日刊登在《北京大學日刊》。5月15日，蔡元培寫來回信：「啟明先生大鑒：奉四月二十五日惠函，語重心長，感荷無已。弟對於北大，既不能脫離，而久曠職守，慚愧萬分。惟現因胃病大發，醫生禁為長途之旅行，一時竟不克北上。稍愈決當首途，容晤罄一切。敬希鑒諒，並祝著祺。弟蔡元培敬啟。」

　　5月19日，周作人頗為知趣地向北大校方提交告假兩年的聲明函。在7月19日出版的《語絲》第88期中，不久前剛剛表示「北大當不至再滾入漩渦中」的周作人，自相矛盾地以〈我們的閒話（二六）〉向蔡元培公開挑戰：「北大內部的黨派，已是事實，也不是始於今日，因為有黨派所以這才能說無所不包，否則怎麼說能包呢？……我知道自己也有毛病，便是不能世故。我在北京混了十年，至今還是《新青年》與《每周評論》時代的意見與態度，這在現今似乎是不很通行的了。」

　　到了1927年7月29日，一年前自稱「至今還是《新青年》與《每周評論》時代的意見與態度」的周作人，又在致江紹原信中自相矛盾地把北京大學與新文化運動一筆抹殺：

　　　　浙江的人（即「某籍」）壓根兒就不很行，客氣點說一句，他們都太陋，這個毛病就是吃過多少年的黃油麵包也是醫不好的。……北大的光榮孟真還以為是在過去，我則更懷疑，以為它就還未有，近十年來北大的作為實在只是「幼稚運

動」，那種「新文化運動」……實無功罪可說，而有人大吹大擂以為中國之「文藝復興」，殊屬過獎，試觀中華之學問藝術界何處有一絲想破起講之意乎？北大某系為世詬病，有人以為（校內）把持之藪，有人以為（非聖無法）搞亂之源，第一問且不管，若第二問亦大冤枉，我看本預科各教授亦猶是普通教員，學生亦猶是普通學生，其思想行動無一點異於常人也。安國軍現將合併九校，此舉我雖未必贊成，覺得這樣辦亦無妨，因我也覺得北大或其他各大毀壞殊不足惜也。[註15]

「孟真」即廣東中山大學文學院長傅斯年。「大吹大擂以為中國之『文藝復興』」，指的是胡適。接著這段話，自以為有功於國民黨的周作人，再一次把攻擊目標鎖定在以《現代評論》為輿論陣地的英美派身上：「聞現代諸公在東南甚得法，新月書店又已開張，喜可知也！殊令有『蔣總司令』的革命乃是為他們而革的之感焉。」

1928年7月15日，周作人更加明確地站在與英美派為敵的李石曾一邊：「北京已改為『北平』，但此外無甚改變，我們久居段張治下之京兆市民，至此已大覺駭異，自然並不駭異其不改變，只是駭異五色旗居然可以撕去耳。所幸大元帥雖走，猶有閻總司令來衛戍京津，尚能沐直皖之餘澤，此誠我京兆人之福也。聞李石公明日可抵上海，李玄公於昨日到北平了，想『中華大學』可以漸漸組織起來，唯現代派諸『君子』似因此有點灰心，無再來平重張旗鼓之勢，確否待證。」[註16]

「李石公」就是被任命為國立中華大學代理校長的李石曾,「李玄公」即李玄伯(宗侗)。所謂「中華大學」,是準備在張作霖時代合北京八校為京師大學的基礎上重新整合的新學校,這所並沒有真正成立的大學隨後被改名為北平大學。周作人在這封書信的正文之後,還特別追加一句話以介紹英美派的內部歧異:「日前看見外交部張參事歆海,他對於胡適之陳西瀅諸公稍致不敬。」

在接下來的一封信中,周作人饒有興趣、如數家珍地介紹了法日派在學界鬥爭中的大獲全勝:

> 「中華大學」尚不知何時成立,雖能否免於欠薪殊不能知,但總希望你們可以回北平來。朋友中多已高升了,玄伯開灤局長、北平政務分會委員,尹默河北省政府委員,叔平、兼士、半農古物保存會委員,玄同國語統一會委員,幼漁管天文臺!只有我和耀辰還在做「布衣」,但耀辰恐不久亦須「出仕」,因他雖無此意而鳳舉等則頗想擡他出來,鳳舉自己尚未有印綬,唯其必有一顆印可拿則是必然之事,故亦可以「官」論矣,觀於每天坐了借來的汽車各處跑,可以知其貴忙矣。我所等候的只是「中華大學」或者還有「日本文學系」,我仍舊可去教幾點鐘書,假如沒有則亦罷了,反正過去一年也關出在「京大」之外,也仍可以敷衍過日也。註17

8月2日,周作人在致江紹原信中談到胡適:「你想再留學,恐怕須得在大學院該管司科設法,那麼何妨去找陳劍修之流一下呢。或者

更好是去麻煩胡博士，在北方的人看去他似乎是太上院長，一定很有效力的，但這句話自然不能叫博士知道，他一定是不承認的。」[註18]

隨著北京學潮的發展，周作人想在「北平大學」重建「日本文學系」的希望再度破滅，他在1928年11月30日致江紹原信中憤然寫道：

> 前日北大「武力護校」，打碎許多東西，學生會又發可笑的電報，自稱「重傷多人」，以撒謊為能事，此輩以重打趙家樓自豪，其實乃五四精神之敗類，北大前途因此未可樂觀。他們反李而擁蔣，不知政治上蔡李本是一派，北平大學辦法亦系蔡在任所時所定，蔡固系五四之首魁（？），但現在又已提議停止青運，不知何以如此為學生看中也？聞北大護校一派人對於所謂語絲「派」猛進派均欲打倒，唯現代派可以擁護，此雖亦是流言，或不無幾分真實。[註19]

隨後，周作人又主動提供了自己的解釋：「北平學潮究不知原因何在，……唯反李而不反蔡乃一奇，或者蔡公更善於作官可用為說明，……」[註20]

1929年初，南京教育部決定原北京大學改稱北平學院，仍舊隸屬於北平大學，由陳大齊（百年）任院長。1929年3月8日，江紹原在致周作人信中表示說：「『大齋』公回北大，亦佳。否則我以為此席應由先生擔任。」[註21]

到了7月20日，周作人在致江紹原信中回應說：「北大將獨立，校長則以蔡太史呼聲為高，唯不佞甚反對，其理由告知川島，今不

贅。我想最好還是請百年續辦,而令其辭去考試院的官。……北大師生至今尚迷信蔡公,甚奇。至於不佞則反蔡而不擁李。近來很想不做教員,只苦於無官可做,不然的確想改行也。」[註22]

在此後的歲月裏,周作人始終沒有在中國政府的官僚體系中謀到官職。等到日本侵略軍佔領北平之後,他先後出任北京大學圖書館館長、華北政務委員會常務委員、華北教育總署督辦、國府委員之類的官職。由於周作人實在不具備做官從政的實際操作能力,反而被入門弟子沈啟無等人包圍玩弄,於是便出現了1944年3月15日的〈破門聲明〉:「沈揚即沈啟無系鄙人舊日受業弟子相從有年近來言動不遜肆行攻擊應即聲明破門斷絕一切公私關係詳細事情如有必要再行發表。」[註23]

四、「包圍」蔡元培的湯爾和與沈尹默

相對於周作人來說,沈尹默顯然是較為成功的「包圍者」。不過,沈尹默的包圍成功主要不是體現在蔡元培身上,而是體現在李石曾身上。據傅斯年回憶:

> 在「五四」前若干時,北京的空氣,已為北大師生的作品動盪得很了。北洋政府很覺得不安,對蔡先生大施壓力與恫嚇,至於偵探之跟隨,是極小的事了。有一天晚上,蔡先生在他當時的一個「謀客」家中談此事,還有一個謀客也在。當時蔡先生有此兩謀客,專商量如何對北洋政府的,其中的那個老謀客說了無窮的話,勸蔡先生解陳獨秀先生之聘,並要約制胡適之先生一下,其理由無非是要保存機關、保存北

方讀書人一類似是而非之談。蔡先生一直不說一句話。直到他們說了幾個鐘頭以後，蔡先生站起來說：「這些事我都不怕，我忍辱至此，皆為學校，但忍辱是有止境的。北京大學一切的事，都在我蔡元培一人身上，與這些人毫不相干。」這話在現在聽來或不感覺如何，但試想當年的情景，北京城中，只是些北洋軍匪，安福賊徒，袁氏遺孽，具人形之識字者，寥寥可數，蔡先生一人在那裏辦北大，為國家種下讀書、愛國、革命的種子，是何等大無畏的行事！註24

在傅斯年的心目中，是把蔡元培當成「臨艱危而不懼，有大難而不惑」的「直有古之大宗教家可比」的完美形象加以歌頌的。現實生活中的蔡元培其實並沒有如此神聖美好。相比之下，《錢玄同日記》中的相關記載更接近於歷史事實：「午後到大學，半農、尹默都在那裏，聽說蔡先生已經回京了。關於所說『整頓文科』的事，蔡先生之意以為，他們如其好好的來說，自然有個商量，或者竟實行去冬新定的大學改革計劃。廢除學長讓獨秀做教授。如其他們竟以無道行之，則等他下上諭革我。到那時候，當將兩年來辦學之情形和革我的理由撰成英法德文通告世界文明國。這個辦法我想很不錯。」註25

傅斯年所說的「兩謀客」，指的是年紀較大的湯爾和與年紀較小的沈尹默。這兩個人正是促使蔡元培以非常手段免除陳獨秀文科學長職務的幕後黑手。不過，時任北京醫專校長的湯爾和，無論對於蔡元培個人還是對於整個北京學界的影響力都遠遠大於沈尹默。在某些具體問題上，同為浙江人的湯爾和、蔣夢麟、馬敘倫、邵裴子一派與沈

尹默、沈兼士、馬漁幼、馬廉一派，又往往處於勾心鬥角的尖銳對立之中。關於這一點，《湯爾和日記》中有如下記錄：

1919年7月25日，「尹默昨自南歸，午約在西車站便飯。余故作疑陣戲之，謂我久主張送君出洋，故與鶴公言之甚力。今自知此說不能成立，自願取消。渠信以為實，為之色變。乃探得其對夢兄態度，知無他故，乃復允之。」

7月26日，「函鶴公，雙行密書盡四紙。大旨述……夢兄來，某所以贊同者，實以學生心理夢兄深知，其學問手腕足以服人。學生心安，其餘可迎刃而解。今則不出所料。所惜者，未與尹默一商耳。沈君謂夢兄之來純由某所主持，其故則為江蘇省教育會出力。……昨談此節，裴子斷定沈素來利用鶴公，今見夢兄負重命來此，陡生吃醋之意，又恃部中奧援，故敢放肆。人心齷齪，可勝慨哉！」[註26]

「鶴公」即蔡元培，「夢兄」即代行校長職權的蔣夢麟。1935年12月28日夜，細讀並摘抄《湯爾和日記》的胡適，在致湯爾和信中評論說：

三月廿六夜之會上，蔡先生頗不願於那時去獨秀，先生力言其私德太壞，彼時蔡先生還是進德會的提倡者，故頗為尊議所動。我當時所詫怪者，當時小報所記，道路所傳，都是無稽之談，而學界領袖乃視為事實，視為鐵證，豈不可怪？嫖妓是獨秀與浮筠都幹的事，而「挖傷某妓之下體」是誰見來？及今思之，豈值一噱？當時外人借私行為攻擊獨秀，明

明是攻擊北大的新思潮的幾個領袖的一種手段，而先生們亦
不能把私行為與公行為分開，適墮奸人術中了。

當時我頗疑心尹默等幾個反復小人造成一個攻擊獨秀的局
面，而先生不察，就做了他們的「發言人」了。

尹默諸人後來用種種方法排擠我，我只以不瞅不睬處之，因為
我是向來不屑同他們作敵對的。……我疑先生終是為理學書所
誤，自以為是，嫉惡如仇，故不免為夷初諸人所利用也。[註27]

胡適所說的「向來不屑同他們作敵對」，並不意味著自己與「某
籍某系」之間不存在敵對關係，而是意味著沈尹默等人因為缺乏真才
實學和獨立謀生的能力，往往以捍衛自己的職業飯碗和既得利益為第
一目標；而胡適等人由於具備足夠的學術修養和謀生能力，他們的著
眼點往往會超越個人利益而以國家利益和公益事業為第一目標。由於
胡適深得蔡元培的信任，相互對立的法日派和英美派不約而同地把他
推到了派系鬥爭的第一線。

1920年6月，胡適應南京高等師範暑期學校之邀到南京講學，陶
孟和在6月12日致胡適信中通報說：「近日沈、馬諸公屢有秘謀，對
於預科移至第三院一事猶運動反對，排列課程，延請教員，皆獨斷獨
行，長此以往，恐非大學之福。弟意非有除惡務盡之辦法，則前途不
堪設想。暑校完事，務必早日歸來為妙。」[註28]

8月11日，高一涵在致胡適信中再次通報說：「大學內部趁你不
在這裏，又在興風作波，調集一般『護飯軍』開什麼會議了！結果怎
樣還不知道。」[註29]

與此相印證，「某籍某系」的錢玄同也在1920年8月16日致周作人信中寫道：「我這個人，生平有一點僻見：就是取人重知識與思想。所以我總不贊成『連絡石屋山人而排斥獨枯禿路』的主張。我對於獨公，自然也有不滿意他的地方，而且很多．但是，他這點治學的條例，看書的眼光，卻不能不佩服他。若說美國派，純粹美國派固亦不甚好，但總比中國派好些。專讀英文，固然大偏，然比起八股駢文的修辭學來，畢竟有用些。」註30

這裏的「石屋山人」即馬敘倫（夷初），「獨枯禿路」和「獨公」，是從英語博士dactor的譯音而來的，指的是胡適。「連絡石屋山人而排斥獨枯禿路」的自然是「某籍某系」的沈尹默、沈兼士、沈士遠、馬幼漁、馬廉等人。

1921年7月7日，胡適在日記中記錄了「五四」運動之後北京學界的索薪運動：「仲甫來一長信，大罵我們——三孟、撫五、我，——為飯碗問題鬧了一年的風潮，如何對得起我們自己的良

北大教授周作人。

心！我覺得他罵的句句都對。這一年半，北京學界鬧的，確是飯碗風潮。此風潮起於八年十月十日——國慶日。那時我在山西，到我回來時，教職員的代表——馬敘倫等——已在進行了。到十二月中，他們宣告罷課，我那時一個人出來反對罷課，質問代表雖有全權與政府交涉，但無權替我們大家辭職罷課。那時夷初因為我對於代表權限提出質問，便聲明辭職不幹了。那天的大會怕飯碗打破，以大多數的表決維持代表的全權；從此以後，代表就有全權替我們辭職了。後來我就不過問這件事。……總之，我這一年半以來，太『不好事』了。因為太不好事，故我們竟讓馬夷初帶著大家亂跑，跑向地獄裏去！我記此一段，表示自己的懺悔。」^{註31}

信中的「仲甫」就是在廣東任教育委員會委員長的中共領袖陳獨秀，「三孟」即蔣夢麟、陶孟和、顧孟餘，「撫五」即陳獨秀、胡適的安徽同鄉王星拱。1934年12月19日，胡適在抄錄《湯爾和日記》的同時，再一次對1919年啟動的索薪運動進行反思：

> 此事與我個人有點關係。十二月十三日（星六）之夜，北大教職員在第三院禮堂開會，馬夷初、沈士遠報告為發現事與教育次長（即傅岳棻）交涉經過，並報告聯合會已決議自星期一起各校一律罷課。我那時代理教務長，起立反對罷課，尤反對下星期一起罷課，因為「五四」、「六三」之事使上學年無考試，現已決定下星期一補考，一切都已預備好了。若此次不舉行補考，以後永無法補考，亦無法整理學校紀律了。我並且聲明，代表的職權，限於交涉發現，並不能代表我們

決定罷課。罷課與否，應由各校教職員決定。

於是馬夷初起立，說，代表的職權既然發生問題了，代表只好辭職。於是大眾一致表決代表有代大眾決定罷課之權。我只好承認失敗了。我從此辭去代理教務長之職。

從此教員罷課下去，八年夏的補考固然全免了，以後教育界就不堪問了。

當時人只知道北京教育界「跟著馬敘倫走上死路」（此獨秀之語），不知全是湯爾和先生之奇計也！註32

湯爾和在1934年12月28日致胡適信中回憶說：「八年底罷課事，其中內幕重重，均為日記所不載。當時在五四以後，政府確有收拾各校之心。傅之來即系安福出力，曾口出大言，謂能一手包辦，以致各校異常憤激。渠之目標，首在北大，尤為子民。用胡去蔡，已見事實。但弟於罷課素不贊成。五四後留為教長，而高師先罷教，弟大反對，因此尚與陳筱莊大鬧。冬間事弟亦不以為然。此事並不能歸咎夷初，因當時人心浮動已成習慣矣。」註33

「傅」即代理部務的教育部次長傅增湘（岳棻），「用胡去蔡」的「胡」即胡仁源，「陳筱莊」即當時的北京高等師範學校校長陳寶泉。在這次索薪運動中，同屬「某籍」的湯爾和、馬敘倫一派與沈尹默一派配合默契、一致對外。沈氏三兄弟中除沈尹默幕後操縱之外，沈士遠和沈兼士都衝到了第一線。

在此後的歲月裏，沈尹默投靠李石曾，從而掌握了巨大的教育文化資源。從1926年起，由法國政府退還的庚子賠款所設立的中法實業

銀行，每年撥出美金20萬元供辦理中法教育及慈善事業，由中、法兩國代表組設「中法教育基金委員會」，負責保管和分配此款。中方代表為李石曾、沈尹默、易培基、劉錫昌、蕭瑜、蕭文熙；法方代表為魏爾敦、巴爾、韓德威。與蔡元培、胡適、丁文江、蔣夢麟等人掌握的中美庚款和中英庚款不同，中法庚款及中俄庚款一直處於暗箱操作之中，從來沒有公開過相關帳目。

1932年「九一八」事變後，沈尹默先送家人南下，然後辭去北平大學校長和孔德學校董事長的職務，移居上海環龍路，任中法文化交換出版委員會主任兼孔德圖書館館長。他遺留的孔德學校董事長一職，由「他認為『宏通』、『明白』的老友」[註34]周作人接任。

湯爾和自從1922年出任北京政府教育總長之後，逐漸把精力轉移到政治方面。1937年「七七」事變之後，他主動投靠日本佔領軍，先後任華北教育總署督辦、議政委員會委員長等職。1940年11月7日病死之後，他所遺留的華北教育總署督辦一職，也由周作人接任。

五、蔡元培與胡適、傅斯年的良性合作

與「某籍某系」的湯爾和、沈尹默、周作人不同，作為英美留學生的胡適、蔣夢麟、傅斯年、丁西林等人，與蔡元培之間從來不存在「包圍」與被「包圍」的人身依附關係，而是凡事從公共利益出發的良性互動關係。

1929年12月4日，在蔣夢麟辭去教育部長職務的同時，國民政府曾任命高魯為教育部部長。此舉遭到國民黨元老、立法院長胡漢民（展堂）的極力反對，行政院長蔣介石在無法平衡派系鬥爭的情況

下，只好暫時兼任教育部部長，並且任命李書華、陳布雷為教育部次長。陳布雷在回憶錄中以第三者的眼光，評價了蔡元培、蔣夢麟、胡適、傅斯年一派人和李石曾、易培基、沈尹默一派人的優與劣：

接行政院秘書長電囑，即赴京一行。余不明其故，即夜附車往，既至則知蔣公自兼教育部長，而欲調余入教部相助也。教部之改組，由於李（石曾）、蔡（子民）兩系之齟齬，石曾先生方面常視蔣夢麟為蔡所提挈之人，不但對蔡不滿，且對於現代評論派之人物亦不滿，而謔之曰吉祥（胡同名）系。然石曾先生所汲引之人如易培基（勞動大學）、褚民誼（中法大學工學院）、鄭毓秀（上海法政學院）及蕭瑾（中法大學）、譚熙鴻等，在平、滬等處辦學成績極不佳，且常蔑視教部法令，教部屢欲裁抑之，石曾先生以為難堪，主張去蔣夢麟甚力。吳老於李、蔡均友善，而尤同情於李，乃提議以高魯（天文學者）代夢麟為教長。將通過矣，而胡展堂先生反對甚力，即席聲言「高魯何如人，乃可託以教育行政之責任，豈不羞天下之士！」蔣公不得已，乃請於高魯未到任以前，由蔣公以行政院長之名義自兼教育部長，而以李書華（潤章）為政務次長。潤章則石曾先生所提攜之人物，而在李氏系統中為最純謹公正之人物也。蔣公既自兼部長，因欲以余任次長，……且命之曰：「教育為革命建國計，凡事當請教於吳、李、蔡諸先生，然必勿墮入派別之見。總之，不可拂李、蔡諸公之意，亦不可一味順從李、蔡之意見。註35

關於胡適，蔡元培給出的評價是：「那時候因《新青年》上文學革命的鼓吹，而我得認識留美的胡適之君。他回國後，即請到北大任教授。胡君真是『舊學邃密』而且『新知深沈』的一個人，所以，一方面與沈尹默兼士兄弟、錢玄同、馬幼漁、劉半農諸君以新方法整理國故，一方面整理英文系。因胡君之介紹而請到的好教員，頗不少。」[註36]

中央研究院時期的蔡元培，確實有被人「包圍」的經歷，不過，「包圍」蔡元培的並不是胡適和傅斯年，而是另有其人。1933年3月4日，周作人在致江紹原信寫道：「蔡胡分家竟如尊料，大有意思，蔡公此刻蓋在3rd Party手中，牽而往『東』面南立，而胡公則仍『獨立』也。觀蔡公近數年『言行』，深感到所謂晚節之不易保守，即如『魯』公之高升為普羅首領，近又聞將刊行情書集，則幾乎喪失理性矣。」[註37]

周作人筆下的「蔡胡分家」是化公為私的狹隘稱謂，事實上是民權保障同盟上海總會的宋慶齡、楊杏佛、胡愈之、魯迅等人極力主張開除胡適，蔡元培只是以消極態度順從了多數人的意見。「魯公」即魯迅。「3rd Party」即第三黨，其正式名稱是中國國民黨臨時行動委員會，1927年11月1日由鄧演達、宋慶齡、陳友仁在莫斯科發起，中央研究院副院長、中國民權保障同盟總幹事楊杏佛是第三黨的秘密黨員。不過，中國民權保障同盟真正的政治背景，並不是處於停滯狀態的第三黨，而是共產國際和中共地下黨組織。當年的宋慶齡已經成為與蘇聯共產國際的秘密成員。

北京大學的學生領袖傅斯年。

1933年6月18日楊銓遇害,中央研究院總幹事由物理研究所長丁西林兼任,實質性事務大多由歷史語言研究所所長傅斯年(孟真)負責執行,從而導致他積勞成疾。1934年2月13日,蔡元培在日記中寫道:「自回滬後,連接孟真來函四通,其中主要之點:(一)述病狀;(二)辭所長職,薦濟之自代;(三)一年中勉守四個月假期之限;(四)整理舊稿或以其他方法抵還多支之薪水。此君……以必信必果自勉,誠可敬可愛;然此時提出辭狀,於院有妨;特致函勸止之。」^{註38}

在當天寫給傅斯年的書信中,蔡元培表示說:「孟真吾兄大鑒:自南京回滬,始得讀一月廿三日惠函,旋接二月五日兩函,頃又接七日惠函。兄病中作如此繁複之函,對於兄思想之縝密,律己之謹嚴,除佩服以外,別無可說;惟病中常此多思,甚不相宜,……兄本月五日函中,有願辭所長職而薦濟之自代之說,此說萬萬不可提出,提出則無異拆研究院之台。在君已聲明,如兄辭所

長，則彼不就總幹事職；元任已表示，如兄去，則彼亦隨而去；……
總之，弟所欲勸兄者，目前以健身為第一義，萬不可多慮，一切都有
水到渠成之機會，……」註39

　　至於沈尹默在〈我和北大〉中所說的「每次擬去看蔡先生，均
不果，即胡、傅等人包圍蔡所致」，更是「欲加其罪，何患無辭」的
「莫須有」。沈尹默在上海期間，胡適正在北平協助蔣夢麟經營北京
大學。抱病從公的傅斯年也沒有時間和精力與沈尹默周旋。查《蔡元
培書信集》，他在1935年1月11日致張元濟信中寫道：「沈尹默兄，
以字行，並無別號，現寓法租界環龍路九十號（不知其電話號碼）。明
午飯局，因商量譯書由商務印行事，岫廬、拔可、伯誠、伯嘉諸兄均
在座，弟亦作陪，……」

　　1937年8月12日，蔡元培在致浙江省政府主席兼中央研究院總幹
事朱家驊的信中，再一次提到沈尹默：「徐君世達，於行政界歷著成
績，曾由弟與尹默先生等疊為介紹，請以縣長用。頃聞孝豐縣長已辭
職，正在物色繼任之人，如蒙擢用徐君，不勝同感。」註40

　　一句「疊為介紹」，足以證明沈尹默與蔡元培之間保持著頗為通
暢的聯絡渠道，胡適、傅斯年與蔡元培之間完全不存在以捍衛飯碗、
追逐權勢為第一目標的「包圍」與被「包圍」關係，而是具有建設性
的「以必信必果自勉」的良性合作關係。無論是沈尹默筆下的「胡、
傅等人包圍蔡」，還是周作人筆下的「胡博士，在北方的人看去他似
乎是太上院長」，都是以「小人之心度君子之腹」的想當然。

　　1949年之後，「某籍某系」的馬敘倫，成為中華人民共和國的第
一任教育部長；「某籍某系」的馬寅初，成為遷新址於前燕京大學的

北京大學校長。真正主導與主宰北京大學的，卻是北京大學的黨委書記江隆基以及最高層的毛澤東和周恩來。

【注釋】

註1：沈尹默：〈我和北大〉，落款時間是1966年1月，文載《文史資料選輯》第61輯，北京：中華書局，1979年。

註2：魯迅：〈並非閒話〉，《魯迅全集》第3卷，北京：人民文學出版社，1981年，第75頁。

註3：《兩地書》原信二十三，《兩地書全編》，杭州：浙江文藝出版社，1998年，第450頁。

註4：顧潮編著《顧頡剛年譜》，北京：中國社會科學出版社，1993年，第137頁。

註5：《顧頡剛自傳》之三「我怎樣厭倦了教育界」，文載《東方文化》1994年5月總第3期。

註6：周作人著《知堂回想錄》下卷，石家莊：河北教育出版社，2002年，第415頁。

註7：周作人著《知堂回想錄》下卷，第468頁。

註8：《魯迅全集》第3卷，第487頁。

註9：《魯迅全集》第1卷，第52頁。

註10：〈魯迅先生嘔耗到平，周作人談魯迅〉，天津《大晚報》，1936年10月22日。

註11：《魯迅全集》第12卷，第122頁。

註12：《周作人日記》上冊，第663，鄭州：大象出版社，1996年出版。

註13：文載《古今》月刊1942年第6期。

註14：周作人著《知堂回想錄》下卷，第522頁。

註15：《周作人早年佚簡箋注》，成都：四川文藝出版社，1992年，第25頁。

註16：《周作人早年佚簡箋注》，第82頁。

註17：周作人1928年7月19日致江紹原信，《周作人早年佚簡箋注》，第82頁。

註18：《周作人早年佚簡箋注》，第96頁。

註19：《周作人早年佚簡箋注》，第125頁。「蔡固係五四之首魁（？）」原文如此，其中所透露的是周作人對於蔡元培的不滿與不屑。

註20：周作人1929年1月5日致江紹原信，《周作人早年佚簡箋注》，第130頁。

註21：《周作人早年佚簡箋注》，第390頁。

註22：《周作人早年佚簡箋注》，第179頁。

註23：《中華日報》副刊，1944年3月23日。

註24：傅斯年：〈我所景仰的蔡先生之風格〉，重慶《中央日報》，1940年3月24日。

註25：《錢玄同日記》第4卷，福州：福建教育出版社，2002年，第1716頁1919年1月7日的日記。

註26：《胡適往來書信選》中冊，北京：中華書局，1979年，第283、284頁。

註27：《胡適往來書信選》中冊，第290頁。

註28：《胡適往來書信選》上冊，第97頁。

註29：《胡適往來書信選》上冊，第110頁。

註30：《中國現代文藝資料叢刊》第5輯，上海文藝出版社，1980年4月。

註31：曹伯言整理《胡適日記全編》第3卷，合肥：安徽教育出版社，2001年，第363頁。

註32：《胡適往來書信選》中冊，第288頁。

註33：《胡適往來書信選》中冊，第289頁。

註34：語出江紹原1933年1月13日致周作人信，《周作人早年佚簡箋注》，第436頁。

註35：《陳布雷回憶錄》，臺灣：傳記文學出版社，1987年，第80頁。

註36：蔡元培：〈我在北京大學的經歷〉，《東方雜誌》第31卷第1號，1934年1月。

註37：《周作人早年佚簡箋注》，第273頁。

註38：高叔平編著《蔡元培年譜》第4卷，北京：人民教育出版社，1998年，第110頁。

註39：《蔡元培書信集》下冊，杭州：浙江教育出版社，2000年，第1655頁。

註40：《蔡元培書信集》下冊，第1761、2051頁。

北大教授高仁山的革命傳奇

高仁山是北京大學繼李大釗之後被奉系軍閥張作霖殺害的又一名革命教授，北京大學的革命烈士紀念碑上，刻有「高仁山（1894—1928），江蘇江陰人」一行字。《北京師範大學革命烈士名錄》中，另有「高仁山（1894.4—1928.1）1924年起任教育系教授，1928年被軍閥殺害於北京」的記錄。查郭廷以編著的《中華民國史事日誌》，在1928年1月15日項下也有「北京藝文中學校長、前北京大學教授高仁山被槍決」的記載。然而，高仁山究竟是如何從事革命活動的，又是如何被槍決的？在國共兩黨的歷史文本中，迄今為止依然是難解之謎。筆者費時數載，所收集到的只是一些零碎材料，現整理出來貢獻於讀者，希望熟知內情的大方之家不吝賜教。

一、魯迅筆下的高仁山

與中國大陸幾乎所有的讀書人一樣，筆者最初知道高仁山這個人，是通過魯迅收入

《華蓋集》的著名文章〈「碰壁」之餘〉，其中寫道：「我真自恨福薄，一直活到現在，壽命已不可謂不長，而從沒有遇見過一個不大認識的女士來邀『觀劇』；對於女師大的事說了幾句話，尚且因為不過是教一兩點功課的講師，『碰壁之後』，還很恭聽了些高仁山先生在《晨報》上所發表的偉論。真的，世界上實在又有各式各樣的運氣，各式各樣的嘴，各式各樣的眼睛。」

人民文學出版社1981年版的《魯迅全集》，專門為高仁山加了一條注解：「江蘇江陰人，當時任北京大學教授。他在一九二五年五月三十一日《晨報》『時論』欄發表的〈大家不管的女師大〉一文中說：『最奇怪的就是女師大的專任及主任教授都那裏去了？學校鬧到這樣地步，何以大家不出來設法維持？諸位專任及主任教授，頂好同學生聯合起來，商議維持學校的辦法，不要讓教一點兩點鐘兼任教員來干涉你們諸位自己學校的事情。』」註1

〈「碰壁」之餘〉寫於1925年9月15日。在此之前的6月19日，女師大學潮的中堅人物許廣平，已經在致魯迅信中介紹說：「楊婆子在新平路十一號大租其辦事處，積極準備招生，學生方面往各先生處接洽，結果，由在京四位主任親到教部催促早日解決校事，一方另呈文至執政處，請其早日選人至教部負責，然後解決校事，在京四人，居然能做到這一點，真不容易。至於到校維持一節，礙於婆子手段，恐不易有辦，出來說話做事的，都往往吃力不討好，也惹一身贓，好比七個先生的事，就是前車，以後的人，自然不願意輕舉妄動。結果，還是大家不管的女師大。」註2

「楊婆子」就是被驅逐出校的女師大校長楊蔭榆，她與教育界

著名人士郭秉文、胡適、蔣夢麟、陶行知、查良釗等人，都是從美國哥倫比亞大學留學歸來的校友；她與政學兩界的吳稚暉、陳源、陳翰笙、顧淑型、高仁山、陶曾穀等人，又同為江蘇無錫人。「七個先生的事」，指的是由魯迅撰稿並以本名周樹人與馬裕藻、沈尹默、李泰棻、錢玄同、沈兼士、周作人共同簽署的〈對於北京女子師範大學風潮的宣言〉，於1925年5月27日在《京報》公開發表的事情。除北大教授兼女師大史地學系主任李泰棻是河北陽原人之外，其餘六人都是來自「某籍某系」——浙江籍北京大學國文系——的兼職教員。「在京四位主任」，指的是為女師大校事積極奔走的國文系主任黎錦熙、化學系主任文元模、史地學系主任李泰棻、音樂系主任蕭友梅。由許廣平的書信可以看出，高仁山的〈大家不管的女師大〉一文，對於女師大學潮的緩和及解決，是產生過正面影響與積極作用的。

到了1925年12月18日，魯迅在〈「公理」的把戲〉中再一次提到高仁山：「日本人學了中國人口氣的《順天時報》，即大表同情於女子大學，據說多人的意見，以為女師大教員多系北大兼任，有附屬於北大之嫌。虧它徵得這麼多人的意見。然而從上列的名單看來，那觀察是錯的。女師大向來少有專任教員，正是楊蔭榆的狡計，這樣，則校長即可以獨攬大權；當我們說話時，高仁山即以講師不宜與聞校事來箝制我輩之口。況且女師大也決不因為中有北大教員，即精神上附屬於北大，便是北大教授，正不乏有當學生反對楊蔭榆的時候，即協力來殲滅她們的人。即如八月七日的《大同晚報》，就有『某當局……謂北大教授中，如東吉祥派之正人君子，亦主張解散』等語。」

女師大的前身是國立北京女子高等師範學校，1922年由魯迅的同鄉好友許壽裳出任校長。許壽裳仿效蔡元培在北京大學進行的教育體制改革，成立了由校長、教務長加上10名教授共同組成的評議會，重新厘定課程，出版周刊，並從北大聘請兼職教員。兼職教員不能做教授只能做講師，也是蔡元培在北京大學制定的制度規則。魯迅所說的「東吉祥派之正人君子」，與「某籍某系」一樣是當年的流行話語。據王書莊回憶：「第一次世界大戰之後，蔡校長曾赴歐美各國，延聘了一批學習優異的留學生回國在北京大學擔任教授。……西林師曾和其他七位新回國的北大教授在吉祥大院租了一所民房，共同居住。學生稱他們為『吉祥八君子』，以表示對他們的尊敬並以此自豪，一時傳為佳話。」註3

與丁西林（又名燮林，字巽甫）等人一起住過吉祥胡同的李書華，對於「東吉祥派之正人君子」另有回憶：「民國十一年九月中旬我到了北京，寓後門內東吉祥胡同。同住的有周覽（鯁生）、李麟玉（聖章）、李四光（仲揆）、丁燮林（巽甫）四人，全是在歐洲時期的老朋友，前一、兩年回國的。鯁生任北大政治系教授，聖章任北大化學系教授，仲揆任北大地質系教授，巽甫任北大物理系教授兼理預科主任。王世杰（雪艇）亦系前兩年回國，任北大法律系教授，原來也住在東吉祥胡同，結婚後便另覓住所，移居西城惜薪司。……我到北大不久，北大新教授李宗侗（玄伯）、皮宗石（皓白）、陳源（通伯）、石瑛（衡青）陸續到校。玄伯在法文系，皓白在經濟系，通伯在英文系任教；衡青則在化學系擔任冶金功課。皓白、通伯、衡青三人亦全住在東吉祥胡同。」註4

　　高仁山雖然不是「東吉祥派之正人君子」中的一員，卻是為王世杰、石瑛、周鯁、陳源、皮宗石、李四光、丁西林等人主辦的《現代評論》周刊無償供稿的一個人，並且在學潮問題上與《現代評論》同人基本一致。他們把「北京國立各校接連不斷發生風潮」的原因，歸結為四點：「學校當局不恰人望，學生的行為出軌，教職員的從中挑撥，校外人士的鼓勵。」在這種情況下，他們所希望的是以公正平和的態度平息和化解學潮：「我們不懂得有些立於教育界責任地位的人，為什麼也不平心靜氣的考量女師大問題的本身，乃反而推波助浪的張大其事。……今日校外的人不立於超然的地位，以苦心孤詣的精神，調處女師大風潮，求個迅速圓滿的解決，反而全然加入一方面，助長學潮，這明明是走入歧途，其結果也許少數人可以逞快一時，然而多數青年學生就未免要跟著犧牲學業了。」註5

　　關於當年的派系之爭，陳翰笙回憶說：「我進入北京大學，在歷史系擔任歐美通史和史學史課程。當時我只有27歲，是北大最年輕的教授。……北大教師當時分為兩派，一派是英、美、德留學生，以胡適為首；另一派是日、法留學生，領頭的是李石曾。這兩派明爭暗鬥，互不相容。歷史系的系主任朱希祖是日法派，他對我這個從歐美回來的人很不喜歡，想把我排擠走，要他的留日朋友代替我。……李大釗又找到法學系負責人周鯁生，將這件事對他說了，還說：『王世杰是胡漢民的人，《現代評論》也是胡漢民出錢辦的，找他解決不了什麼問題。』李大釗同志建議我直接找一下周鯁生，說周人品好，是個正人君子。周鯁生對我說：『不要同王世杰講了，我聘你到法學系兼課，講授美國憲法史。』這樣一來，朱希祖沒有辦法了，……」註6

陳翰笙所說的「日法派」又稱「法日派」，它雖然以河北籍的國民黨元老李石曾為精神領袖，其中堅力量卻是浙江籍人士，特別是被稱為「某籍某系」的浙江籍北京大學文科教員沈尹默、沈兼士、朱希祖、馬裕藻、馬廉、錢玄同、陳百年等人。「東吉祥派之正人君子」，則是英美派的生力軍。不過，在國共合作的大背景下，無論是法日派還是英美派，無論是元老級的李石曾、胡漢民，還是相對年輕的朱希祖、沈尹默、沈兼士、王世杰、李大釗、陳翰笙、高仁山，大多是國民黨各個派系的骨幹成員，他們在反對北京政府和支援北伐戰爭的政治立場上，還是保持一致的。沒有黨籍的魯迅、周作人兄弟，也同樣是站在支援國民黨廣州政府的立場上的。正是由於這個原因，周作人後來在標題為〈紅樓內外〉的長文中，專門以〈高仁山其人〉為小標題，紀念這位「肯冒點險」的革命教授：「關於高仁山的事，我知道得不多。最初在北大出版的刊物上，大概是《史學季刊》吧，看到有一篇介紹美國人房龍所著《人類的故事》的文章，覺得很有意思，署名高寶壽，這是我知道他的第一次。後來我在孔德中學教國文，高君以北大教育系教授的資格，來擔任中學的指導工作，於開會時見過幾次，也記不得是那一年的事情了。三一八之後，北大教授星散，多數南行，只剩若干肯冒點險的留在北京，高君也是其一，聽說也是在做黨務地下工作。大概也是李君遇難的那一年，他終於被張作霖的部下所逮捕，關了不少日子，有一時傳說有什麼人疏通的關係，可以沒有什麼事，忽然有一天，內人往東城買東西去，回家時慌張的說道，高仁山先生不行了！據她說在路上看見有一隊軍警簇擁著一輛大車往南去，知道是送往天橋去的。及至看大車上面卻見高仁山一人

端然坐著。記得那時內人說，高君戴著一頂皮帽子，那麼這當是民國十六年的冬天或十七年的春天吧。」註7

這裏所說的「李君」，就是中共創始人之一的李大釗（守常）。在晚年所寫的《知堂回想錄》中，周作人再次回憶說：「那時我住在北京，在『張大元帥』輦轂之下，雖說是老牌的軍閥，卻還比較的少一點這樣恐怖與慘痛的經歷，在『段執政』的三一八事件之後，也辦過些『黨案』，殺害了籠統稱為黨員的，如李守常等人，隨後還有高仁山，此外則槍斃了詆毀他們的新聞記者，最有名的是社會日報社長林白水和京報社長邵飄萍，以及演過《臥薪嘗膽》的戲的伶人劉漢臣高三奎，真實的緣因說是與『妨害家庭』相關，但是據報上說，他們的罪名也是『宣傳赤化』，至於如何宣傳法，那自然是無可查考了。總之北方的『討赤』是頗為溫和的，比起南方的聯帥孫傳芳，簡直如小巫之見大巫，若是拿去比國民黨的『清黨』，那是差的更遠了。」註8

當年與周氏兄弟正面進行文壇之爭的《現代評論》編輯陳源，在晚年回憶中也提到過高仁山：「我於一九二七年十二月去日本。那時候張作霖仍在北平，革命軍已到滬寧，我不想回北平（是冬北大教授高仁山為張作霖所捕殺），而我又不善作宣傳文字（郭復初為上海交涉使，找我及錢端升等去負宣傳之任），想著到日本之遊（叔華幼年與兄姊等到日本讀書，一兄一姊死於神戶瀑布之下，也有意思舊地重遊），到第二年秋初回北平。新月書店的開始，《新月》雜誌的創刊，都在這半年中。」註9

二、北京大學的革命教授

　　按照高陶的說法，他一生中共有「三個父親」，一個是親生父親、北大教授高仁山；一個是自己的「寄父」、北大教授、共產國際情報人員陳翰笙；一個是自己的繼父、北大校長、民國要人蔣夢麟。

　　關於自己的親生父親高仁山，高陶寫道：「家父高仁山烈士是我國現代教育史上著名教授、教育改革的實踐家。……犧牲時年僅三十四歲。是年，我才三歲，妹妹兩歲，家父犧牲後，我家南遷。在跟隨祖父母的生活中，從未在老人家口中聽到有關父親的事跡。叔叔、嬸嬸、長輩的言談中，也未有片言隻語提及，在我們幼小的心靈中充滿著困惑和神秘，不知父親為何被害。母親常說一句話：『你們要爭氣，學你爸爸的樣。』究竟學什麼樣，爭什麼氣？語焉不詳。我們兄妹二人就在這種迷惘的家庭氣氛中長大成人。」

　　高陶對於父親較為具體的瞭解，得之於「寄父」陳翰笙。高仁山與陳翰笙

陳翰笙、高仁山1921年在美國留學時合影

老北大的紅樓。

早在美國留學時就是好朋友。由於陳翰笙與妻子顧淑型1921年結婚後一直沒有生育，顧淑型與高陶的母親陶曾穀又是表姊妹，陳翰笙夫婦便把高陶認作自己的「寄子」即「義子」。1970年代，高陶與妹妹、妹夫一起拜訪陳翰笙，陳翰笙表白說，人家問他平生好友有哪些，他的回答是：只有高仁山一人。

話雖這麼說，陳翰笙並沒有為高陶兄妹揭開高仁山之死的謎底，只是告訴他們，自己當年曾經勸告高仁山離開北京，高仁山回答說：「我在北大、師大任教，藝文中學我又是校長，還得照應，怎能一走了之。」註10

直到2000年8月，高陶與僑居美國的妹妹、妹夫再次來到北京時，才從北京市黨史研究室史建霞那裏，獲知高仁山從事教育活動及革命活動的較為完整的資訊——

高仁山1894年9月出生於江蘇省江陰縣觀音寺一個書香世家。17歲時隨在鐵路局工作的父親遷居天津，就讀於南開中學。1917年春自費赴日本早稻田大學專攻文科。在日本求學期間，與童冠賢、馬洗凡、於樹德、周恩來等人參與組織了以天津南開學校校友及天津法政學校校友為主體的新中學會。

為實現教育救國的理想，留學日本的高仁山制定了五步計劃。第一步，調查中國東北三省、河北、山東、江蘇、浙江等7省的教育與實業的關係；第二步，在調查研究中國教育制度的基礎上赴美國學習教育，再考察英、美、德等國教育狀況，然後回國實踐；第三步，在本國實踐的基礎上赴歐美進行研究，吸收各國合理的教育思想；第四步，回國調查西北與雲南的實況；第五步，創議中國的新教育制度。

隨著五步計劃的逐步落實，他於1922年底從歐美回國，出任北京大學教育系教授。

　　1924年2月23日，教育部頒佈《國立大學條例》，規定大學校長「由教育總長聘任」，學校設董事會，董事「由教育部長就部員中指派」。條例頒佈後，高仁山與李大釗、顧孟餘、譚熙鴻、沈尹默、錢玄同、高一涵等60多位大學教授公開表示反對：「教育部之所以欲聘任及其所得聘任者，……不外於在野之官僚，或有力之政客。此等官僚政客，於學術上既沒有任何之專長，其對於校內一切情形，又皆隔不通。」並且認為這一條例「蔑視學校及教員之人格，殊為可憤」。註11

　　1925年6月，高仁山聯合新中學會的會友以及北京政學兩界的著名人士創辦北京藝文中學，試行美國教育家柏克赫斯特創立的道爾頓制，將班級改為各科作業室制，廢除課堂講授，把各科學習內容製成分月的作業大綱，由教師與學生訂立學習公約，由學生自己支配時間，按興趣在各作業室自學，教師僅作為顧問，提供諮詢和檢查進度。

　　同年12月，高仁山與陶知行（後改名行知）等人創辦《新教育評論》，並且在〈蘇俄教育制度〉一文中，極力讚美蘇聯的教育制度及政治制度：「（蘇俄）自政治入軌道以來，第一件重要的事，就是努力求教育的普及。……在俄國教育制度下，人民完全有同等的機會受教育，決不受貧富或階級的限制。」蘇俄的教育「推行之廣、收效之速，那是不僅在教育行政的本身，實由於政治改革以後徹底的主張」。

　　1926年3月18日，藝文中學教務長顧淑型，帶領未成年的中學生參加由國共兩黨聯合策劃的大規模示威遊行活動。下午一時左右，執政府衛隊開槍鎮壓，造成打死47人，打傷100多人的「三‧一八慘

案」。藝文中學女學生陳時芬在慘案中當場犧牲，顧淑型本人也受了輕傷。第二天，高仁山與國立九校教職員代表蔣夢麟、馬名海等人，在國立藝術專科學校召開緊急會議，商討向政府當局辦理交涉事宜。

同年10月，高仁山在〈這是什麼政府〉中憤然寫道：「最不堪的，就是在首都之下，外人經營的協和醫學、燕京大學、匯文大學等等，開學開得有聲有色，上課上得興高采烈，堂堂的中華民國的國立學校，居然逼得奄奄待斃，鴉雀無聲，怪矣哉，……請問這樣的政府是不是摧殘國家的最重要、最根本事業——教育的一個政府？！」

1927年4月28日，李大釗等20名國共兩黨高層人士，被奉系軍閥張作霖控制下的北京政府處以絞刑。中共地下黨組織隨後在北京建立北方最高統戰組織「北方國民黨左派大聯盟」，高仁山任該聯盟主席。當時有朋友邀請高仁山出任河南中州大學校長，他始終不願離開北京：「我既許身教育，志在救國，就不能畏懼任何艱險。」[註12]

同年9月28日，奉系軍閥張作霖以加入政黨、散發傳單、有反對現政府之嫌疑等多項罪名，將高仁山逮捕，先後關押在北京偵緝處、警察廳、軍事部、陸軍部等處。12月9日，高仁山在寫給妻子陶曾穀的家書中表示：「自被捕之日起，身處囹圄之中，生死早已置之度外，我生三十四載，以十六年之光陰從事教育研究，以所學所知，未能有裨於社會國家，苟以囹長逝，誠死亦不瞑矣。我之全部教育計劃，因此夭折，思之殊可惜也。……我如『坐罪而死』，望你將此信轉告教育界諸友，暨予之學生，得知予之心志，或可完成一部分之希望。」

1928年1月25日，高仁山被奉系軍閥張作霖控制下的北京政府槍殺於北京天橋。

三、高仁山與新中學會

　　據張次溪著《李大釗先生傳》介紹，在李大釗生前，已經有過一個由中共地下黨組織牽頭的統一戰線組織「左派聯席會議」：「一九二五年三月孫中山先生逝世後，國民黨死硬派，（即西山會議派）以林森鄒魯為首，在南花園一號，作反共的活動。李先生與勞會同志領導的國民黨左派各團體，組織了左聯（左派聯席會議），當時參加左聯的有實踐社（鄧文輝等負責）。新軍社（譚祖堯負責），四川革命青年社（杜炎負責），新溪社（楊立賢負責）。革新社（劉愈負責），瓊島魂社（莫同榮負責）瓊崖協進會（鄭蘭積負責），中山學社（姚彥負責），新中學會（于樹德劉耀南負責）。以上九個團體，均有多數共產黨員參加。李先生派李渤海用民校二字為代表號，與各團體聯繫。謝質如奉李先生命，與各團體均有接洽，當時各團體在北京翠花胡同開會，有將革命交給左派的口號。」[註13]

　　李渤海，原名李伯海，山東蓬萊縣人。「五四」時期投身於學生運動。1922年，他與韓麟符等人組織「澄社」，取義於「慨然有澄清天下之志」，並先後結識北大教授李大釗、胡適等人。當年的韓麟符、李渤海都有過一段「整理國故」的苦學經歷，他們拜見胡適時，韓麟符攜帶一本《老子新解》，李渤海攜帶一本《尸子哲學》，從而得到胡適的特許，進入北大文科作旁聽生。

　　1923年1月，韓麟符、李渤海經李大釗、高君宇、何孟雄等人介紹加入社會主義青年團及中國共產黨，從此成為職業革命家。1926年秋天，李渤海負責中共北京市委的宣傳工作，兼任國民運動委員會書記。此時的李大釗及國共兩黨的高層人士，已經由北京東城的翠花胡

同遷往蘇聯大使館的舊兵營，李渤海作為使館內的中共組織與外界的聯絡人，代理李大釗任國民黨中央政治會議北京分會主席一職。李大釗遇難後，他又接任中共北京市委書記一職。1927年秋天，李渤海被奉系軍閥逮捕，因為身份暴露而投靠奉系軍閥，從此改名黎天才。1936年，黎天才成為支援張學良發動「西安事變」的關鍵人物。

這裏的「民校」二字，其實是處於地下狀態的中共黨組織，秘密開展統一戰線工作的一個代號。他們把國民黨視為革命團體的第一級即初級階段，簡稱「民校」。把成立於1920年的中國社會主義青年團（S.Y.即Chinese Socialist Youth Corps），連同於1925年1月改名後的「中國共產主義青年團」（C.Y.即Chinese Communist Youth Corps），簡稱為「中學」。把中國共產黨（C.P.即Chinese Communist Party），簡稱為最高等級的「西校」或「大學」。這樣一來，被稱為「民校」的國民黨，便成為中國共產黨及共青團的預備隊。中共地下黨團組織在「民校」開展工作時，要求黨、團員積極宣傳左派的政治主張，對於右派言行要「不懈地加以攻擊」。在吸收黨員方面，具有左派傾向的人士才可以被介紹加入「民校」即國民黨。國民黨中有階級覺悟的人，才可以被進一步介紹加入「中學」（S.Y.或C.Y.）及「大學」（C.P.）。與中共地下黨組織的統戰工作相比，國共合作時期的國民黨雖然人多勢眾，卻表現得軟弱無力。曾經擔任國民黨中央青年部部長的邵元沖，在1925年12月23日的日記中寫道：「晚閱《C.Y.之決議案及組織》等，具見其工作之已切近實際，吾黨中散漫無緒，各逞私圖，尚何言耶？」[註14]

「三一八慘案」發生後，北京政府的極端措施進一步刺激了民意反彈，從而導致加入國民黨及共產黨的人數急速攀升。據張次溪介

紹：「當時這九個左派組織，共有黨員一千一百餘人，再加上C.P.同志，有一千餘人，總合起來共有二千餘人，共同組織北京的左派聯席會議，簡稱左聯。左派的聯合工作，以實踐社的幾個首領，如鄧文輝，蕭忠貞，李壽雍等為中心。例如北京市黨部的名單，就是共產黨（C.P.）與實踐社確商好的，市黨部的正式執行委員吳可（工人部長，C.P.）、謝伯俞（組織部長，C.P.）、鄧文輝（常委，實踐社）、蕭忠貞（宣傳部長，實踐社）、莫同榮（農人部長，瓊島社魂社）、譚祖堯（常委，新軍社）、鄭蘭積（青年部長，瓊崖協進會）、劉耀西（常委，新中學會）、路友于（商人部長，大同盟新左派，未就職）。自左聯領導下之市黨部組成後，申請入黨和報到的新舊黨員，增至四千人，這一個偉大革命團體，在李先生領導下，不斷的邁進，……」[註15]

　　1927年4月28日與李大釗同時遇難的，大多是「左派聯席會議」的骨幹成員。沒有被捕的國共兩黨高層人士，在此之前已經紛紛南下。高仁山在危難時刻挺身而出擔任「北方國民黨左派大聯盟」的領導職務，既是國共合作的結晶，也是中共地下黨組織秘密開展統戰工作的成果，同時也是高仁山本人大無畏的英雄本色的充分展現。然而，高仁山在國共兩黨由合作到分裂再到相互爭戰的歷史夾縫中所做出的奉獻犧牲，無論是在國民黨的歷史上，還是在共產黨的歷史上，都沒有佔據恰當的位置。

　　作為新中學會的一名創始會員，出任「北方國民黨左派大聯盟」主席的高仁山，所代表的應該是上述九個左派組織中的新中學會。關於新中學會，張次溪在《李大釗先生傳》中介紹說：「新中學會，歷史頗久，份子不盡是革命的，有黨員六十五人，左派分子四十人，

C.P.四十五人，該會的進步份子，均由李先生介紹加入了C.P.。」

　　1920年秋天進入芝加哥大學研究院做助教、1924年春天旅居歐洲時應蔡元培邀請回國任北京大學教授的陳翰笙，在他晚年的回憶錄中寫道：

> 在芝加哥大學期間，我有幸結識了幾個人。一是高仁山，他是南開的畢業生，新中學會的發起人之一，新中學會是以留日的南開學生為主體的愛國組織，周恩來也參加過新中學會。高仁山當時在芝加哥大學學習教育學，沒有拿到碩士學位就回國了，待我回國時，他已是北京大學教育系副主任了。另一個是在哥倫比亞大學學習的查良釗，他也是新中學會的，後來做到北京師範大學校長。經高仁山和查良釗的介紹，我於1921年參加了新中學會的美國分會。另一位是何思源，北平解放前他當過北平市市長。……（高仁山）為人爽直，有什麼說什麼，平日與我常有交往。有一次，我同他談起對時局、前途的看法和內心的苦悶，他說：「聽說共產黨的主張不錯，咱倆去加入共產黨吧！」於是，我倆一道去找李大釗（當時是國共合作時期，大家都知道李大釗是共產黨），請他介紹入黨。李大釗說：「現在正是國共合作時期，我們許多共產黨人也都在國民黨裏工作，你們最好先加入國民黨吧！」經李大釗和於樹德介紹，我和高仁山於1925年一同加入了國民黨，並領到一個黨證，但從來沒有開過會。……有一天，我又去看李大釗同志。他從院內小門將我帶到蘇聯大

使館去，介紹我與蘇聯駐華大使加拉罕相識。加拉罕又將我介紹給大使館文化參贊加托諾維奇。……過了不久，李大釗對我說：「他們（指蘇聯人）希望你為共產國際做些工作。」我說：「是呀，我不是在為他們的《國際通訊》寫稿嗎？」李大釗同志說：「不，不是指這件事，他們希望你為共產國際做些地下工作，就是情報工作。」我立即答應下來。這件事，我一直沒對什麼人說過，直到1980年填幹部履歷表時，我才填上：「1926年在北京由李大釗同志和蘇聯加拉罕大使介紹為共產國際工作。」9年之後，即1935年，我在莫斯科由王明、康生介紹轉入了中國共產黨。註16

　　由楊扶青、李峰、張芥塵、於樹德聯名發表的〈新中學會紀要〉，對於該學會的路徑選擇和黨派格局另有說明：「1924年童冠賢、馬洗凡接受了英國學者拉斯基的政治學說，想把新中學會改組為一個拉斯基式的社會民主主義政黨，從德國寄回一個新中學會會憲修正草案，請國內會員在年會時討論通過。當時會員之中，周恩來、安體誠等早已加入中國共產黨，並實際地參加了國民革命運動；其他會員有的已另有政治結合；有的埋頭從事於實業或教育；有的並不明瞭社會民主主義的意義；有的事實上已與新中學會脫離關係；因此大家對會憲的修改，都不怎麼感興趣。當1924年夏季，年會通過會憲修正草案時，于樹德當場聲明不能接受社會民主主義，堅決要求出會；全場會員因激於多年來的感情，且深深感到新中學會解體分化危機的到來，都不禁失聲痛哭。1924年後，雖勉強舉行過一二次年會，都是無

精打采而散；從此新中學會就無疾而終了。……1926年童冠賢、馬洗凡等加入國民黨，曾聯合一部分人組織『新中革命青年社』，成為國民黨內的一個派系，不明真相者稱它為『新新中學會』，其實與新中學會是兩回事。」註17

新中學會的創始人童冠賢，早在1925年就回國擔任了北大教授，一度與高仁山、陳翰笙等人成為同事。1926年，他跟隨在國民黨第二次全國代表大會上當選中央執行委員的北大教授、教務主任顧孟餘，赴廣州參與國民黨中央的黨務工作，又與老會友于樹德成為同事。接下來，他受命返回北京任國民黨中央政治會議北京分會委員，與丁惟汾、李大釗、李渤海等人一起指導北方黨務。在國共合作的大背景下，高仁山更加熟悉的應該是新中學會的老會友于樹德而不是李大釗。在于樹德和李大釗之外，與高仁山的公私情誼更加密切的是童冠賢。

于樹德，字永滋，1894年2月29日出生於河北省靜海縣唐官屯，早年曾參加同盟會。1917年考取天津法政學堂的公費留學名額，於是把自己準備自費留學的300塊大洋轉贈給周恩來，從而促成兩個人於同年9月一起赴日本留學。在日本期間，兩個人先後加入由童冠賢、高仁山、馬洗凡、劉東美、陳鐵卿、楊伯安、楊扶青、李峰、黃開山等人發起組織的新中學會。

1921年，于樹德從日本回國在天津開展工人運動。同年冬天經李大釗介紹，以新中學會代表身份赴蘇聯，參加1922年初在莫斯科召開的遠東各國共產黨和民族革命團體第一次代表大會。從蘇聯回國後，他經李大釗介紹加入中國共產黨，負責組織社會主義青年團天津

支部，被推為主任。1924年1月，于樹德在廣州出席國民黨一大，任大會宣言審查委員會委員，並與中共黨員李大釗、譚平山一起，入選國民黨中央的24名執行委員。同時入選17名候補中央委員的中共黨員，分別為毛澤東、張國燾、瞿秋白、林伯渠、韓麟符、沈定一、于方舟。

1924年4月20日，由中國共產黨和國民黨左派主導的國民黨北京執行部，在織染局29號成立，下設8個部處，其中李大釗任組織部部長，于樹德任直接負責北京、天津地區學生運動的青年部部長。1925年秋天，于樹德赴廣州任國民黨中央常務委員會委員。1926年7月6日，他又在國民黨中執委臨時全會上當選為中常委候補委員，是中共方面在國民黨中央擔任較高職務的一個人。1927年國民黨對中共實施「清黨」之後，于樹德逐漸與國共兩黨脫離組織關係並退出政壇，長期從事農村合作社理論的教學研究。1949年之後，他留在大陸，歷任中央合作事業管理局副局長、中華全國供銷合作總社監事會副主任等職；是第二、三屆全國政協委員，第四、五屆全國政協常務委員。1982年2月18日，因病在北京逝世。

1929年3月，在南京參加國民黨第三次全國代表大會的童冠賢，因為反對中央執行委員圈選制及開除汪精衛的黨籍，與一些代表退席抗議，從此不再參與國民黨的黨務工作。1948年，他出任國民政府立法院院長，一度協助李宗仁維持國民黨政權的殘局。1949年之後，他逐漸從政界淡出，任教於香港崇基學院。晚年移居加拿大，於1981年8月7日去世。

〈新中學會紀要〉的落款時間是1961年3月。于樹德為了與避居香港的童冠賢等人劃清政治界線，刻意迴避了自己以中共黨員身份加

入國民黨並且一度成為國民黨左派領導人的歷史事實，同時也略去了高仁山所從事的大無畏的革命活動。

四、大無畏的革命傳奇

高仁山在當年是很著名的國家主義教育家，而不是像蘇聯共產國際和中國共產黨那樣的超越國界的共產主義者或世界主義者，用他自己的話說：「察歐洲自十八世紀末葉以至今日，各國教育所共有的宗旨，未有出國家主義的範圍者。因思各國教育之特點，又為各國家之魂膽，故對今日一團散沙之中國，教育宗旨惟以陶鑄國魂為第一要義。」[註18]

隨著陳翰笙秘密加入共產國際情報機構，他與高仁山在政治路徑的選擇上，必然會出現一定的分歧。關於這一點，陳翰笙的相關回憶就顯得有些避重就輕、避實就虛：「李大釗被捕後，我知道處境十分危險，決定出國躲一躲。當時我認識一個專給《奉天時報》寫社論的日本人，叫中江丑吉，他認為我是國民黨，就讓我先住在他家中。後來，張作霖又封掉藝文中學，在外交部街逮捕了高仁山。中江丑古幫助我和剛從蘇聯歸來的顧淑型買了火車票，並把我們送上去天津的火車。到天津後，我們住在一個小客棧裏，對人講是去神戶看一個親戚。中國二三十年代去日本辦手續很簡便，根本不用護照，與在國內旅行差不多。到神戶後，在中國領事館辦了護照，便搭船去蘇聯了。」

高仁山遇難時，陳翰笙夫婦已經在蘇聯共產國際的國際農民運動研究所裏當研究員：「1928年1月，我從報紙上看到了好友高仁山被

殺害的消息，十分悲憤。後來才知道，高仁山在北京天橋被殺後，他的家屬不敢去收屍，還是顧淑禮出面去收屍，將他葬在西山臥佛寺的東面東溝村。……高仁山的兒子在成都當工程師。女兒在美國華盛頓的一個銀行工作，女婿在海軍研究所工作。70年代初，這對夫婦回國，到東華門寓所看我，我領他們去臥佛寺憑吊了高仁山的墳墓。」註19

　　與陳翰笙的相關回憶相印證，時任國民黨直隸省黨部執委的中共黨員李秋生，更加真切地回憶了自己在李大釗遇難之後，與高仁山、陳翰笙的直接交往：「約在當年八月初，陳翰笙來到天津，準備創辦一座中學，藉以推動他們的運動。無如天津依舊只是保守的商業城市，北大的紅教授在當地並無號召力，辦學計劃亦即胎死腹中。他同時要和津地國民黨聯絡，協調雙方活動。津方即由筆者和他周旋。記得有一次曾在特一區（前德租界）起士林餐館暢談數小時，交換有關策進組織活動的意見。不久筆者又應邀前赴舊京，作進一步的具體商談。一天晚間，我們假挪威銀行買辦某人寓所從事正式商談，參加者有高仁山、陳翰笙，和北京農業大學一位教授（姓名已記不起，只記得他是四川人，對農業經濟和我國土地問題很有興趣。若干年前，據亡友黎天才告知，其人即是董時進），和筆者四人，縱談政治綱領和進行方式。那是一座北京舊日內城式的豪華住宅，座落在東城史家胡同東首路北第一家。……那晚談到深夜，分手時還約定次周再繼續商談。乃不久即傳來仁山被捕消息。」註20

　　關於高仁山在革命活動中所表現出的大無畏的英雄本色，李秋生接下來寫道：

在當時故都那種肅殺氣氛之下，從事革命運動要冒絕大風險，如共黨組織即完全轉入地下。高、陳等人要在文教界中發展，自難嚴守秘密，尤其是他們都負有教學責任，尤其是高仁山還要兼顧藝文中學校務，身份更難隱秘，乃遭當局的警騎偵知，高氏即遭逮捕。藝文中學亦被封閉。陳翰笙立即逃避，乃波及北新書局，亦被封閉並逮捕店員。不久仁山即以進行赤化共產活動的罪名判處死刑，那是天大的冤枉。他當時和中共負責人至多只是略有交往，他只是從事國民黨左派運動。對他執行死刑不像李守常諸人之秘密絞殺，而是綁赴天橋刑場槍決。我家一位老家人曾目擊那次「出大差」，他從永定門外到我家來，途中聽說要槍決一位北京大學教授，便在路旁觀看；據他說高君態度從容，面無懼色，並向路旁觀眾說：「給我個好兒吧」，於是眾人立即高呼「好！」「好！」，有如平劇戲迷喝彩一樣。按過去北方盜匪在綁赴刑場途中，每多顯示滔不畏死氣概，高呼「再過二十年老子又是一條好漢」，觀眾即大聲喝彩。押送的軍警向不干涉，不想仁山先生這樣一位文質彬彬的學者，到臨命時也表現出這種草莽英雄氣概。同時也可見他不僅是一位只知教書辦學的書生。此案似乎並無許多株連。其實高、陳運動僅在發軔，並無重大發展。而北方的所謂國民黨左派運動，自此也就煙消火滅了。

高仁山1925年6月23日致胡適信。

李秋生，本名李希逸，又名李玉書，早年在北京大學文科讀書期間，與李大釗、張申府、張國燾、羅章龍、黃日葵、高君宇、劉仁靜等人，同為「北京大學馬克思學說研究會」成員。第一次國共合作期間，他先後任國民黨直隸省黨部執委和中國共產黨天津市委負責人。由於他長期在天津從事地下活動，更由於地下政治活動的特殊性質，李秋生對於陳翰笙1924年春天應蔡元培邀請，攜妻子顧淑型回國擔任北大教授的經歷；以及陳氏夫婦自1926年起秘密為共產國際從事情報工作的真實身份，都不知情。他對於自李大釗遇難之後已經處於地下潛伏狀態的陳氏夫婦，於1927年10月從塘沽碼頭前往日本神戶再轉往蘇聯的具體行程，以及陳氏夫婦於1951年1月31日從美國回到北京定居的人生經歷，也同樣是不知情的。但是，他與高仁山、陳翰笙的直接交往，足以證明陳翰笙所說的「我和高仁山於1925年一同加入了國民黨，並領到一個黨證，但從來沒有開過會」並不屬

實。李秋生所説的高仁山「當時和中共負責人至多只是略有交往」，應該是出於他自己的主觀臆斷。當年的高仁山至少與李大釗、於樹德等中共負責人之間，還是有著密切交往的。

五、蔣夢麟與陶曾穀的後續情愛

在耿雲志主編的《胡適遺稿及秘藏書信》中，收錄有高仁山用藝文中學信箋寫給胡適的兩封書信，內容是邀請胡適在北大三院大禮堂就教育問題發表暑期演講。在落款時間為1925年6月23日的另一短信中，高仁山寫道：「適之先生：藝文中學發起人會記事錄二份寄呈。內有先生演説稿，係仁近日回憶，略事寫出。其中不無遺漏舛誤之處，請你斧正寄回！」註21

1925年7月16日，任鴻雋在寫給留美同學胡適的書信中介紹説：「在上海遇見高仁山，他對於奉浙的軍事行動頗注意，欲聯合上海各界打電勸他們息內爭。我以為此刻打仗總不至於成事實，不過滬上的事使奉軍在上海增了不少的兵，不免為將來和平的一個威脅罷了。上海罷工工人很多，商會與工會、學會不能合作，尤為危險。」註22

所謂「滬上的事」，就是發生在上海租界的「五卅慘案」，簡稱「滬案」。「滬案」發生後，高仁山與李四光、馬寅初等45位國立各校教職員致函各校長，建議從政府歸還各校的150萬元中，撥款10萬元援助從事罷工示威活動的上海工人。而領導組織上海工人的罷工示威活動的，恰恰是國共兩黨的左派人士，特別是中共方面的劉少奇、李立三、陳雲等人。

1925年10月26日，段祺瑞執政府與英、法、美等國舉行「關稅

特別會議」，由北大教職員滬案後援會及北京各校滬案後援會出面召集的「關稅自主」遊行示威大會，以「無條件的關稅自主」、「反對妥協的加稅」為理由，反對召開關稅會議。5萬示威民眾遊行到新華門附近時，與警察發生激烈衝突。包括交通大學學生蘇潮，北大教授徐炳昶、高仁山在內的10名師生在衝突中受傷。手執校旗的北大政治系二年級學生傅啟學，還被警察當場逮捕，經大會籌備人、國民黨北京執行部常委朱家驊等人多方營救，於兩天後釋放。11月22日，由國民黨左右兩派的丁惟汾、李大釗、于樹德、朱家驊、高仁山、馬敘倫、林森、鄒魯等人共同組織的「關稅自主示威運動籌備會」，又發動兩萬多名青年學生走上街頭，以磚瓦、木棒為武器與警察展開激烈巷戰，直至摘下京師警察廳的牌匾而「萬人齊呼，如慶凱旋」。在這次事件中，馬敘倫、於樹德及一百多名學生受傷。諸如此類的遊行示威，最終是以1926年3月18日的「三一八」慘案宣告結束的。[註23]

　　1926年5月，一直是北大教職員滬案後援會核心人物的高仁山，在〈五卅慘案之回顧〉中寫道：「一年前舉國同憤之滬案，全世界所注意之外人慘殺華人案，到現在還沒有公平的結果……對這種慘無人道的舉動，非聯合全國各界的心力來對外是不能成功的。」

　　到了1928年5月21日，胡適在日記中寫道：「午刻，中央大學宴會，他們又逼我作答辭，……到大學院，領得中國公學二月份補助費三成，共一千元。又與端升、經農、趙述庭共商廿四日高仁山追悼會的程式。此事只三日了，尚未有預備。仁山夫人陶曾穀又因小孩生病前幾天回無錫了。我不能等到此會，故催他們作點籌備。」[註24]

胡適所説的高仁山追悼會，是以首都教育界名義舉行的，當時正值國民政府中國大學院在南京召開全國教育會議。據上海《民國日報》1928年5月25日報道：首都南京的教育界，於5月24日在中央大學體育館舉行在北京被殺害的教育家高仁山教授追悼會，到會各界人士500餘人。追悼會由蔡元培主持，趙廼傳報告高仁山為國犧牲事略，孟憲承、周鯁生、陶知行、朱經農、楊杏佛及北京藝文中學代表相繼演説，末由高仁山的夫人陶曾穀答詞。

新北大的烈士墓碑。

胡適既是高仁山的生前好友，又是中國大學院的大學委員，只是由於他剛剛接任中國公學校長的職務，不等全國教育會議結束就提前趕回上海處理校務，這才有了「我不能等到此會，故催他們作點籌備」的表白。

1928年12月22日，陶曾穀在致胡適信中寫道：「適之先生大鑒：前上一函諒已收到。臨接商務印書館來函謂仁山稿件於本月底即將出版，敬求先生將仁山遺著以及先生序文可否轉送商

務印書館出版部為感。穀擬於年假赴滬一行，藝文補助費事尚未有如何辦法，上周赴財部訪葉叔衡先生，謂此事或許可以設法，因數目尚小。曾聞仁山談及先生與葉君頗相知，特此奉函敬懇先生代為致函轉托。」

幾年後，陶曾穀又在致胡適信中寫道：「適之先生惠鑒：敬啟者，藝文中學自開辦之初即承贊助，恢復以後複蒙領銜呈請國府撥給補助費，嘉惠後生寧有涯矣。惟藝中經常各費雖足維持，而基金至今猶屬無著，一旦發生變故，學校前途難免無停頓之危險。竊按中華教育文化基金委員會每年以三分之二之款項，補助文化事業，藝中試驗道爾頓制，似亦為重要文化事業之一，擬請先生於本年六月間該會開年會時，提議補助鉅款以充基金，倘能通過則藝中將來基礎鞏固，發揚蓬勃，胥出先生之賜也。先夫有知，亦當含笑於九泉矣。先生在平課務忙否？暇時尚祈常蒞藝中惠予指導。曾穀將於三月中旬赴平為先夫營葬，屆時當趨聆教益也。」 [註25]

高仁山被捕之後，奉系軍閥以藝文中學是赤化窩巢的罪名，將設在北京東城燈市口大街72號的這所私立學校強行封閉，部分學生被迫轉到天津南開中學。後經該校師生多方爭取，1928年9月15日租賃西城府前街的清代「升平署」重新開學。陶曾穀信中所説的「開辦之初」與「恢復以後」，就是由此而來。1929年冬，藝文中學為緬懷老校長的業績，在新校舍內創辦「仁山圖書館」。1931年，該校師生又刻碑紀念高仁山，碑文採用的是他生前常説也最能夠體現他大無畏的英雄本色的一句話：「身世悲壯，一絲不掛，無瞻前顧後之憂，乃能言救國，做救國事業。」

　　信中的「曾穀將於三月中旬赴平為先夫營葬」，足以證明陳翰笙所說的「高仁山在北京天橋被殺後，他的家屬不敢去收屍，還是顧淑禮出面去收屍」並不屬實。與高陶一樣從小用無錫話稱陳翰笙為「寄爹」的孫小禮，另有更接近於歷史事實的一種說法：「1925年秋，姨父為我的哥哥姐姐請過一位女家庭教師，名叫張挹蘭，當時她在北京大學讀書，是一位思想進步的女學生。……1927年4月28日李大釗被處絞刑的時候，同時遇難的還有我們的張挹蘭老師，我們全家都非常悲痛。因為張老師的媽媽過度傷心，其弟妹年幼，就由我們的母親代表張老師的家屬去收屍，料理後事。不久，姨父的好友高仁山（也是我們的表姨父）又被逮捕和殺害，當時母親親赴天橋刑場，見到了高仁山英勇就義的情景，後來她又代替表姨母陶曾穀去收屍和處理後事。」註26

　　與此相印證，史建霞在〈高仁山〉一文中也只是說「消息傳來，他的學生們冒著生命危險與他的家人、親友一道，將他的遺體安葬在北京西山臥佛寺東面的東溝村。」

　　到了1934年3月6日，胡適在日記中寫道：「夢麟夫人陶曾穀約我去談藝文中學事，我提議她與我同時退出校董會，而委託妥人為校董，此意當可解除一切糾紛。」

　　所謂的「夢麟夫人陶曾穀」，是當年頗為著名卻又一直在以訛傳訛的情愛故事。2006年6月，北京中華書局從臺灣遠流出版集團引進署名蘇文的《民國趣典》一書，易名為《晚清民國人物另類檔案》公開出版。其中的〈蔣夢麟：因愛亡友而娶其妻〉一文寫道：「蔣夢麟代理北大校長時，和教育系教授高仁山是莫逆之交。1927年10月，高

仁山以參加政黨、有反對北京政府之嫌，遭張作霖下令逮捕，不久遭槍決。高仁山死後，蔣夢麟對其妻陶曾穀照顧備至。當蔣夢麟的妻子病故後，他便與陶曾穀結為夫婦。婚禮上，蔣夢麟答謝賓客時表示：『我一生最敬愛高仁山兄，所以我願意繼續他的志願去從事教育。因為愛高兄，所以我更愛他愛過的人，且更加倍地愛她，這樣才對得起亡友。』」

高仁山被捕的準確時間是1927年9月28日。蔣夢麟與陶曾穀結婚，已經是1933年的事情。

據蔣夢麟的兒子蔣仁淵、女兒蔣燕華及外孫女吳小燕回憶，蔣夢麟於1908年自費去美國留學之前，與元配妻子孫玉書生育有一子蔣仁宇，另有一女夭折。1917年留學回國後，夫妻二人又先後生育次子蔣仁淵、女兒蔣燕華、幼子蔣仁浩。1933年，蔣夢麟與孫玉書協定離婚後與陶曾穀結婚。正在讀小學的蔣仁淵，見到《姚江日報》刊載蔣夢麟與陶曾穀結婚的新聞，匆匆回

1933年陶曾穀、蔣夢麟、胡適合影。

家告知母親，母親只是喃喃地說：「你爹變心了。」協定離婚的孫玉書，依然留在浙江省餘姚縣回龍鄉蔣村的蔣家孝養公爹、撫養兒女。三子一女的教育費由蔣夢麟繼續承擔。陶曾穀再婚前與高仁山生育有一子高陶、一女陶燕錦。蔣、陶再婚之後再沒有生育，對於雙方子女一直持平等對待的態度。^{註27}

　　陶曾穀去世後，75歲的蔣夢麟於1961年7月與49歲的徐賢樂閃電式結婚。1963年，蔣、徐二人宣告離婚，成為臺灣島上又一樁轟轟烈烈的情愛故事。

【注釋】

註1：《魯迅全集》，第3卷，北京：人民文學出版社，1981年，第120頁。

註2：《兩地書》原信三十一，1925年6月19日。《兩地書全編》，杭州：浙江文藝出版社，1998年，第447頁。

註3：王書莊：〈懷念丁西林老師〉，見孫慶升編《丁西林研究資料》，北京：中國戲劇出版社，1986年，第47頁。

註4：李書華：《七年北大》，臺北《傳記文學》6卷2、3期，1965年2、3月。

註5：松：〈女師大風潮與教育界〉，《現代評論》第2卷第37期，1925年8月22日。

註6：陳翰笙：《四個時代的我》，北京：中國文史出版社，1988年，第28、29頁。

註7：周作人：《知堂乙酉文編》，石家莊：河北教育出版社，2003年，第108頁。

註8：周作人：《知堂回想錄》，石家莊：河北教育出版社，2002年，第534頁。據周開慶《健廬憶語》回憶，發生在「三一八」慘案之後的「北京黨案」，其實是包括一系列逮捕行動的。第一次發生在1927年3月20日，被捕的國共兩黨人士有100多人，其中被拘禁的有40多人，國民黨左派周開慶是其中之一，他早在1926年10月，就已經被北京警廳的暗探監視。第二次發生在3月29日，被逮捕的有30人。同年4月6日，李大釗、路友于等國民黨北平市黨部負責人在蘇聯大使館被捕，已經是第三次。此後還有一連串的行動。周開慶獲釋後，立即跑到漢口中央日報工作。儘管當時中共方面的氣焰很高，與李大釗同為前北大教授的社長顧孟餘，對於中共方面的宣傳言論卻控制得十分嚴格。需要說明的是，謝伯俞、張挹蘭、范鴻劼等人，在被判處絞刑時已經秘密加入中國共產黨。作為國民黨左派周開慶，認為在被判處絞刑的20人中，真正的中共黨員只有李大釗、譚祖堯二人。顯然是不瞭解中共地下黨組織潛在的勢力和能量。參見潘英著《正統史學下之民國史上的非正統政治團體與人物》臺北：谷風出版社，1989年7月，第224頁。

註9：〈關於「新月社」——復董保中先生的一封信〉，1969年8月19日，臺北《傳記文學》1971年4月18卷4期。郭復初即國民黨的著名外交家郭泰祺。

註10：高陶：〈我的三個父親〉，錢理群、嚴瑞芳主編：《我的父輩與北京大學》北京大學出版社，2006年，第319、323頁。

註11：史建霞：〈高仁山〉，《中共北京黨史人物》第2卷，中共黨史出版社，1994年。

註12：史建霞：〈高仁山〉，《中共北京黨史人物》第2卷，中共黨史出版社。1994年。

註13：張次溪編著《李大釗先生傳》，北京宣文書店，1951年8月，第23、24頁。「勞會」指由陳維人（為人）、鄧中夏、羅章龍、何夢熊（孟雄）等人領導的「勞動組合書記部」。

註14：《邵元沖日記》，上海人民出版社，1985年，第223頁。以上敘述參見包遵彭著《中國共產黨青年運動史》南京拔提書局，1947年5月，第10、13頁。呂芳上著《從學生運動到運動學生（民國八年至十八年）》，臺北：中央研究院近代史研究所，1994年，第284頁。

註15：張次溪編著《李大釗先生傳》，第109、110頁。

註16：陳翰笙：《四個時代的我》，北京·中國文史出版社，1988年，第24、32、35頁。

註17：楊扶青、李峰、張芥塵、于樹德：〈新中學會紀要〉，《五四運動回憶錄》（續），北京：中國社會科學出版社，1979年11月，第463、464頁。

註18：高仁山：〈教育與國家〉，文載上海《申報》的《教育與人生》周刊第三、四期，1923年10月19日。

註19：陳翰笙：《四個時代的我》，第37、40頁。

註20：李秋生：〈有關高仁山之死〉，臺北：《傳記文學》總第314號，1988年。

註21：耿雲志主編《胡適遺稿及秘藏書信》，第31冊，合肥：黃山書社，

1994年，第235頁。

註22：《胡適來往書信選》上冊，北京：中華書局，1979年，第339頁。

註23：〈昨日五萬人遊行示威〉，《晨報》，1925年10月27日。〈昨日市民兩萬人示威遊行〉，《晨報》，1925年11月23日。參見呂芳上著《從學生運動到運動學生（民國八年至十八年）》，臺北：中央研究院近代史研究所，1994年，第241、242頁。

註24：曹伯言整理《胡適日記全編》，第5卷合肥：安徽教育出版社，2001年，第121頁。

註25：耿雲志主編《胡適遺稿及秘藏書信》，第36冊，第434頁。

註26：孫小禮：〈延續一個世紀的血肉聯繫——我的前輩孫百英等與北大〉，錢理群、嚴瑞芳主編《我的父輩與北京大學》，北京大學出版，2006年，第225頁。

註27：〈蔣夢麟後嗣緬懷蔣夢麟〉，見錢理群、嚴瑞芳主編《我的父輩與北京大學》，北京大學出版，2006年，第109頁。

後記

我的家史與思想史

我是一個有「歷史癖」的讀書人，這種「歷史癖」的養成，根源於少年時代老輩人的講古和自己的亂翻書，成熟於閱讀英文讀本以及胡適的中文著作。

一、我爺爺的「非正常死亡」

1964年，我出生於河南省禹縣梁北鄉大席店村。據歷史傳說，堯舜時期，這裏是以大禹為首的夏部族的聚居地。西元前2208年，大禹就是在這裏建立了中國歷史上第一個「父傳子，家天下」的夏王朝。由此可見，早在4000多年前，這裏已經是中國大陸最適宜於人類居住的區域。然而，留在我的童年記憶中的，卻只有「饑餓」兩個字。

聽老人講，我的爺爺張天霖和大爺爺張木霖，是在1959年冬天「非正常死亡」的。

我們老張家在太爺一輩絕了後，太爺是從十里開外的黃榆店抱來的外姓人，當地的民間土著，把從別人家裏抱來用於傳宗接代的養子叫做「買官兒」。我太爺雖說是個「買官兒」，卻一直嬌生慣養，長大後因為抽鴉

片賣掉了全部的土地房屋。我爺爺和大爺爺十三、四歲便一人一條扁擔走村串鎮，靠著當貨郎挑夫贖回了房產，後來才有了我的父親，再後來也就有了我。

我爺爺和大爺爺是著名的孝子。我的精明強幹的姥姥即曾祖母，經常要從兩兄弟手中勒索一些血汗錢供她的男人即我的太爺抽鴉片。稍不如意，她就要在村子裏撒潑罵街，公開斥責我的未成年的爺爺和大爺爺不孝順，直到我爺爺和大爺爺乖乖地交出血汗錢。

我的爺爺、奶奶都是信仰一貫道的善男信女。土改時期，因為捨不下自己用血汗錢置買的一點田產，已經在縣城經營小錢莊的我爺爺，回到鄉下參加土改，並且再一次挑起貨郎擔。他萬萬沒有想到自己選擇的是一條死路。

童年時代玩「扯羊尾巴」遊戲時，唱過一首「日頭落，狼下坡，老人小孩跑不脫」的宗教讖語式的童謠，據說是從土改和所謂「三年自然災害」時期流傳下來的。與它一起陪伴我的童年的，還有一首詛咒村幹部的童謠：「孩兒，孩兒，快點長，長大當個大隊長，穿皮鞋，披大氅，抓著喇叭哇哇響。」所謂「扯羊尾巴」，在有些地方叫「老鷹抓小雞」，無論是狼吃羊還是鷹吃雞，都是由最弱勢無助的成員來充當犧牲品的。

在「社會主義改造」初期，為了抗拒財產充公，許多農戶流著眼淚殺死了自家的牲畜，然後聚在一塊偷吃牛肉，邊吃邊說：「這也許是最後一次吃牛肉了。」而在事實上，牲畜被大批宰殺和農具被大量破壞，以及隨之而來的大躍進和大煉鋼鐵，直接導致了大批農村人口的「非正常死亡」。

二、我的父親母親

　　我的父親連同母親，都是1949年之後的第一屆師範畢業生。我的母親還是禹州城裏的大家閨秀。她的哥哥即我的二舅，曾是國民黨政府的一名官僚，當年是有資格坐飛機去臺灣的，只是為了照顧數十口內親外眷才選擇留在大陸。「三反五反」運動中，他在東北某大學副校長任上被鎮壓，像後來的儲安平一樣不知所終。

　　師範畢業後任小學校長的我父親，一直是「爭上游」的積極分子，「反右」時曾經理直氣壯地把一名據說是「作風」不好的女同事打成「右派」。在1962年的下放運動中，他自己遭受報應，連累妻子兒女與他一同操持中國大陸最不成其為職業的一種職業：務農。從此以後，饑餓像沒有盡頭的噩夢，伴隨著我的整個童年。有一年春天青黃不接的時候，我放學回家找不到食物，只好用髒手到鹹菜缸裏偷大頭菜充饑，並因此挨了一頓毒打。

父親張文欽1957年曾把一名女同事打成右派。

我的瞎了雙眼的奶奶，去世之前總是在重復一句話：「等我死後，每個周年給我燒一塊刀頭肉，就一年不饑了。」

　　所謂「刀頭肉」，就是從豬的腰部割下來的肥肉塊，煮熟後可以拿到死人的墳頭去燒紙祭典。一個忍饑挨餓幾十年的瞎眼老人，活在世上吃不上肉，只能把吃肉的希望寄託在死亡之後的陰曹地府。她唯一的寄託與希望，就是想像之中的陰曹地府，會比所謂的人間天堂更加溫暖光明一點點。

　　我小時喜歡説一些不討人喜歡的話，因此經常在家裏挨打，挨了打就死命地哭喊。住在同一個院落裏的三伯母説我是「買官兒」，是父親「拉賣煤」時揀來的。

　　「拉賣煤」是一種很缺德的營生，就是把當地煤窯挖出來的煤炭，摻合上發電廠洗出的細煤碴，用兩個輪胎的架子車拉到東部平原當煤炭賣，從不能夠分辨煤炭質量的城鄉居民手中騙取一些不義之財。每到冬天，村裏的壯勞力就要成群結隊「拉賣煤」，然後用騙來的不義之財買菜割肉過春節。我從小就知道父親靠「拉賣煤」掙來的血汗錢很不光彩，但是因為爭搶一塊大肥肉，我還是要和哥哥妹妹們哭喊打鬧。後來讀了一些書，才知道其中的道理：「倉廩實而知禮節，衣食足而知榮辱。」

　　1971年春天，剛剛6歲的我與哥哥一起進入村辦小學春季班讀書。第一堂課是「毛主席萬歲，林副主席是毛主席的接班人」。放學回家，我興高采烈地詢問父親什麼叫接班人。回答是：「等我死了，你就是我的接班人」。我接上話説：「毛主席死了，林彪就接毛主席的班——」

話音沒落，一記耳光迅雷不及掩耳地打在我的臉上。暈頭轉向之中，我看到的是父親連同當紅衛兵、紅小兵的姐姐、哥哥「同仇敵愾」的眼光。改名為「張革命」的堂兄，更是露出一臉的殺伐之氣。有了這一次的遭遇，我開始對〈東方紅〉、〈大海航行靠舵手〉之類歌曲深惡痛絕。

認識幾個字之後，我便於饑寒交迫中自己動手找書讀。其原動力只是父親反覆強調的一句老實話：「不好好讀書，長大連媳婦也討不上。」

我們村是一個相對貧窮落後的光棍村。村裏一位外號「老虎仇」的老光棍，因為討不上媳婦，在自己的寡母面前總是露出老虎般的一臉凶相，卻偏偏喜歡逗我玩耍。我曾經夢想自己考上大學當上官，不單自己擁有了漂亮女人，還替「老虎仇」娶來一房媳婦。2005年夏天回河南老家時，我才得知「老虎仇」已經去世好多年了。

三、我的讀書生涯

在「文革」中沒有完全燒掉的父親的存書裏，我找到了孔子的《論語》、胡風的《關於解放以來文藝實踐狀況的報告》、郭沫若的《地下的笑聲》和父親讀師範時的幾種課本。在放羊的時候，我把一本《論語》讀得滾瓜爛熟，其中感觸最深的是《子路第十三》中的如下對話：「葉公語孔子曰：『吾黨有直躬者，其父攘羊，而子證之。』孔子曰：『吾黨之直者異於是。父為子隱，子為父隱，直在其中矣。』」

明明是人之常情的道德錯位，竟然被孔老夫子強詞奪理地說成是「正直」之「直」。宋明理學的「存天理，滅人欲」，在這裏已經呼之欲出。難怪孔夫子他老人家「年五十六，攝行相事，誅少正卯，與聞國政」了。孔子時代的生活水準與我的童年時代大體相當，幾隻羊就是一家人安身立命的一種依靠。要是我放的羊被人偷走了，一家人連買鹽打油的錢就沒有了著落。孔門儒學把人之常情的「父為子隱，子為父隱」絕對神聖化的「勞心者治人」的「神道設教」的愚民圈套，幾千年來一直是以扼殺犧牲民間弱勢者的正當人權和寶貴生命為血淚代價的。

反胡風時用馬糞紙印成的《關於解放以來文藝實踐狀況的報告》，使我明白了那些住在大城市裏的政學兩界的寫書人，其實大都是爭權奪利且造謠說謊的人間敗類。我自己的餓肚子與這些人的爭權奪利和造謠說謊之間，是存在著某種因果關係的。

1978年，14歲的我離家到鄉辦高

我16歲在漯河師範開始吃飽肚子。

中讀書，最好的口糧是帶著幾點蔥花的麥麵餅子，到了青黃不接的時候就只能吃玉米麵饅頭。因為自己矮小瘦弱，每到中午或傍晚開飯的時候連開水都搶不到手，只好用溫水浸泡長滿黑毛的乾糧充饑。半年下來，我開始頭暈眼花，經檢查患上了嚴重的胃病、貧血和近視，只好就近到親戚家中去寄食。1980年參加高考時，16歲的我體重只有38公斤。

1980年7月，我以大學本科的高考成績偏偏考取了相當於中專的河南省漯河師範學校，至此才開始吃上白饅頭和大米飯。由於身體瘦弱和情緒低落，我採用各種方式逃避上課，兩年時間基本上是在閱讀中外書籍和睡懶覺中度過的。

1982年春節前夕，父親突然遭遇車禍，家庭的重擔一下子壓在我的肩上。半年後我成為農村中學教師，為了尋找遠離農村的個人出路，18歲的我開始自學英語，並且從各種英文讀本中側面觸摸到歐美國家的歷史事件和文明常識，從此養成了更加自覺的「歷史癖」。

四、來自胡適的不惑之光

2000年夏天，由於投稿的關係認識了《黃河》雜誌的謝泳。我當時還是魯迅和周作人的崇拜者，在一次爭論中，我堅持認為魯迅和周作人的思想比胡適要深刻得多也高明得多。謝泳以他特有的誠懇寬厚告訴我：「你說的有道理，不過你還是應該多讀一些胡適。」

謝泳的話語並沒有說服我，他的誠懇寬厚反而深深打動了我。隨後我集中時間閱讀胡適，從〈介紹我自己的思想〉一文中，終於找到足以點亮自己的不惑之思：

我的思想受兩個人的影響最大：一個是赫胥黎，一個是杜威先生。赫胥黎教我怎樣懷疑，教我不信任一切沒有充分證據的東西。杜威先生教我怎樣思想，教我處處顧到當前的問題，教我把一切學說理想都看作待證的假設，教我處處顧到思想的結果。……在這些文字裏，我要讀者學得一點科學精神，一點科學態度，一點科學方法。科學精神在於尋求事實，尋求真理。科學態度在於撇開成見，擱起感情，只認得事實，只跟著證據走，科學方法只是「大膽的假設，小心的求證」十個字。沒有證據，只可懸而不斷；證據不夠只可假設，不可武斷；必須等到證實之後，方才奉為定論。

少年的朋友們，用這個方法做學問，可以無大差失，用這種態度來做人處事，可以不至於被人蒙著眼睛牽著鼻子走。從前禪宗和尚曾說，「菩提達摩東來，只要尋一個不受人惑的人」。我這裏千言萬語，也只是要教人一個不受人惑的方法。……我自己決不想牽著誰的鼻子走。我只希望盡我微薄的能力，教我的少年朋友們學一點防身的本領，努力做一個不受人惑的人。

　　自從被胡適的不惑之思點亮之後，我一直覺得自己有義務去點亮現代中國的歷史盲區和社會盲點，進而點亮更多的朋友和更多的讀者，使他們能夠從鮮活生動的歷史事件和社會現實中，「學一點防身的本領，努力做一個不受人惑的人」。

在我看來，沒有細節就沒有真實，沒有真實就沒有歷史。世界上沒有無水之源和無根之樹，前生前世的老輩人的悲歡離合，在很大程度上就是當下社會的根源所在。我所要點亮的政學兩界的人和事，主要偏重於每一位人物和每一例事件的歷史局限性。這樣做的目的，一方面是要把歷史的本來面目告訴給更多的朋友和讀者，另一方面是為當下社會所存在的一些現實問題，提供一個歷史性的解釋。換言之，我所點亮和講述的雖然是老輩人的舊情往事，所要發揚光大的卻是21世紀的生命感悟和公民理性。

我從事寫作的黑屋子，書桌上面是兒子的睡床。

*本文是為《歷史背後——政學兩界的人和事》所寫的序言，廣西師範大學出版社，2006年。經改寫後發表於《西湖》2007年第4期。由於本書同樣是在談「政學兩界的人和事」，故移用於此。

《北大教授》圖片來源

陳子明序：新文化運動的路徑反思

中國大陸著名民主人士陳子明。　　　　　由陳子明提供

邵建序：北大教授的路徑歧異

著名人文學者邵建。　　　　　　　　　由邵建提供

蔡元培與陳獨秀的以德治校

北大校長蔡元培。　　　　　　　　　高叔平編著《蔡元培年譜》，人
　　　　　　　　　　　　　　　　　　民教育出版社，1998 年

黎元洪簽發的北大校長任命狀。　　　　崔志海著《蔡元培》，浙江人民
　　　　　　　　　　　　　　　　　　出版社，1998 年

北大教授、《新青年》主編陳獨秀。　　曹伯言整理《胡適日記全編》，
　　　　　　　　　　　　　　　　　　安徽教育出版社，2001 年

1918 年 6 月北京大學文科哲學門畢業照，前排左四　馬敘倫、左五　蔡元培、
左六　陳獨秀、左七　梁漱溟。　　　　陳平原著《老北大的故事》，江
　　　　　　　　　　　　　　　　　　蘇文藝出版社，1998 年

《新青年》同人的經濟賬

留學日本時的陳獨秀。　　　　　　　錢理群著《周作人研究二十一
　　　　　　　　　　　　　　　　　　講》，北京：中華書局，2004 年

北大教授章士釗照片。　　　　　　　王均熙、楊建英主編《章士釗全
　　　　　　　　　　　　　　　　　　集》，上海：文彙出版社，2000 年

《青年雜誌》1卷1號封面。　　　　　　　原刊掃描，國家圖書館

《新青年》2卷1號封面。　　　　　　　　原刊掃描，國家圖書館

1919年5月史量才、杜威夫婦、胡適、蔣夢麟、陶行知、張作平在上海合影。

　　　　　　　　　　　　　　　　　　　孫郁撰文《胡適影集》，山東畫
　　　　　　　　　　　　　　　　　　　報出版社，1999年

北大教授與《新青年》

1917年胡適（左二）與陶行知（右一）等人在哥倫比亞大學。

　　　　　　　　　　　　　　　　　　　孫郁撰文《胡適影集》，山東畫
　　　　　　　　　　　　　　　　　　　報出版社，1999年

《新青年》時代的北大教授錢玄同、劉半農。　《錢玄同文集》，中國人民大學
　　　　　　　　　　　　　　　　　　　出版，1999年

《新青年》4卷6號「易卜生號」的插頁。　原刊掃描，國家圖書館

《新青年》編輯、北大教授李大釗。　　　《第一次國共合作在北京》，北
　　　　　　　　　　　　　　　　　　　京出版社，1989年

1920年秋，赴美留學的五名北大學生領袖羅家倫、康白情、段錫朋、汪敬熙、周炳琳。

　　　　　　　　　　　　　　　　　　　羅久芳著《羅家倫與張維楨──
　　　　　　　　　　　　　　　　　　　我的父親母親》，百花文藝出版
　　　　　　　　　　　　　　　　　　　社，2006年

北大教授、《新青年》編輯胡適。　　　　曹伯言整理《胡適日記全編》，
　　　　　　　　　　　　　　　　　　　安徽教育出版社，2001年

胡適對高一涵的寬容諒解

北大教授、《新青年》編輯高一涵。　　　高一涵著《歐洲政治思想史》，
　　　　　　　　　　　　　　　　　　　北京：東方出版社，2007年

高一涵1917年與同鄉好友許怡蓀合影。　高一涵著《歐洲政治思想史》

《新青年》6卷5號（馬克思號）。　　　原刊掃描，國家圖書館

1920 年 3 月李大釗、胡適、蔡元培、蔣夢麟合影。

孫郁撰文《胡適影集》，山東畫報出版社，1999 年

錢玄同與胡適的真誠合作

北大教授、《新青年》編輯錢玄同。

《錢玄同文集》，中國人民大學出版，1999 年

錢玄同 1921 年在北大工作室。

《錢玄同文集》

北大教授胡適在寫作。

曹伯言整理《胡適日記全編》，安徽教育出版社，2001 年

錢玄同為胡適題寫《四十自述》。

孫郁撰文《胡適影集》，山東畫報出版社，1999 年

劉半農與胡適的善始善終

胡適題字「有一分證據，說一分話」。

曹伯言整理《胡適日記全編》，安徽教育出版社，2001 年

《新青年》時代的北大教授劉半農。

劉小蕙著《父親劉半農》，上海人民出版社，2000 年

劉半農與妻子朱惠合影。

劉小蕙著《父親劉半農》

20 年代的苦雨齋聚會，左起：沈士遠、周作人、劉半農、沈尹默、馬幼漁、沈兼士、徐祖正、蘇民生、錢玄同。

《錢玄同文集》，中國人民大學出版，1999 年

文革期間被砸爛的香山玉皇頂劉半農墓碑。

張耀杰提供

2006 年 1 月張耀杰拜掃香山玉皇頂劉半農墓。

張耀杰提供

北大教授與徐世昌

中華民國大總統徐世昌。

陶菊隱著《北洋軍閥統治時期
史話》，海南出版社，2006 年

大總統徐世昌接見各國使節。

陶菊隱著《北洋軍閥統治時期史話》

遭遇「包圍」的蔡元培

「某籍」或「某系」的周作人、馬幼漁、錢玄同、沈士遠、朱希祖、沈兼士、許壽裳。

錢理群著《周作人研究二十一
講》，北京：中華書局，2004 年

北大教授、書法家沈尹默。

沈尹默著《學書有法：沈尹默講
書法》，北京：中華書局，2006 年

北大教授周作人。

錢理群著《周作人研究二十一講》

北京大學的學生領袖傅斯年。

羅久芳著《羅家倫與張維楨——
我的父親母親》，百花文藝出版
社，2006 年

北大教授高仁山的革命傳奇

陳翰笙、高仁山 1921 年在美國留學時合影。

陳翰笙：《四個時代的我》，北京：
中國文史出版社，1988 年

老北大的紅樓。

錢理群著《周作人研究二十一講》

新北大的烈士墓碑。

張耀杰提供

高仁山 1925 年 6 月 23 日致胡適信。

掃描複製自耿雲志主編《胡適
遺稿及秘藏書信》

陶曾穀、蔣夢麟、胡適 1933 年合影。

孫郁撰文《胡適影集》

後記：我的家史與思想史

父親張文欽 1957 年曾把一名女同事打成右派。

張耀杰提供

我 16 歲在漯河師範開始吃飽肚子。　　　　張耀杰提供

說真話是要付出代價的。我從事寫作的黑屋子，書桌上方是兒子的睡床。

張耀杰提供

世紀映像叢書

世紀映像叢書

國家圖書館出版品預行編目

北大教授：政學兩界的人和事 / 張耀杰著. --
一版, -- 臺北市：秀威資訊科技, 2007.12
　　面；　公分. --（史地傳記類；PC0038）

ISBN　978-986-6732-48-5（平裝）

1.傳記　　　2.中國

782.18　　　　　　　　　　　96023883

 史地傳記　PC0038

北大教授──政學兩界的人和事

作　　者 / 張耀杰
主　　編 / 蔡登山
發 行 人 / 宋政坤
執行編輯 / 詹靚秋
圖文排版 / 陳湘陵
封面設計 / 蔣緒慧
數位轉譯 / 徐真玉、沈裕閔
圖書銷售 / 林怡君
法律顧問 / 毛國樑　律師
出版印製 / 秀威資訊科技股份有限公司
　　　　　台北市內湖區瑞光路583巷25號1樓
　　　　　電話：02-2657-9211　傳真：02-2657-9106
　　　　　E-mail：service@showwe.com.tw
經 銷 商 / 紅螞蟻圖書有限公司
　　　　　台北市內湖區舊宗路二段121巷28、32號4樓
　　　　　電話：02-2795-3656　傳真：02-2795-4100
　　　　　http://www.e-redant.com

2007 年 12 月　BOD 一版
定價：　360 元

讀 者 回 函 卡

感謝您購買本書，為提升服務品質，煩請填寫以下問卷，收到您的寶貴意見後，我們會仔細收藏記錄並回贈紀念品，謝謝！

1.您購買的書名：_____

2.您從何得知本書的消息？

　　□網路書店　□部落格　□資料庫搜尋　□書訊　□電子報　□書店

　　□平面媒體　□ 朋友推薦　□網站推薦　□其他_____

3.您對本書的評價：(請填代號　1.非常滿意 2.滿意 3.尚可 4.再改進)

　　封面設計____　版面編排____　內容____　文/譯筆____　價格____

4.讀完書後您覺得：

　　□很有收獲　□有收獲　□收獲不多　□沒收獲

5.您會推薦本書給朋友嗎？

　　□會　□不會，為什麼？_____

6.其他寶貴的意見：_____

_____

_____

_____

讀者基本資料

姓名：_____　年齡：_____　性別：□女 □男

聯絡電話：_____　E-mail：_____

地址：_____

學歷：□高中(含)以下　□高中　□專科學校　□大學

　　　□研究所(含)以上 □其他_____

職業：□製造業 □金融業 □資訊業 □軍警 □傳播業 □自由業

　　　□服務業 □公務員 □教職　□學生 □其他_____

To：114

台北市內湖區瑞光路 583 巷 25 號 1 樓

秀威資訊科技股份有限公司　　收

寄件人姓名：

寄件人地址：□□□

(請沿線對摺寄回,謝謝!)

秀威與 BOD

BOD（Books On Demand）是數位出版的大趨勢，秀威資訊率先運用 POD 數位印刷設備來生產書籍，並提供作者全程數位出版服務，致使書籍產銷零庫存，知識傳承不絕版，目前已開闢以下書系：

一、BOD 學術著作—專業論述的閱讀延伸
二、BOD 個人著作—分享生命的心路歷程
三、BOD 旅遊著作—個人深度旅遊文學創作
四、BOD 大陸學者—大陸專業學者學術出版
五、POD 獨家經銷—數位產製的代發行書籍

BOD 秀威網路書店：www.showwe.com.tw
政府出版品網路書店：www.govbooks.com.tw

永不絕版的故事·自己寫·永不休止的音符·自己唱